弁護士が教える賢い
労務管理・トラブル対応

めざせ！
最強の管理職

AM9:00　PM2:00　PM5:00

編著　三上安雄
　　　間川　清

発行　民事法研究会

## は　し　が　き

　本書は、管理職にすでになられている方、今後なられるであろう方、さらに管理職を裏から支える人事部や総務部さらに管理職を指導される経営者の皆様を読者と想定して作成しました。正確性を期すため、必要と思われる法令や通達は記載させていただいておりますが、皆様ができるだけ読みやすいように、できるだけ平易な表現とするよう努めました。

　本書は、2部構成をとっています。第1部は、皆様が理解していただけるとよいと思われる基礎知識を、そして第2部は、事例をとおして、皆様が今後いざというときに必要となる対処方法について、それぞれ解説しています。説明内容が重複する部分もありますが、皆様が読んで理解しやすいようにあえて繰り返し説明しておりますので、この点ご容赦ください。

　さて、本書のテーマは、「管理職」です。題名である「めざせ！　最強の管理職」をみて、いささかいかめしいと思われるかもしれませんが、私ども執筆者は皆この本を読まれた方に、ぜひ最強の管理職を、あるいは最強の管理職層の構築をめざしていただきたいと願っています。企業は決して経営者だけで成り立つわけではありません。経営者に代わって現場の従業員を指揮監督する管理職の皆様の力量に負うところが大きいといえます。最強の企業にするためには、まさに最強の管理職が必要であると思うのです。

　私は、これまで人事労務専門の弁護士として業務を行ってきました。拙い経験ではありますが、その中でも特に強く思うのは、人事労務問題等の社内の問題発生を予防するには、あるいは適切に対応するには、経営者、または人事部や総務部の方たちだけの努力では限界があるということです。かつて、刑事ものの人気ドラマで言われた「事件は現場で起きているんだ！」ではありませんが、各職場において問題が発生するのであり、その予防や対応は、まさにその現場を担っている管理職にかかっているといっても過言ではありません。現場の管理職が、現場で起きた問題について放置していた、あるいは対応したがその対応方法が誤っていたことで問題がさらに大きくなり、人

はしがき

事部や総務部が問題を知ったときには大問題になっていた、というケースは決して少なくないのです。

　また、近時では、企業におけるコンプライアンス経営が必須になってきています。コンプライアンスができていない企業は、消費者ひいては社会の信頼を得ることができず、存続すら危うい時代になっていることは皆様ご理解されているとおりです。このコンプライアンス経営は企業が一丸になって行わなければなりません。コンプライアンス経営を職場の従業員に浸透させ、また、何か問題があったときに即適切に対応することも管理職に委ねられた重要な責務といえます。

　管理職がこれらの責務をどう果たしていったらよいのか、そのような道標になるような本ができればとの思いから本書を出版しました。日頃から人事労務問題に携わっている各弁護士が実務上の経験等をもとに執筆をいたしました。ぜひ、皆様の力になるものと自負しております。

　　平成26年9月吉日

　　　　　　　　　　　　　　　　　編集代表　弁護士　三　上　安　雄

**追　記**

　私たちは、多くの企業からの要請に応えて、人事労務管理を含めて管理職を対象にその知識・資質・能力の向上を図ることを目的とした多様な研修の講師を務めてまいりました。本書は、管理職研修テキストとしても利用していただくことも念頭に構成・執筆をしております。本書を手にとられた方の中で、私たちがめざした内容での研修をお考えのようでしたら、気軽にお声をかけていただければ幸いです。

# 目 次

## 第1章 管理職とは……1

Ⅰ 管理職の役割……2

Ⅱ 管理職に対する労務管理……4

## 第2章 管理職の職務と基礎知識……11

Ⅰ コンプライアンスの徹底……12

Ⅱ 部下への指揮命令……19

Ⅲ 部下の労務管理……20

## 第3章 管理職の義務と責任……45

Ⅰ はじめに……46

Ⅱ 管理職が自分自身の行動について負う義務と責任……47

Ⅲ 管理職が部下の行動について負う義務と責任……63

# 第4章 管理職に求められるトラブルへの対応 ……… 75

## Ⅰ 社内のトラブル ……… 76

### 1 部下従業員間のトラブル ……… 76

- **Q1** 同僚間の私生活上のトラブルへの対処法 ……… 76
- **Q2** 職場内でけんか・いじめが行われている場合の対処法 ……… 80
- **Q3** 社内での不倫関係の噂がある社員への対処法 ……… 83
- **Q4** 不平等な人事評価であるとの訴えがあった場合の対処法 ……… 86
- **Q5** 接待費を社員同士の飲食代に利用している社員への対処法 ……… 89
- **Q6** 女性の部下から同僚男性のセクハラについて相談された場合の対処法 ……… 92
- **Q7** 部下のパワハラが原因で被害社員から会社として対応を迫られたときの対処法 ……… 95
- **Q8** インターネット掲示板での誹謗中傷への対処法 ……… 98
- **Q9** 競争心から同僚と業務上一切協調しようとしない部下への対処法 ……… 101
- **Q10** 業務時間外に宗教活動・政治活動等を行う社員への対処法 ……… 104

### 2 上司と部下のトラブル ……… 108

- **Q1** 私生活上の問題に対する人事評価の対処法 ……… 108
- **Q2** 役員から不当な指示を命じられた場合の管理職としての対処法 ……… 111
- **Q3** 上司や同僚からパワハラを受けているとの相談を受けたときの対処法 ……… 115

| Q 4 | 介護を理由に遠隔地への転勤を拒否する従業員への対処法 …… | *119* |
| Q 5 | 業務命令に従わない部下への対処法 ……………………………… | *122* |
| Q 6 | 欠勤・遅刻を繰り返す部下への対処法 ………………………… | *125* |
| Q 7 | すぐに会話を録音しようとする部下への対処法 ……………… | *128* |
| Q 8 | 飲み会や会社行事に一切参加しようとしない部下への対処法 ……………………………………………………………………… | *131* |
| Q 9 | セクハラトラブルの申告があった場合の対処法 ……………… | *135* |
| Q 10 | 慰労のため異性の部下を食事に誘う場合の注意点 …………… | *140* |
| Q 11 | 特定の社員の言いなりになる上司への対処法 ………………… | *143* |
| Q 12 | 上司から激しい誹謗中傷を受けている部下への対処法 ……… | *146* |
| Q 13 | 上司から不正取引を命じられた場合の対処法 ………………… | *150* |
| Q 14 | 過大なノルマを課す、閑職へ追いやる上司への対処法 ……… | *153* |
| Q 15 | 社長から部下を解雇するように言われた場合の対処法 ……… | *158* |
| Q 16 | 上司から飲み会で飲酒を強要された場合の対処法 …………… | *164* |
| Q 17 | インターネット掲示板での上司の誹謗中傷への対処法 ……… | *169* |
| Q 18 | ホウレンソウをしない部下への対処法 ………………………… | *174* |
| Q 19 | 命令したことしかしない、あるいはしようとしない部下への対処法 ……………………………………………………………… | *178* |
| Q 20 | 行方不明である部下への対処法 ………………………………… | *181* |
| Q 21 | 営業中にサボっている部下への対処法 ………………………… | *186* |

| 3 | 家庭環境をめぐるトラブル ……………………………………… | *190* |
| Q 1 | 離婚や家庭環境の悪化を理由にパフォーマンスが落ちる部下への対処法 ……………………………………………………………… | *190* |
| Q 2 | 破産をした部下への対処法 ……………………………………… | *194* |
| Q 3 | 育児休業・介護休業の申出への対処法 ………………………… | *199* |
| Q 4 | 給料の現金支給を求める部下への対処法 ……………………… | *204* |
| Q 5 | 家族から頻繁に電話がかかってくる部下への対処法 ………… | *208* |

目　次

- Q6　家族や親戚に反社会的勢力に属する人物がいる従業員への対処法 …………………………………………………………… *211*
- Q7　副業をしている部下への対処法 ………………………… *214*

### 4　元役員・元社員とのトラブル …………………………… *218*

- Q1　退職した元社員による秘密開示と競業行為への対処法 ……… *218*
- Q2　元社員による引き抜き行為への対処法 ………………………… *222*
- Q3　在職中の懲戒事案が発覚した場合の退職金請求への対処法 … *225*
- Q4　雇止めをした社員から労働審判手続申立書が届いた場合の対処法 …………………………………………………………… *228*
- Q5　退職した元社員がインターネット上で会社や上司を誹謗中傷している場合の対処法 ………………………………………… *232*

### 5　社員の違法行為によるトラブル ………………………… *236*

- Q1　社員がけんかで相手に怪我をさせてしまったときの対処法 … *236*
- Q2　社員が痴漢をして逮捕されたときの対処法 ………………… *239*
- Q3　社員が交通事故を起こしたときの対処法 …………………… *242*
- Q4　社員が横領などの不祥事を起こしたときの対処法 ………… *246*
- Q5　社員が違法薬物にかかわっていたときの対処法 …………… *249*
- Q6　社員が社内のパソコンで違法ダウンロードをしていたときの対処法 …………………………………………………………… *253*

### 6　内部告発をめぐるトラブル ……………………………… *256*

- Q1　いきなり行政機関へ告発する従業員への対処法 …………… *256*
- Q2　部下が事実と異なる告発行為をした場合への対処法 ……… *259*
- Q3　外部機関等へ内部告発をしたいという部下への対処法 …… *263*
- Q4　内部告発を受けた外部機関等から確認の問合せがあった場合の対処法 …………………………………………………………… *266*

## 7 メンタルヘルストラブル………………………………………… *269*
- **Q1** 精神疾患が会社の責任だと主張する部下への対処法………… *269*
- **Q2** メンタル不全に陥り自傷行為を繰り返す部下への対処法……… *272*
- **Q3** 精神疾患を理由に仕事をしない部下への対処法………………… *276*

## 8 外国人労働者の取扱い…………………………………………… *279*
- **Q1** 留学生をアルバイト雇用するときの管理上の注意点………… *279*
- **Q2** 外国人労働者がオーバーステイになったときの対処法……… *282*
- **Q3** 外国人労働者を人事異動させる場合の対処法………………… *285*
- **Q4** 外国人派遣社員に労働災害があった場合の対処法…………… *288*
- **Q5** 外国人労働者との労働紛争への対処法………………………… *291*

## 9 その他のトラブル………………………………………………… *294*
- **Q1** 社員の個人情報が入ったパソコンを紛失した社員への対処法………………………………………………………………… *294*
- **Q2** 個人的なセールスを社員や顧客に対して行う社員への対処法………………………………………………………………… *297*
- **Q3** 社員が裁判員に選任された場合の対処法……………………… *300*

# Ⅱ 社外のトラブル……………………………………………………… *304*

## 1 顧客・消費者とのトラブル……………………………………… *304*
- **Q1** クレームへの一般的な対処法…………………………………… *304*
- **Q2** クレーム対応にあたって「管理職を出せ」等と言われたときの対処法……………………………………………………………… *308*
- **Q3** 合理的理由のあるクレームへの対処法………………………… *312*
- **Q4** 合理的理由のないクレームへの対処法………………………… *316*
- **Q5** 自社の製品に問題があったときの対処法……………………… *319*

2　取引先とのトラブル………………………………………… *323*
　Q1　支払いを遅滞させる取引先への対処法 ………………… *323*
　Q2　下請け代金を支払おうとしない元請業者への対処法 ……… *327*
　Q3　取引先社員との恋愛やセクハラトラブルへの対処法 ……… *331*
　Q4　部下が取引先から「出入り禁止」を受けたときの対処法 …… *334*

●あとがき……………………………………………………………… *338*
●編著者・執筆者……………………………………………………… *340*

# 第 1 章

# 管理職とは

# I 管理職の役割

## 1 管理職とは

　管理職とは、一般には、部下をもち、その部下の労働を管理している者を意味しますが、法律上の用語ではありません。法律上、特に労働法においては、管理職に関するものとして、第1に、労働基準法41条2号の「監督若しくは管理の地位にある者」（管理監督者）があります。第2に、管理職に関するものとして、労働組合法2条ただし書1号の「使用者の利益を代表する者」（使用者の利益代表者）があります。これら「管理監督者」、「使用者の利益代表者」の意味は後でご説明しますが、いずれにしても、「管理職」とは、これら「管理監督者」、「使用者の利益代表者」とは異なることを認識していただく必要があります。以下、「管理職」を使用者から部下の管理を委ねられている者の意味として用いることとします。

## 2 管理職に期待されること

　そもそも、管理職には一般にどのようなことが期待されているのでしょうか。これは、企業がなにゆえに管理職を設けたのかという問題とも重なるものです。

　以下、筆者の考えを述べます。企業が利益を最大限に追求しようとした場合、企業を形づくる人的・物的資源を有機的に結合し、機能させることが不可欠です。そのための仕組みとして、組織があります。そして、その組織の管理を委ねるために管理職を設けたのです。つまり、会社（その最高責任者である社長）がめざす方向に向かって組織が有機的に機能することが最大限の利益追求につながり、組織が有機的に機能するためには、各組織を形成する社員が社長と同一方向に向かって働くことが不可欠です。そのために、社長に代わって各組織に所属する社員を管理する管理職が必要であると考えま

す。

　したがって、管理職に期待されることは、委ねられた各組織の長として、部下とともにその組織が社長のめざす方向に有機的に機能するよう、部下に対して指揮監督することといえます。

## 3　管理職に求められる具体的な役割

　部下に対する指揮監督の中で典型的なのが業務遂行上の指揮命令です。当該部署としてなすべき業務が十分に遂行されるよう、管理職が部下に対して迅速かつ的確に指示することが求められます。

　また、この指揮監督の中には、単に業務遂行上の指示命令だけではなく、部下の就労状況に対する労務管理も含まれています。職場における規律、秩序の定立もまた、組織が有機的に機能するためには不可欠なのです。組織の中に、たとえば勤務態度不良な社員、管理職の指示命令に従わない社員、他の同僚社員と協調できない社員等の問題社員がいた場合、この社員をそのまま放置しておいたらどうなるでしょうか。まず、そのような問題社員の対応ミスの後始末をする、問題社員に仕事を任せられない分、他の同僚等がその穴埋めをする等により、他の社員、上司の業務効率、ひいてはその組織さらに会社全体の業務効率に支障を与えかねません。さらにもっと深刻な問題があります。皆さんも「悪貨は良貨を駆逐する」という言葉を聞いたことがあるでしょう。もし、問題社員を会社が放置していたら、「なんだ、あんなことも許されるんだ」、「あくせく働くことはない。のんびりやろう」などと周囲の社員は思うようになり、結局社員全体の質を落としかねません。

　そこで、そのような弊害を迅速に排除することもまた管理職に求められるのです。

　さらに、この指揮命令のうち、昨今特に重要とされるのが組織内でのコンプライアンスの徹底、すなわち法令遵守の徹底です。今日、コンプライアンス経営は企業にとって生命線、必須の事項です（詳細は後記第2章「1　コンプライアンスとは」（12頁）を参照してください）。そのため、各組織において

管理職が部下全員に対しコンプライアンス違反がないよう指導、教育、監督していく必要があります。今日において管理職に求められる役割の中ではとても優先順位の高いものといえます。つまり、コンプライアンス経営のためには管理職がまさに要であり、重要な役割を担っているのです。

## II 管理職に対する労務管理

前記Ｉのように管理職は各組織の社員が社長と同一方向に向かって働くよう、社長に代わって管理する、という重要な役割を担っていますが、他方において管理職も社員（労働者）です。

経営者においては管理職に対する管理もまた重要な課題といえます。そこで、以下、管理職に対する労務管理について説明します。

### 1　労働基準法41条2号の管理監督者

管理職が、この「管理監督者」に該当すると、労働基準法における労働時間、休憩、休日に関する規定が適用されず、皆さんご承知のとおり、時間外割増手当、休日割増手当の支給対象外となります。ここで気をつけていただきたいのは、「管理監督者」に当たるとされた場合でも、深夜割増手当、すなわち午後10時から午前5時までの間の労働について労働基準法37条4項に定める割増賃金を支払う必要があるということです。「管理監督者」に該当すれば、全く割増賃金を支払う必要がないというのは誤りですので、注意してください。

では、この「管理監督者」に該当する場合とはどのような場合でしょうか。

これまでの行政解釈、裁判例では、「管理監督者」に該当する場合は限定的に考えられています。たとえば、行政解釈（厚生労働省）では、管理監督者とは、労働条件の決定その他労務管理について経営者と一体の立場にある者をいい、名称にとらわれずに、実態に即して判断すべきとされ（昭和22年9月13日「労働基準法に関する件」基発17号、昭和63年3月14日「労働基準法関

係解釈例規について」基発150号)、行政実務および裁判例では具体的な判断要素として、以下のようなものをあげています（菅野和夫『労働法〔第10版〕』339頁参照）。

① 事業主の経営に関する決定に参画し、労務の管理に関する指揮監督権限が認められていること
② 自己の出退勤をはじめとする労働時間についての裁量権を有していること
③ 一般の従業員に比しその地位と権限にふさわしい賃金（基本給、手当、賞与）上の処遇を与えられていること

要するに、管理監督者に該当するか否かは、①職務内容・責任と権限、②労働時間についての裁量性、③待遇から判断されます。

特に、近時話題となりました、ファーストフード店の店長が「管理監督者」に当たるのか否かが争われた事件で、裁判所は、「①職務内容、権限及び責任に照らし、労務管理を含め、企業全体の事業経営に関する重要事項にどのように関与しているか、②その勤務態様が労働時間等に対する規制になじまないものであるか否か、③給与（基本給、役付手当等）及び一時金において、管理監督者にふさわしい待遇がされているか否かなどの諸点から判断すべきである」としています（東京地判平成20・1・28〔日本マクドナルド事件〕）。

もっとも、この事件で、管理監督者の判断要素としてあげられている「企業全体の事業経営に関する重要事項にどのように関与しているか」という要素は極めてハードルが高く、およそ企業の取締役に近い高級幹部社員しか「管理監督者」に該当しないこととなってしまいます。そもそも、行政解釈の「経営者と一体の立場にある者」、あるいは行政実務、裁判例にいう「事業主の経営に関する決定に参画し」というのは、企業全体の運営に関与することを意味するのではなく、担当する組織部分について経営者の分身として経営者に代わって管理を行う立場にあること、あるいはその管理を通じて経営に参画することを意味するものと考えるべきです（菅野・前掲書340頁）。

最近の裁判例でもこのような観点から「管理監督者」の判断要素を明確化しようとしているものがあり、注目されます。たとえば、東和システム事件（東京地判平成21・3・9）では、裁判所は、

① 職務内容が、少なくともある部門全体の統括的な立場にあること
② 部下に対する労務管理上の決定権等につき、一定の裁量権を有しており、部下に対する人事考課、機密事項に接していること
③ 管理職手当等の特別手当が支給され、待遇において、時間外手当が支給されないことを十分に補っていること
④ 自己の出退勤について、自ら決定し得る権限があること

という判断要素から「管理監督者」に当たるか否かを判断しています。

## 2　労働組合法2条ただし書1号の利益代表者

管理職が労働組合に加入すること、あるいは管理職が労働組合を結成することが認められるのでしょうか。

この問題に関係する規定が労働組合法2条ただし書1号です。労組法2条は次のような規定です。

> （労働組合）
> 第2条　この法律で「労働組合」とは、労働者が主体となつて自主的に労働条件の維持改善その他経済的地位の向上を図ることを主たる目的として組織する団体又はその連合団体をいう。但し、左の各号の一に該当するものは、この限りでない。
> 　　1号　役員、雇入れ解雇昇進又は異動に関して直接の権限を持つ監督的地位にある労働者、使用者の労働関係についての計画と方針とに関する機密の事項に接し、そのためにその職務上の義務と責任とが当該労働組合の組合員としての誠意と責任とに直接にてい触する監督的地位にある労働者その他使用者の利益を代表する者の参加を許すもの

労働組合法2条ただし書1号は、労働組合の自主性の点から、使用者の利益代表者を参加させてはいけない旨を規定したものです。これに反して使用者の利益代表者の参加を許す組合は、この労働組合法2条の「労働組合」に

当たらないこととなり、そのような労働組合は、労働組合法が規定する手続に参与する資格を有せず、かつ同法が規定する救済（たとえば不当労働行為救済制度）を受けることができません。

　使用者の利益代表者として労働組合に参加させてはいけない者は、①役員はもちろんのこと、②「雇入解雇昇進又は異動に関して直接の権限を持つ監督的地位にある労働者」、要するに人事権をもつ上級管理者です。さらに、③「使用者の職務上の義務と責任とが当該労働組合の組合員としての誠意と責任とに直接にてい触する監督的地位にある労働者」、具体的には人事部などの管理職などがこれに当たります。そして、④「その他の使用者の利益を代表する者」、具体的には、社長秘書等がこれに当たります。これまでの労働委員会の命令例や裁判例をみると、これら「使用者の利益代表者」の範囲は、労働基準法41条2号の「管理監督者」よりもさらに狭く捉えられているようです。

　したがって、管理職が労働組合に加入した、あるいは管理職が労働組合を結成したからといって直ちにその労働組合は労働組合法2条ただし書1号に該当し、自主性のない組合として労働組合法上の救済を受けることができないと判断するのは早計です。当該管理職がはたして上記の①〜④に当たるのか、慎重に判断する必要があります。

## 3　管理職の悩みと援護体制

　管理職が担う役割には、業務遂行上の指揮命令、部下の就労状況に対する労務管理、さらに組織内でのコンプライアンスの徹底（コンプライアンスの徹底のための指導、教育、監督）があることはすでにご説明したとおりです。このうち、特に労務管理、コンプライアンスの徹底などについては、初めからその専門家ではありません。管理職としての経験等から少しずつ学んでいくものであり、かつ学んでも昨今のように個人の価値観も多様化し、また権利意識も強くなってきている、個人のストレスに対する耐性も変化している等複雑化している現代社会において、部下への対応も難しくなっており、こ

れまでの手法が通じないことも少なくありません。それゆえ、管理職になりたての人からベテラン管理職に至るまで、どう進めたらよいのか、どう対応したらよいのか、わかないことだらけといってもよいかもしれません。

そこで、筆者は、管理職の皆さん、人事総務部門あるいは経営者の皆さんに以下のことを告げたいと思います。

(1) 管理職の皆様へ

まず、申し上げたいのは決して一人で悩まないことです。一人で悩んでいると、どうしたらよいかわからず、問題状況をそのまま放置したり、自分勝手に判断し、その勝手な判断が誤っていた場合、かえって事態を悪化させたりすることにもなりかねません。筆者の実務経験から申し上げますと、現場の管理職が問題を放置していたことにより問題が大きくなってから初めて人事総務部門が対応することとなった、あるいは現場の管理職の誤った初動対応により事態が悪化し、問題が大きくなってから初めて人事総務部門が対応することになった例は少なくありません。その場合、人事総務部門が口にするのは、「なぜ、もっと早く相談してくれなかったか」、「なぜ、事前に相談してくれなかったか」という言葉です。

確かに、皆さんは、管理職として社長から組織の労務管理、コンプライアンスの徹底などを任されています。しかし、それは一人だけで対処することを求められているわけではありません。企業は全組織で戦うのです。人事総務部門は、皆さんへの支援、バックアップのために存在しています。ぜひ、悩まずにすぐに相談してほしいのです。相談されて断るような人事総務部門なら組織として必要ありません。

(2) 人事総務部門、経営者の皆様へ

すでに前記(1)を読んでいただければおわかりかと思いますが、人事総務部門の方はぜひ管理職の相談に乗ってあげてほしい、支援、バックアップしてほしいのです。人事総務部門の方の中には、「相談がこないんだよ」と言う方もいらっしゃいます。しかし、なぜ相談がこないのでしょうか。相談しない管理職だけが悪いのでしょうか。相談しやすい環境をつくることもまた人

事総務部門の仕事であると考えてください。

　経営者の皆様にお願いです。管理職を支援できるような組織づくりも心がけていただければと思います。管理職の役割が十分に果たせないとき、その責任は管理職のみにあると考えるのでは、再発を防止できないと思います。個人の技量のみに頼らないシステムを考えていただきたいと思います。

（三上　安雄）

# 第 2 章

# 管理職の職務と基礎知識

第1章で管理職の役割が業務遂行上の指揮命令、部下の就労状況に対する労務管理および組織内でのコンプライアンスの徹底にあることを述べました。本章ではその役割ごとに管理職がその職務を遂行するにあたり重要と考えられる基礎知識をあげてみたいと思います。今日、特にコンプライアンスの徹底が重要であることから、この徹底をご説明します。

# I コンプライアンスの徹底

## 1 コンプライアンスとは

コンプライアンスとは、法令の遵守をいいます。この法令は広く法律、政令、条例等の法規類を指します。何も企業の対外的な関係、つまり取引先等との関係を規律する法令（たとえば、独占禁止法、不正競争防止法等の取引法等）に限られてはいません。企業内の関係を規律する法令もまたこの法令に含まれることに留意する必要があります。たとえば、労働者との関係を規律する労働法令がこれに当たります。企業として、対外的な関係につい目を奪われがちですが、ひざ下の対内的な関係を規律する法令にも留意し、労働基準法・労働安全衛生法等労働法令の遵守もまた求められることを意識する必要があります。

そして、今日では、コンプライアンスは、単に法令の遵守にとどまらず広く社会倫理に違反しないことまで含まれて意識されるようになってきました。要するに法令に違反する企業になってはいけないというレベルから、さらに倫理的におかしいと思われる企業になってはいけないレベルに上がってきています。つまり、あの企業はやり方が汚い、そういったことを言われるようになってはいけないということです。このようなコンプライアンスに沿った経営を行うことをコンプライアンス経営といいます。

では、なぜコンプライアンスが重要なのでしょうか。以下に、コンプライアンス経営が求められる理由について述べたいと思います。

コンプライアンスが求められる最も大きな理由は、法令の違反による損失（法令による罰則はもとより消費者によるボイコット等）が甚だ大きく、その企業の社会的な信用を失い、ひいては倒産等企業の存続そのものも危うくするということです。このことは、皆さんも過去の例から知っているかと思います。企業名はあげませんが、これまで数多くの企業不祥事が発生し、その後存続の危機に至った企業も少なくありません。昨今における企業の社会的責任論（CSR）の高まりからこのような傾向はより一層強まっているといえます。CSRとは、企業が単に事業活動において利益を優先するのではなく、顧客・株主・社員・取引先・地域社会等のさまざまなステークホルダー（利害関係者）との関係において社会的な責任を果たすことにより企業の利益を得ようとするビジネスモデルをいいます。このCSR、つまり社会的責任の一つにコンプライアンスが含まれていると解されています。

これまで企業は、他の企業よりも優れた商品開発、営業活動を行うことで利益を上げ企業の存続・発展を図ることができました。しかし、今日、このCSRが強く社会に意識されてきた結果、企業は単に他の企業より優れた商品開発、営業活動を行うだけでは足りず、企業として社会的な責任を果たしていないと、顧客等の理解を得ることができず、もはや企業として生き残れないのです。つまり、CSRの一つであるコンプライアンスについていうなら、コンプライアンス経営ができていない企業は生き残れないということです。

コンプライアンスがいかに重要であるか、そしてコンプライアンス経営が今日、いかに必須であるかということをわかっていただきたいと思います。

## 2　コンプライアンス経営において必要とされること

コンプライアンス経営を行うために、つまり社内にコンプライアンスを徹底するためにはどのようなことが必要なのでしょうか。

筆者は、次の三つの事項、①社員の意識、②コミュニケーション（情報の伝達）、そして③チェック（検証）が必要だと考えています。

(1) 社員の意識

　まずは、業務遂行にあたる個々の社員のコンプライアンスの意識が重要です。そのためには、企業としてまずコンプライアンス経営を行うことを宣言し、就業規則や行動規範においてコンプライアンスを経営者はもとより社員全員が行うことを宣言し、ルール化（違反した場合の罰則も含め）するとともに、単にルール化にとどまらず、いかにコンプライアンスが重要かを社員全員に意識づけるために、研修等による啓発を進めることが肝要です。

　また、コンプライアンス違反については、厳正に懲罰することを社員全員にあらかじめ告げておくとともに、万が一にもそのような違反があった場合は厳正に処罰することもまた重要です。

　特に研修について述べますと、研修を決して侮ってはいけません。企業内でコンプライアンスの重要性、コンプライアンスに沿った行動規範を書面で手渡す、あるいはイントラネット等で各社員のPCに情報伝達することで足りると思ったら大間違いです。得てして渡された書面や情報は見ないと思ったほうがよいでしょう。一堂に会して直接研修を行うことのほうが情報伝達の可能性がより高まることは間違いありません。確かに研修には相応のコストがかかります。しかし、それだけのコストをかける意味が十分にあると思います（要するに、コンプライアンスの重要性とコストとの比較の問題でしょう）。コストを抑える工夫をしつつ全社員に対する研修を実行している例は多くみられます。たとえば、地方支店の社員について、本社での研修録画画面を用いて各支店において都合のよい日時で研修するといった工夫をしている例もあります。

(2) コミュニケーション

　悪い情報、気になる情報ほどできる限り早期に社員から上司を通じて企業に伝えてほしいものです。そのことにより、不祥事（法令違反等）を未然に防ぎ、あるいは早期に発見することができ、迅速な解決につながるのです。したがって、このような情報ができる限り早期に伝達されるように、上司ないししかるべき部署への報告、連絡、相談（ホウ・レン・ソウ）ができるよ

うな体制づくりが肝要です。このことについては、後記3でも述べたいと思います。

　また、このような観点から、労働者からの一定の内部通報（内部告発）を保護しようと平成18年4月から公益通報者保護法が施行されています。そして、この法律により、保護対象となる公益通報を理由とした、通報者の解雇、降格、減給その他の不利益取扱いが禁止されています（同法3条・5条）。この不利益取扱いには、配転も含まれると解されています。

　この保護対象となる公益通報とは、労働者が不正の目的ではなく、労務提供先の事業者、役員、従業員等について通報対象事実（個人の生命または身体の保護、消費者の利益の擁護、環境の保全、公正な競争の確保その他の国民の生命・身体・財産その他の利益擁護にかかわる法律で所定のものとしてあげるもの。ちなみに約400もの法律があげられています）が生じ、またはまさに生じようとしている旨を当該労務提供先等、当該通報対象事実について処分もしくは勧告等をする権限を有する行政機関（監督官庁）、または、その者に対し当該通報対象事実を通報することがその発生・被害の拡大の防止に必要であると思われる者（その他の通報必要者。たとえばメディア等）に通報することをいいます。そして、保護の要件について以下の事項が定められています。

〔表1〕　公益通報者保護の要件

| 通報先 | 要件 |
| --- | --- |
| ①当該労務提供先等 | 通報対象事実が生じ、または、まさに生じようとしていると思料する場合 |
| ②監督官庁 | 通報対象事実が生じ、または、まさに生じようとしていると信じるに足りる相当の理由がある場合 |
| ③その他の通報必要者 | ②の要件に加え、<br>イ　①、②の通報をすれば解雇その他不利益取扱いを受けると信じるに足りる相当の理由がある場合<br>ロ　①の通報をすれば証拠等が隠滅され、偽造され、または変造されるおそれがあると信ずるに足りる相当な理由がある場合 |

|  | ハ　労務提供先から①、②の通報をしないことを正当な理由がなくて要求された場合 |
|  | ニ　書面や電子メール等により①の公益通報をした日から20日を経過しても当該通報対象事実について労務提供先等から調査を行う旨の通知がない場合、または当該労務提供先等が正当な理由がなくて調査を行わない場合 |
|  | ホ　個人の生命または身体に危害が発生し、または発生する急迫した危険があると信ずるに足りる相当の理由がある場合 |

(3) チェック（検証）

実際に企業としてコンプライアンスの徹底を図ったとしても実際本当にそのような実態にあるのかどうかは別途、チェックし、検証する必要があります。そして、その結果、不十分な点があるとすればその改善を図る必要があります。

チェックの方法としては、公正にチェックできる社内のしかるべき部署（内部監査室や法務室等）が定期あるいは不定期に行う内部監査や、社員全員に対して行うモニタリング（匿名あるいは記名で行い、職場内でコンプライアンス違反のおそれや気になる事項がないかアンケートをとる等）などがあります。

## 3　コンプライアンス経営において社員に求められること、管理職に求められること

コンプライアンス経営を行うにあたり、社員の皆さんに求められること、また管理職に求められることについて述べてみたいと思います。

(1) 社員に求められること

当然のことながらまず、違法なことはしない、させないことです。もし、法令に違反するかどうか判断がつかないようであれば、上司あるいはしかるべき部署に相談しましょう。

次に、違法なことは見逃さないということです。よく「沈黙は金」という言葉を耳にしますが、ことコンプライアンスの徹底のためには、その言葉は

当てはまりません。むしろ、「沈黙は悪」です。もし、違法なことをしている同僚等がいた場合、あるいは他部門でそのようなことをしていた場合に、そのことに気づいたその段階で即時に上司あるいはしかるべき部署に相談していたならば、それ以上の違法なことを防ぐことができ、被害は拡大しないで済んだかもしれません。少なくとも、コンプライアンス違反による企業の存続の危機を防止するという責務は等しく全社員にあります。見て見ぬふりをするなど言語道断、社員としてあるまじき行為と心得ましょう。

　さらに、皆さんが業務上のミスをした、あるいは気になる情報があれば即時に上司あるいはしかるべき部署に相談しましょう。コンプライアンス違反（企業不祥事）の中で、特に多い事例は、ミスの隠ぺいパターンです。欠陥品を製造してしまった等の場合に、本来であればすぐさまそのミスを認め、製品を回収するなどして対応すればよいところを、その回収等による被害を恐れ、あるいは対外的な信用失墜を恐れてついそのミスの隠ぺいをしてしまったというものです。そのように隠したいという気持ちは人の弱い心からありうるとは思いますが、その隠ぺいにより即時に回収等をしていた場合の被害額よりも、隠ぺいにより企業の社会的信用を失い、消費者のボイコット等による営業損害を招き、何十倍もの損害を被る、ひいては企業の存続自体危ぶまれる事態に至ったケースは少なくありません。

　どうしてこのような隠ぺいが起こってしまうのでしょうか。そこにはとても浅はかな考えがあると思えてなりません。そもそも、ミスをしたという歴史的な事実は隠ぺいできるのでしょうか。隠ぺいしようとした人は、あるいは組織は、それが可能だと思ったのかもしれませんが、歴史的事実を消し去ることなど、およそ人力では無理です。歴史的事実を消し去ることなど誰一人できません。消し去ることができない以上、隠ぺいが判明するのは時間の問題です。では、どうしたらよいかというと、それは自明のことです。ミスを起こした場合の対応は、唯一そのミスの後始末、改善しかないのです。このことは誰が考えても同じです。これが唯一の答えなのです。ミスを隠ぺいする人、組織はこんな単純なことがわかっていないのです。

皆さんには、隠ぺいはそもそも対応方法として全くの誤りであり、隠ぺいしても何ら対応として意味のないことをまず認識してほしいのです。

また、隠ぺいには大きな弊害があります。それは、ミスへの対応、改善のための時間を失わせてしまうということです。もし、ミスをして、すぐさま上司等しかるべき部署に相談をし、会社全体でその対応、改善に臨んでいれば、ミスによる損害を未然に防ぐ、あるいは可及的に少なく抑えることができます。しかし、もし、隠ぺいをしてしまったら、その後、ミスが明るみに出た際、それから対応、改善を図ろうとしても時すでに遅しなのです。

これらをあわせ考えれば、ミスを隠ぺいするなどいう選択肢など全くあり得ないことが理解していただけると思います。

皆さんもときには業務上ミスをすることがあるかもしれません。その場合は、もうおわかりですね。即時に上司、あるいはしかるべき部署に相談しましょう。そして、指示に従い、適切な対応をとりましょう。

(2) 管理職に求められること

コンプライアンスの徹底に向けて管理職の皆さんに求められる事項として、担う組織内の部下全員に対し、コンプライアンス違反がないよう指導、教育、監督していくことです。組織の長として皆さんがコンプライアンスの重要性を強く意識していることが部下にも伝わり、組織内においてコンプライアンス違反を許さないという風紀となります。逆に皆さんがコンプライアンスなど気にするなという誤った意識であれば、あるいはコンプライアンスを軽視する意識であれば部下も右に倣えで、コンプライアンス違反を気にしない職場になってしまうおそれがあります。つまり、皆さんには自らコンプライアンス徹底の率先者、模範になってほしいのです。

そして、もう一つ、皆さんにお願いしたいことがあります。先ほど社員の皆さんにお願いしたいこととして決してミスを隠ぺいすることなく、上司やしかるべき部署に相談しましょう、また気になる情報についても同様に相談しましょうと申し上げました。管理職の皆さんにはそのような相談にすぐに応じてあげてほしいのです。そして、皆さんもまた会社に情報を上げてほし

いのです。そのためには、まず、皆さんが上司として相談を受けやすいようにしてほしいのです。よく、「なんで相談しなかったんだ」という上司（管理職）がいますが、本当に相談しなかった部下だけが悪いのでしょうか。胸に手をあてて、ひょっとして、相談しにくかったのではないかということを考えてみてください。今まで、「忙しいから後にして」と相談をその場で受けようとしなかった例はないか等、もちろん、多忙なときもあり、優先順位があることはわかりますが、そのような状況でも相談しようとしたのはよほどのことがあったのではということもあります。部下からの相談をしやすい環境づくりもまた管理職に求められることだと思いますので、ぜひ、頭の片隅でもいいですからおいておいてください。

## II 部下への指揮命令

　第1章で述べたとおり、管理職に期待されることは、委ねられた各組織の長として、部下とともにその組織が社長のめざす方向に有機的に機能するよう、部下に対して指揮監督することであり、その部下に対する指揮監督の中で典型的なものとして位置づけられるのが業務遂行上の指揮命令です。管理職には、当該部署としてなすべき業務が十分に遂行されるよう、部下に対して迅速かつ的確に指示することが求められます。まさに指揮官たる力量が問われることとなります。

　どのように部下を率いるか、その方法はさまざまであり、管理職の皆さんがこれまでみてきた諸先輩の管理職の方の管理方法を見習っている方もいるでしょうし、また反面教師としてよくないと思う面は見習うまいとされている方もいると思います。

　皆さんが思う方向に部下を動かすためには、単に命令だけしていればよいというものではないと思います。有名な語録として、文献などで太平洋戦争時の連合艦隊司令長官を務めておられた山本五十六大将（亡くなった後に元帥）の言葉がよく引用されています。「やってみせ、言って聞かせて、させ

てみて、ほめてやらねば、人は動かじ」。この言葉のように人を動かすというのは難しいことなのだと思います。

筆者が申し上げたいのは、二つのことです。

第1に、部下に対してできる限り明確な指示を出すということです。どうすればよいのか、部下が悩んで迅速な対応ができない、というのでは指示したことになりません。

第2に、指示命令をした後にどのように進行しているのか、部下の進行状況を逐一確認してほしいということです。指示しっぱなしでは、無責任です。うまく指示どおりできているのか、何かつまづいてはいないか、悩んではいないか等、気にかけてほしいのです。期日になってできているか確認したらできていなかったという例はよく耳にすることです。時間は逆戻りできません。それゆえ、時間を有効に使うという意味でも、逐一チェックすることは重要だといえます。

## III 部下の労務管理

管理職による指揮監督には、単に業務遂行上の指示命令だけではなく、部下の就労状況に対する労務管理も含まれていることはすでに申し上げたとおりです。そこで、皆さんに労務管理に求められる基礎的な事項を説明します。

### 1 配転、解雇等をめぐる労務管理

ここでは、実務上よく問題となりうるものとして、一般に正社員を想定して配転をめぐる労使紛争、解雇をめぐる労使紛争、さらに有期雇用における雇止め、期間途中の解雇をめぐる労使紛争にならないような労務管理について検討したいと思います。

#### (1) 配 転

配転とは、長期間にわたり職務内容あるいは勤務場所が変更されることをいい、特に勤務地の変更を「転勤」といいます。このほかに社員の異動には、

「出向」がありますが、これは、労働者が雇用先の企業に在籍のまま、他の企業の従業員や役員になって長期間にわたって他の企業の業務に従事することをいいます。さらに、「転籍」というものもありますが、これは、労働者が雇用先の企業から他の企業に籍を移して他の企業の業務に従事することをいいます。ここではまず配転について説明します。企業は、ときに業務上の必要から社内での労働者の適正な配置のため配転を行います。すなわち、労働契約関係の特殊性として、企業には多数の労働力を組織的に活用することが求められ、それゆえ、企業は、就業規則の規定などを理由に労働契約上勤務地・職務内容の決定権限（いわゆる配転命令権）を有するとされています。すなわち、勤務地や職務内容を限定せずに正社員として採用し、長期に雇用することが予定されている場合、企業の人事権として労働者の勤務地や職務内容を決定する権限（配転命令権）が認められていると解され、就業規則に次のような規定がされているのが一般です。

（異動）
第○○条　会社は、業務上の必要から、社員に対し、職務変更、配置転換、転勤を命ずることがある。
　2　前項の場合、社員は正当な理由がなくこれを拒んではならない。

しかし、他方において、配転により労働者に不利益が生じる場合も少なくありません。たとえば、転勤ともなれば住居の移転を伴い、生活上の不利益が生じることは十分にあり得ます。配転もすべての場合に認められるものではなく、限界があります。

そこで、配転命令の限界について以下ご説明します。

第1に、そもそも労働契約上、職種が限定されている場合には、当該労働者の同意なくしてその他の職種に配転することはできませんし、また、勤務場所が限定されている場合も同様です。このうち、職種の限定については、一般に、医師、看護師、弁護士等の特殊な技能職については、職種限定の合意がある場合が多いでしょう。

第2に、このような職種の限定や勤務場所の限定がないとした場合でも、業務上の必要性と本人の職業上あるいは生活上被る不利益の程度により、配転命令が権利の濫用となる場合もあり、その場合は配転命令も無効と判断されるおそれがあります。この点については、転勤命令の効力について判断した東亜ペイント事件（最判昭和61・7・14）が参考になります。すなわち、①業務上の必要性のない配転命令や不当な動機・目的でなされた配転命令、あるいは、②配転が通常甘受すべき程度を著しく越える不利益を負わせるときなどは、配転命令が権利濫用とされるおそれがあります。

　以下、ポイントをあげてみます。

---

① 　**業務上の必要性のない配転命令とは**
　前掲の東亜ペイント事件において最高裁は、配転の業務上の必要性について、余人をもって容易に替え難いといった高度の必要性に限定するのは相当ではない、労働者の適正配置、業務の能率増進、労働者の能力開発、勤務意欲の高揚、業務運営の円滑化など企業の合理的運営に寄与する点が認められる限り業務上の必要性を肯定すべきであると判断しています。すなわち、業務上の必要性については相当程度使用者の裁量に委ねられていると解されます。

② 　**不当な動機・目的でなされた配転命令とは**
　退職を強要する目的での配転命令や会社を批判する中心人物に対する配転命令などがこれに当たります。

③ 　**配転が通常甘受すべき程度を著しく越える不利益を負わせるときとは**
　これまでの裁判例では、要介護状態にある親や家族の介護や世話をしている労働者の遠隔地への転勤命令や労働者自身が通勤困難な病気を抱えているような場合に配転命令が権利の濫用に当たり無効と判断されています（札幌地決平成9・7・23〔北海道コカ・コーラボトリング事件〕）。

---

　なお、今後の傾向として、育児・介護休業法の改正により使用者に配慮義務が定められたことや、労働契約法制の制定により「仕事と生活の調和」への配慮（労働契約法3条3項）が求められていることからすると、上記の不利益性については、子の養育、介護の必要性がより考慮されていくこともありうるので注意が必要です。

　配転をめぐり紛争になるケースとして、やはり自分がなぜ配転されるのか

について理解できない、納得ができないとして、配転命令を拒否する場合が多くみられます。この場合、上司や人事・総務部門等の使用者側と当該労働者との間のコミュニケーション不足、具体的には使用者側からの説明が不十分で労働者の理解が不足していることが原因であることが少なくありません。総合職採用等配転（転勤）もありうることを理解のうえ、入社しているにもかかわらず、転勤は嫌です、と自分の都合のみを主張する労働者もいるかもしれません。このような場合、会社の業務上の都合（労働者の適正配置、業務の能率増進、労働者の能力開発、勤務意欲の高揚、業務運営の円滑化など）を説明し、理解を求めることに努めましょう。

　なお、転勤を含め配転があることが前提で入社している正社員について、運用上ほとんど転勤もなく同じ勤務場所や同じ業務で長期間勤務していることによって逆に転勤等の配転について当該労働者の理解を得ることが難しくなることもあり得ます（最判平成元年12月7日〔日産自動車村山工場事件〕参照）。企業としては、配転について公正かつ適正な運用（適切な頻度のローテーション）を心掛ける必要があると思います。

### (2) 出向、転籍

　出向については、民法625条1項の「使用者は、労働者の承諾を得なければ、その権利を第三者に譲り渡すことができない」という規定を根拠に個別の同意が必要であるという考え方もありますが、一般に就業規則等による包括的な規定や事前の包括的な同意によって出向命令権が根拠づけられていれば足りると考えられます。もっとも、出向は前記(1)の配転とは異なり、労務提供の相手方や指揮命令権者が変動する、賃金等の労働条件が変動する可能性がある等、雇用関係の変動が生じる、あるいは生じる可能性があることから、包括的な規定あるいは包括的な同意により出向を命じるには、密接な関連会社間の日常的な出向であって、出向先での賃金・労働条件、出向期間、復帰の仕方などが出向規程等によって労働者の利益に配慮して整備されていることが必要と解されています（菅野和夫『労働法〔第10版〕』519頁参照）。

　また、労働契約法14条の規定（次頁参照）により、出向命令が権利の濫用

に当たる場合、出向命令は無効となります。具体的には、労働者に著しい不利益を被らせる場合（たとえば、労働条件や生活上の不利益が大きい等）、権利の濫用に当たるとして出向命令が無効となる場合があります。

> （出向）
> 第14条　使用者が労働者に出向を命ずることができる場合において、当該出向の命令が、その必要性、対象労働者の選定に係る事情その他の事情に照らして、その権利を濫用したものと認められる場合には、当該命令は、無効とする。

　次に、転籍は、労働者が雇用先の企業から他の企業に籍を移して他の企業の業務に従事する、つまり、雇用先の企業（転籍元企業）との雇用契約を終了し、新たに他の企業（転籍先企業）との間で雇用契約を成立させることを意味します。その方法は次の二つです。

　第1に、使用者としての地位を譲渡する（譲渡会社との労働者との間の労働契約を譲受会社に承継する）方法があります。この場合は、すでに説明したとおり、労働者の同意（民法625条1項）が必要です。そのため、労働者の同意を明らかにするため、労働者からの同意書をとる必要があります。

　第2に、対象となる労働者が転籍元企業との間で労働契約を合意解約して同企業を退職し、新たに譲受会社に入社するという方法があります。この場合には、一般に、労働者において譲渡会社を退職することと譲受会社に入社する旨の同意が必要となります。この場合、転籍元企業を退職する手続（合意解約書や退職届の提出等）と転籍先企業に入社する手続（雇用契約書の締結等）をとる必要があります。

　いずれの方法でも労働者が転籍するにはその労働者の同意が必要となることに留意しましょう。

### (3)　期間の定めのない労働契約における解雇

　期間の定めのない労働契約（いわゆる無期雇用。典型は正社員）における解雇については、大きく二つのハードルがあります。一つは就業規則所定の解

雇事由の限定解釈（適用する場面を限定して捉える）、二つ目は労働契約法16条の解雇権濫用法理です。

それでは、能力不足を理由とする解雇を例に検討してみましょう。

(A) 就業規則における**解雇事由の解釈**

企業では一般に就業規則に解雇事由として「業務遂行能力、勤務成績が劣り、向上の見込みがないとき」という旨の規定を設けていますが、このような能力不足・成績不良を理由とする解雇は、どのような場合に有効となるのでしょうか（なお、中途採用で高度専門職や上級幹部職に採用したような場合は後記(C)参照）。

この点につき、裁判例では、「二号（『労働能率が劣り、向上の見込みがない』）に該当するといえるためには、平均的な水準に達していないというだけでは不十分であり、著しく労働能率が劣り、しかも向上の見込みがないときでなければならないというべきである」と、およそ解雇が認められる場合を限定して解釈されています（東京地決平11・10・15〔セガ・エンタープライゼス事件〕等）。

(B) **解雇権濫用法理により必要とされる客観的に合理的な理由と社会的相当性**

使用者がこのような解雇事由に該当するとして、当該労働者を解雇した場合、その解雇の有効性は、労働契約法16条（「解雇は、客観的に合理的な理由を欠き、社会通念上相当であると認められない場合は、その権利を濫用したものとして、無効とする」。労働契約法、それ以前の労働基準法がこのことを条文化する以前から裁判所が認めていた法理で、「解雇権濫用法理」といいます）により判断されます。すなわち、解雇が有効となるためには、客観的に合理的な理由、つまり、当該解雇理由（解雇に当たるとされた事実）が就業規則等にあらかじめ定める解雇事由に該当する、ないし、それに準ずる事由に該当し、かつ社会通念上相当といえる、つまり、社会通念からみても企業から排除する程度のものとして相当であると認められること、が必要とされています。

これまでの裁判例の考え方を整理すると、能力不足を理由とする解雇が認められるためには、

> ①　労働契約の継続を期待しがたいほどに能力が著しく不足している、あるいは成績が著しく不良であると認められる必要がある。
> ②　指導・教育による能力の向上や配転等によりその能力を活用する余地があれば、それらの措置によって雇用を維持する努力が尽くしたことが必要である。

といえます。

　このような考え方の背景には、正規社員の多くが、職種・職務内容の限定もなく、新卒者として採用され、研修・教育あるいはさまざまな職種・職務を通じてその能力の向上が期待され、長期に雇用されることが想定されている、という点があると考えられます。

(C)　中途採用の高度専門職、上級管理職の解雇

　中途採用の高度専門職の場合、その職責上、能力・成績のレベルは一般の従業員以上に高度なものが要求され（本来そのような能力・成績のレベルが備わっていることが前提で採用されているから）、一般の従業員の場合と比べ、解雇が有効と判断されやすいともいえます。

　これまでの裁判の考え方を整理すると、次のとおりです。

> 　高度専門職あるいは中途採用の上級管理職等地位や職種を特定して雇用された社員に対する解雇については、一般の社員の場合と比べ、能力不足・成績不良の判断については当該職種あるいは職位に求められている能力・成績を基準に判断されるという点で、また、配転等の必要性などについても必ずしも配転しなければならないわけではないという点で、解雇の有効性が認められやすい。

(4)　有期雇用の不更新（雇止め）

　期間の定めのある労働契約（いわゆる有期雇用）の場合、労働契約期間の定めがあり、原則として、その期間満了により本来契約は終了となります。ただ、このような原則だけでは、不都合な結果となりかねません。そこで、一定の場合、有期雇用を更新しない（つまり雇止め）ことについて制限される場合があります。

以下の場合、労働契約法19条により、使用者が労働者からの当該有期労働契約の更新の申込み、あるいは当該契約期間満了後遅滞なく労働者からの有期労働契約締結の申込みを拒むことに、客観的に合理的な理由を欠き、社会通念上相当と認められないときは、従前の有期労働契約の内容である労働条件と同一の労働条件で使用者はその申込みを承諾したものとみなされます。

> ① 「当該有期労働契約が過去に反復して更新されたことがあるものであって、その契約期間の満了時に当該有期労働契約を更新しないことにより当該有期労働契約を終了することが、期間の定めのない労働契約を締結している労働者に解雇の意思表示をすることにより当該期間の定めのない労働契約を終了させることと社会通念上同視できると認められる」場合
> ② 「当該労働者において当該有期労働契約の契約期間満了時に当該有期労働契約が更新されるものと期待することについて合理的な理由があるものと認められる」場合

　この規定は、これまでの最高裁の雇止め法理を条文化したものとされています。具体的には、以下のとおりです。

> Ⓐ　期間の定めのある雇用契約があたかも期間の定めのない契約と実質的に異ならない状態で存在した場合（最判昭和49・7・22〔東芝柳町工場事件〕）
> Ⓑ　労働者が期間満了後の雇用の継続を期待することに合理性が認められる場合（最判昭和61・1・4〔日立メディコ事件〕）

　これらの場合における雇止めには解雇権濫用法理（労働契約法16条）が類推適用され、雇止め（有期の雇用契約を更新しないこと）には客観的に合理的な理由が認められ、かつ社会通念上相当であると認められる必要があるという法理です。

　まさにこの最高裁のいう、Ⓐが前記条文の①に相当し、Ⓑが前記条文の②に相当します。

　このうち、Ⓐすなわち①というのは、現在ほとんどの企業でみない事象であろうと考えられます。およそ企業で更新手続をいっさい踏んでいないとい

う事態は考えられないからです。

　問題はⒷすなわち②の例です。このⒷすなわち②に当たるか否かは、当該雇用の臨時性・常用性、更新の回数、雇用の通算期間、契約期間管理の状況、雇用継続の期待をもたせる使用者の言動の有無などを総合考慮して個々の事案ごとに判断されると解されています（平成24年8月10日「労働契約の施行について」（基発0810第2号）と題する施行通達、（大阪高決平成9・12・16〔丸島アクアシステム事件〕参照）。

　企業が雇止めするにあたり、前記①、②に当たると思われるような場合、雇止めに相当な理由が必要とされ、万が一争いになった場合を想定し、その理由を裏づける十分な資料（証拠）が必要になります。ところが、企業では、どうせ有期契約で期間満了で辞めてもらうから、注意、指導してこなかった、あるいは口頭でしか注意していないというケースが数多くみられます。これでは、本人も自分の問題性について認識が希薄で、なぜ更新してくれないのか理解できず争いになるケースも多く、また企業が本人の問題性を立証できないケースも少なくありません。

　したがって、有期雇用だからといって、正社員に対する労務管理に比して決してその労務管理をおろそかになどせず、十分な労務管理を心掛けましょう。具体的には、有期労働者の勤務姿勢が悪い場合には、当初は口頭での注意、指導をすることに加え、それでも改善しない場合は文書による注意、指導を行う（注意書、指導書を発する）、それでも改善しない場合、雇用契約の期間途中（たとえば残り半年等）で、このまま改善しない場合は次回の契約更新時において更新はしない旨の警告書を発する、それでも改善しない場合は契約期間満了をもって雇用契約を終了とし、更新しない旨事前に通知し、更新しない、という段階を踏んでいくことが肝要です。

### (5)　有期雇用における解雇

　期間の定めのない労働契約（いわゆる無期雇用）、典型は正社員ですが、正社員を解雇する場合、前記で説明したとおり、労働契約法16条（かつて法文がなく、裁判所により認められた法理なので、解雇権濫用法理といわれたりしま

す）によって解雇できる場合が限定されています。

労働契約法16条では次のように規定されています。

> （解雇）
> 第16条　解雇は、客観的に合理的な理由を欠き、社会通念上相当であると認められない場合は、その権利を濫用したものとして、無効とする。

つまり、前記1(3)(B)でも述べたとおり解雇が認められるためには、客観的に合理的な理由、つまり、当該解雇理由（解雇に当たるとされた事実）が就業規則等にあらかじめ定める解雇事由に該当するないしそれに準ずる事由に該当し、かつ社会通念上相当といえる、つまり、社会通念からみても企業から排除する程度のものとして相当であると認められること、が必要とされています。

有期雇用の場合、さらに、労働契約法17条により解雇が規制されています。

> （契約期間中の解雇等）
> 第17条　使用者は、期間の定めのある労働契約（以下この章において「有期労働契約」という。）について、やむを得ない事由がある場合でなければ、その契約期間が満了するまでの間において、労働者を解雇することができない。

もともと民法628条において「当事者が雇用の期間を定めた場合であっても、やむを得ない事由があるときは、各当事者は、直ちに契約の解除をすることができる。この場合において、その事由が当事者の一方の過失によって生じたものであるときは、相手方に対して損害賠償の責任を負う」と規定されていますが、このような規定が存在するにもかかわらず、有期雇用における解約、特に使用者による解雇が安易になされている傾向があるということから、労働契約法によって使用者からの解雇についてやむを得ない事由がなければできないということが強行規定としておかれました。つまり、有期雇用の場合、その期間においては雇用することが前提となっていることから、一般に正社員対して行う解雇と比べ、その期間中の解雇は極めて限定的に考

えられているのです。

　それゆえ、労働契約法17条1項の「やむを得ない事由」とは、正社員に対する解雇において求められる、解雇に「客観的に合理的な理由」があり、かつ解雇が「社会通念上相当」であることよりも厳格な事由、すなわち、当該契約期間雇用するという約束があるにもかかわらず、期間満了を待つことなく直ちに雇用を終了させざるを得ないような特別の重大な事由が必要と解されています（菅野・前掲書234頁等）。このように、期間途中の解雇が認められるのは極めて限定的な場合であることには留意が必要です。

## 2　労働時間管理をめぐる労務管理

　労働時間をめぐっては、大きく二つの問題があります。一つめは、いわゆる時間外、深夜、休日労働の割増賃金を支払わないという賃金未払いの問題（いわゆるサービス残業の問題）です。そして二つめは、過重労働による健康被害（いわゆる過労死、過労自殺）の問題です。

### (1)　賃金未払いの問題

　時間外、深夜、休日労働の割増賃金の支払いについては、労基法による割増賃金の支払い、すなわち、同法32条の1日8時間、週40時間の法定労働時間を超える時間については、同法36条1項の労使協定が締結されている場合においてその定めに従い使用者は労働者に対して時間外、休日労働を命ずることができます。そして、この場合の時間外・休日労働に対する割増賃金、22時以降5時までの深夜労働に対する割増賃金について同法37条1項本文・2項・4項により、法定時間外労働・深夜労働については2割5分増以上の割増賃金を（同条1項ただし書により、1ヵ月あたり60時間を超えた時間外労働の場合、5割増以上）、週1日（ないし4週4日）の法定休日における休日労働については2割5分増以上の割増賃金を支払う（同条1項本文・2項）こととされています。この同条の割増賃金を支払わない場合、同法119条1号の罰則（6ヵ月以下の懲役または30万円以下の罰金）が課されるおそれがあります。

また、法定利息も年6％、退職後であれば14.6％の高利率の遅延損害金が課されるおそれもあります（賃確法6条、賃確法施行令1条）。
　さらに、裁判になった場合、労基法114条により、未払いの割増賃金のほか、最大で同額の付加金を課されるおそれもあります。
　つまり、時間外、休日労働などいわゆる残業代の未払いによって、刑事罰を受けるおそれもありますし、また、高利率の遅延損害金を課され、さらに裁判になった場合、この利息に加え、最大で未払い残業代と同額の付加金（一種の制裁金と考えられています）の支払いが命じられるおそれがあるのです。残業代は支払わなくて済むなどと考えると大きな間違いです。使用者には残業代の支払債務が歴然と存在するということを認識すべきです。

### (2) 過重労働による法的リスク

　さらに労働時間をめぐってはいわゆる過労死、過労自殺をはじめとする過重労働による健康被害の問題があります。このような健康被害が生じた場合、業務災害（労災）として扱われる場合も想定されます。また、このような健康被害について使用者が損害賠償責任を負う場合も想定されます。

### (A) 業務災害

　業務災害と認定されるためには、業務上の疾病に該当する必要がありますが、脳・心臓疾患における業務上認定の基準としては、たとえば長期間の過重業務として発症前おおむね6カ月間を対象に、「発症前1か月間におおむね100時間又は発症前2か月間ないし6か月間にわたって、1か月当たりおおむね80時間を超える時間外労働が認められる場合は、業務と発症との関連性が強いと評価できること」（この場合の時間外とは1週間あたり40時間を超えて労働した時間数をいいます）とされています（平成13年12月12日「脳血管疾患及び虚血性心疾患（負傷に起因するものを除く。）の認定基準について」基発第1063号）。また、精神障害の業務上認定の基準としては、たとえば、発病日から起算した直前の1カ月間におおむね160時間を超える時間外労働を行った場合等には極度の長時間労働に従事したとしてその心理的負荷を「強」と評価する、あるいは1カ月に80時間以上の時間外労働を行ったこと自体を一

つの出来事して捉え、80時間以上を「中」、さらに発症直前の連続した2カ月間に、1カ月あたりおおむね120時間以上、あるいは発症直前の連続した3カ月間に、1カ月あたりおおむね100時間以上の時間外労働を行い、その業務内容が通常その程度の労働時間を要するものであった場合は「強」と捉えるなどとされています。

(B) **企業の損害賠償責任**

また、単に労働災害となるだけではなく、企業そのものの責任が問われる場合もあります。いわゆる安全配慮義務違反を理由とする損害賠償責任です。これまでの裁判例でも、使用者には、労働者が労務を提供する場所、設備もしくは器具等を使用しまたは使用者の指示のもとに労務を提供する過程において、労働者の生命および身体等を危険から保護するよう配慮する義務、いわゆる安全配慮義務を負っていると解されており、労働契約法でもそのことを示す規定(労働契約法5条。下記参照)が設けられています(なお、健康被害防止のため、安全衛生法66条の8・66条の9により一定の場合における医師等による面接指導が義務化されていることはご承知のとおりであり、本稿ではこの点の指摘にとどめます。)。

---

(労働者の安全への配慮)
第5条　使用者は、労働契約に伴い、労働者がその生命、身体等の安全を確保しつつ労働することができるよう、必要な配慮をするものとする。

---

この安全配慮義務の一つに、使用者は労働者の過重な労働による健康被害が生じないよう配慮する必要があると解されており、皆さんもご承知のとおり、過労死や過労自殺をはじめとする過重労働による健康被害において、企業が安全配慮義務を尽くしていなかったとして損害賠償責任を負った例は決して少なくありません。その賠償額は、逸失利益をはじめ莫大な金額となることもまた少なくありません。

さらに、過重労働により過労死、過労自殺などの健康被害が生じたことでその企業のマイナスイメージにつながるおそれも十分にあります。

### (3) 労働時間管理の重要性

前記1の賃金未払いにおける法的リスク、さらに前記(2)の過重労働による法的リスクを回避するためには、まずもって使用者が労働者の労働時間を十分に管理することが肝要です。その第一歩は労働時間の把握です。

この点につき、労働基準法上、使用者には賃金台帳の作成義務があり（労働基準法108条）、「労働時間数」、「延長時間数」（残業時間）、「休日労働時間数」、「深夜時間数」を記載することになっています（労働基準法施行規則54条1項5号、6号）。さらに、平成13年4月6日「労働時間の適正な把握のために使用者が講ずべき措置に関する基準」基発第339号において、労働時間の適正な把握のために使用者が講ずべき措置をあげています。主な点は以下のとおりです。

【ポイント】
① 始業・終業時刻の確認および記録をとること
② 始業・終業時刻の確認および記録の原則的な方法として、Ⓐ使用者が、自ら現認することにより確認し、記録すること、Ⓑタイムカード、ICカード等の客観的な記録を基礎として確認し、記録することのいずれかによること
③ 自己申告制により行わざるを得ない場合は、使用者は次の措置を講ずること
　Ⓐ 自己申告制を導入する前に、その対象となる労働者に対して、労働時間の実態を正しく記録し、適正に自己申告を行うことなどについて十分な説明を行うこと
　Ⓑ 自己申告により把握した労働時間が実態の労働時間と合致しているか否かについて、必要に応じて実態調査を行うこと
　Ⓒ 労働者の労働時間の適正な申告を阻害する目的で時間外労働時間数の上限を設定するなどの措置を講じないこと。また、時間外労働時間数の削減のための社内通達や時間外労働手当の定額払等労働時間に係る事業場の措置が、労働者の労働時間の適正な申告を阻害する要因となっていないかについて確認するとともに、当該要因となっている場合においては、改善のための措置を講ずること

使用者としては、労働者の労働時間を適正に把握し、そのうえで、未払いとなっていないか、また、長時間労働となり過重労働による健康被害が生じ

るおそれがないかを検証し、その対応策として労働時間の短縮を図るべく後述するとおり無駄な残業をさせない等の対応措置を講ずる必要があると思います。このことは事業主に代わって労務管理を行う管理職も十分に認識し、適切な対応に心掛けてほしいと思います。

　労働時間管理に向けた実務上の対応、留意点として筆者が考えるものを以下にいくつかあげてみたいと思います。

> ①　労働時間の把握が出発点
> 　未払い残業代の発生をなくすためにも、また過重労働による健康被害をなくすためにも、労働時間を把握することが出発点です。
> ②　無駄な残業をなくす
> 　●ルールの徹底
> 　労働時間の短縮を図るためには、無駄な残業（時間外、休日労働）をなくすことが肝要です。無駄な残業をなくすためには、労働者が残業の必要、それに見合う残業時間を勝手に設定する仕組み（いわゆる労働者任せ）は不適切です。積極的に使用者（上司）が関与する仕組みが求められます。残業（その必要な時間の設定も併せ）は使用者（上司）の業務命令によるとのルールを徹底する必要があります。ルールの例外を安易に認めるとルールそのものが崩壊します。たとえば、上司の業務命令なしに労働者が残業しているのを放置していると、黙示の時間外業務命令と解釈され、時間外労働と認められるおそれがあります。
> 　タイムカードは始業、終業時に在社していたことを示す資料になり得ます。タイムカードと時間外勤務業務命令との齟齬が生じないよう、業務終了後の滞留を禁止するなどのルールづくり、労務管理も必要です。
> ③　業務内容、勤務体制の見直し
> 　①、②のような対応でもなお残業が減らず、労働時間を短縮する必要があると判断した場合は、業務内容の見直し（優先度の低い業務を簡略化する、あるいはなくす等）や適正な人員構成の見直しが必要です。

　特に上記の②、すなわち残業のルールの設定は極めて重要です。残業命令はもちろん、その残業に必要な時間の設定、必要な時間を超えた場合の労働時間の承認、本人が事後に承認を求めた場合の承認、これらについては上司が行うルールをしっかりつくる必要がありましょう。

## 3 ハラスメントをめぐる労務管理

### (1) ハラスメントとは

　職場におけるセクシュアル・ハラスメント（セクハラ）とは、「職場において行われる性的な言動に対する労働者の対応により当該労働者がその労働条件につき不利益を受けるもの（対価型セクハラ）と、当該性的な言動により労働者の就業環境が害されるもの（環境型セクハラ）をいいます。また、近時特に問題とされているパワー・ハラスメント（パワハラ）についてはこれまで明確な定義づけがされていませんが、厚生労働省の「職場のいじめ・嫌がらせ問題に関する円卓会議ワーキング・グループ報告」（平成24年1月30日）では、「同じ職場で働く者に対して、職務上の地位や人間関係などの職場内の優位性を背景に、業務の適正な範囲を超えて、精神的・身体的苦痛を与える又は職場環境を悪化させる行為」とする定義づけの提言がなされています。職場のハラスメントとしては、ほかにも、たとえば部下から上司へのハラスメント、同僚同士のハラスメントなどもあります。

### (2) ハラスメントがあった場合の加害者、企業の責任

　これらセクハラ・パワハラをはじめとするハラスメントは違法な行為とされ、場合によっては、被害者は加害者に対し、不法行為を理由とする損害賠償請求ができます（民法709条）。また、従業員がそのようなセクハラあるいはパワハラ行為を事業の執行（要するに職務執行ないし職務執行に密接に関連する行為）において行った場合、被害者はその加害者の使用者である企業に対し、いわゆる使用者責任に基づき加害者と同じ損害賠償請求をすることができます（民法715条）。つまり、セクハラ・パワハラ等のハラスメントが職務の執行においてなされた場合、企業は基本的にその賠償責任を免れないということになります。

　ところで、使用者（企業）は、職場環境整備義務を負っています。すなわち、企業は「労働契約に伴い、労働者がその生命、身体等の安全を確保しつつ労働することができるよう、必要な配慮をするものとする」（労働契約法5

条）とされ、その一環として職場環境を整備する義務があると考えられています。それゆえ、セクハラ・パワハラ等のハラスメントが職場で生じないよう配慮する、場合によってはそのようなハラスメントが生じたら、直ちにそのようなことが再発しないよう環境を整備する、といった義務を尽くさなかった場合、被害者である従業員は、企業に対し、職場環境整備義務の債務不履行を理由に損害賠償請求（民法415条）をすることも認められるのです。

(3) ハラスメントの防止

このように、企業としてはまずはセクハラ・パワハラをはじめとするハラスメントが発生しないよう、その防止に努めること、そして、万が一にも発生した場合に迅速に事実調査、被害者へのケア、関係者の処分等必要な措置を講じ、再発防止に努めることが肝要です。この点について、厚生労働省がセクハラについて、①セクハラ防止のための事業主の方針の明確化およびその周知・啓発、②相談に応じ適切に対応するための体制の整備、③職場におけるセクハラに係る事後の迅速かつ適切な対応等、事業者が講ずべき措置を示しており（厚生労働省「事業主が職場における性的な言動に起因する問題に関して雇用管理上講ずべき措置についての指針」（平成18年厚生労働省告示第615号））、パワハラ等のハラスメントについても参考になると思います。特に、セクハラ・パワハラ等のハラスメントの予防は行為者の意識いかんによるところが大きいため、社内研修を充実させる等による啓発が重要です。

(4) 業務指示・注意・指導とパワハラ

このパワハラをめぐっては、上司による正当な業務指導とパワハラとはどのような点で違うのか、その違いを認識する必要があります。昨今では、上司からの業務指示、注意・指導に対し、部下が「それはパワハラです」と開き直って攻撃してくるケースもあり、このような抗議に対し、上司が躊躇するようなことがあれば、会社の業務運営、企業秩序は成り立たなくなってしまうからです。会社はもとより、業務指導に直接携わる管理職はパワハラとは何かをしっかり認識する必要があると思います。

まず、押さえておくべきことは、通常の注意・指導は正当であり、パワハ

ラに当たることなどないということです。

　そもそも、部下にとって不快となる上司からの行為がすべてパワハラに当たる訳ではないのです。これまでの裁判例から考えますと、一定の違法性を帯びる上司の行為がパワハラに当たると考えられます。そして、業務指示、注意・指導がパワハラとなるのは、まさにそれら業務行為が違法性を帯びるような場合であり、具体的には、①業務上の必要性を欠く（たとえば、部下の私的領域に踏み込むのはその必要性からして問題がある）場合や、社会通念上許容される範囲を越えた注意・指導、具体的には、その注意・指導の態様（人格を傷つける言動の有無等）、程度（反復性、継続性の有無、回数の程度）、目的、相手方に与えた不快感の程度、注意・指導の場所・時間等から考えて社会通念上許容される範囲を越えているような場合に、上司の注意・指導は違法な行為として「パワハラ」に当たると判断されるものと考えられます。

## 4　メンタル不全をめぐる労務管理

### (1)　メンタル不全（心の病）の早期発見と迅速かつ適正な措置（治療）

　心の健康を害し、メンタル不全（心の病）となる従業員も少なくありません。特に、昨今業務上のストレスから心の健康を害するケースが問題となっています。このような場合、本人のそのような症状をよくするために最も大切なことは、早期発見と迅速かつ適正な措置としてできる限り早く専門家による治療を受けることであると考えられています。

　この早期発見、さらに迅速かつ適正な措置に関し、本人によるセルフケアが重要であることはいうまでもありません。しかし、本人がなかなか自己の問題に気づきづらいこともありますので、ラインによるケア、つまり上司が本人の仕事ぶり等の様子から本人の問題性に気づき、適切な措置につなげることが大切です。

### (2)　メンタル不全（心の病）の防止

　メンタル不全をできるだけ防止することも重要です。特に、業務上のストレスから心の病に至ってしまうケースでは、業務上災害として労災保険の対

象となる、場合によっては企業の責任が問題となりかねません。先ほど述べたいわゆる企業の安全配慮義務、あるいはハラスメント等が職場で生じないようして、職場環境を整える職場環境整備義務違反による責任です。

　また、使用者に代わって指揮監督を行う権限を有するいわゆる管理職も、使用者に代わりこの安全配慮義務（ないし職場環境整備義務）に従って適切な措置を講じる義務を負っていると考えられます。具体的には、労働者が業務の遂行に伴う疲労等から心身の健康を害さないように、部下の日常の勤務状況、職場環境、業務の負担等について適切に把握し、必要な措置を講じる必要があると考えられます。たとえば、うつ症状の労働者に対する管理職の注意義務違反を認め管理職への損害賠償請求を認めた裁判例もあります（東京高判平成14・7・23〔三洋電機サービス事件〕等）。

　管理職は、日々の労務管理において、過重労働の防止はもちろんのこと、職場でのいじめなど職場環境に問題がないか、本人に変わった様子がないか等注意する必要があるといえます。

　もし、少し変わった様子がみられた場合、どう対応したらよいのか、これは極めて難しい問題です。心の健康を害している部下に対してその対応方法は専門家の意見も聞きながら進める必要もあります。管理職の皆さんがその対応がわからないのは当然です。それゆえ、皆さんが問題を抱え込むのではなく、直ちに会社全体として対応できるよう、皆さんの上司や人事労務部門に迅速に連絡・相談すべきでありましょう。

## 5　企業秘密・個人情報をめぐる労務管理

　企業秘密の保持、個人情報の保護も企業において極めて重要です。以下、それぞれのポイントを説明しましょう。

### (1)　企業秘密の保持

　企業の情報のうち、企業が保護しようとする情報（いわゆる企業秘密）は、大きく分けて不正競争防止法により保護される営業秘密、即ち、「秘密として管理されている生産方法、販売方法その他の事業活動に有用な技術上又は

営業上の情報であって、公然と知られていないもの」（不正競争防止法2条6項）と、それ以外の企業秘密に分けることができます。

　営業秘密とは、たとえば顧客名簿、製造技術上のノウハウ等で、上記の不正競争防止法の定める①「秘密として管理されている」（秘密管理性）、②「事業活動に有用な技術上又は営業上の情報」（有用性）、③「公然と知られていないもの」（非公知性）をいずれも満たすものをいいます。それ以外の企業秘密とは、営業秘密には当たらないものの、企業として保持すべき秘密をいいます（たとえば役員個人のスキャンダルなどはこれに当たると解されます）。

　労働契約が存続している間、労働者は、労働契約に付随する義務として信義則上使用者の企業秘密を保持する義務を負っていると考えられています。多くの企業では就業規則においても企業秘密の保持義務を規定しており、それに違反した場合、懲戒処分が予定されています。場合によっては解雇、損害賠償請求も認められると考えられています。

　さらに、この企業秘密が不正競争防止法上の「営業秘密」に当たる場合、営業秘密の保有者である使用者から営業秘密を示された労働者が「不正の利益を得る目的で、又はその保有者に損害を加える目的で、その営業秘密を使用し、又は開示する行為」は、不正競争に当たり（同法2条1項7号）、開示・使用行為の差止め（同法3条1項）、債務不履行あるいは不法行為を理由とする損害賠償（同法4条）、さらに信用回復措置（同法14条）の対象となります。さらに、在職中の役員または従業員が「不正の利益を得る目的で、又はその保有者に損害を加える目的で、その営業秘密の管理に係る任務に背き、その営業秘密を使用し、又は開示した」場合、刑罰の対象となります（同法21条1項5号）。

　問題は、このように不正競争防止法により保護される「営業秘密」に当たるといえるかどうかです。先ほど述べたように「営業秘密」とは、その要件である①「秘密として管理されている」（秘密管理性）、②「事業活動に有用な技術上又は営業上の情報」（有用性）、③「公然と知られていないもの」（非公知性）をいずれも満たすものをいいます。特に、この①の秘密管理性とい

う点で、はたして会社としてしっかりと秘密として管理していたのか否かが問われます。マル秘の判を押している資料でも鍵のかかっていないような棚に入れておいては、秘密として管理していたとはいえません。秘密にアクセスできる従業員を限定し、それ以外の者のアクセスを許さない、という実態が必要です。管理職の皆さんはこの点においても部署の責任者として厳正なる秘密管理に努める必要があります。

(2) 個人情報の保護

これは個人情報保護法という法律により保護されている情報ですが、企業には、個人情報を保護するためにその厳重な管理が求められています。皆さん、莫大な数の個人情報が企業から漏えいされたとして新聞等で報道されたケースを聞いたことがあるかと思いますが、個人情報の漏えいは、コンプライアンス違反の企業であるとのレッテルにつながりかねず、その企業の致命傷になりかねません。まさに個人情報保護法の遵守はコンプライアンス上重要な要素といえます。

ここでいう、個人情報とは、生存する個人に関する情報であって、当該情報に含まれる氏名、生年月日その他の記述等により特定の個人を識別することができるもの（他の情報と容易に照合することができ、それにより特定の個人を識別することができることとなるものを含む）をいいます（個人情報保護法2条1項）。

さて、個人情報保護法が定める個人情報取扱事業者（個人情報取扱事業者とは、国の機関、地方公共団体、独立行政法人等を除く者で、個人情報データベース等を事業の用に供している者をいいます。その事業活動が営利であるか非営利であるか、事業者が個人であるか法人であるかを問いません。ただし、その取り扱う個人情報の量および利用方法からみて個人の権利利益を害するおそれが少ない者として政令で定める者、具体的にはその事業の用に供する個人情報データベース等を構成する個人情報によって識別される特定の個人の数の合計が過去6月以内のいずれの日においても5000を超えない者は除きます）の義務は主に次のとおりです。

⑷　個人情報の取扱い

　個人情報は特にその種類は問われていません。また、いわゆるプライバシーのように非公知か否か、あるいは一般に公開を望まないような情報か否かも問われていません。顧客情報などの企業外の情報に限られず、企業内の情報（従業員の情報等）も含まれます。

　個人情報保護法は個人情報取扱事業者に対し、個人情報に関して以下の①～④のような取扱いを求めています。

　①　個人情報の利用目的の特定（同法15条1項）。
　②　本人の同意なくして目的外に利用することの制限（同法16条1項）。
　③　個人情報の適正な取得（同法17条）。
　④　取得に際しての利用目的の通知等（同法18条1項）。

⑸　個人データの取扱い

　個人データとは、個人情報データベース等を構成する個人情報をいいます（個人情報保護法2条4項）。そして、個人情報データベース等とは、特定の個人情報を電子計算機を用いて検索することができる用に体系的に構成したもの、あるいは個人情報を一定の規則に従って整理することにより特定の個人情報を容易に検索することができるように体系的に構成した集合物であって、目次、索引、その他検索を容易にするためのものを有するものをいいます（同法2条2項、個人情報保護法施行令1条）。

　このような個人データに関し、個人情報保護法は次の①～⑤のような取扱いを求めています。

　①　データ内容の正確性の確保（同法19条）。
　②　安全管理措置（同法20条）。
　③　従業者の監督（同法21条）。
　④　委託先の監督（同法22条）。
　⑤　本人の同意なくして第三者に提供することの制限（同法23条1項）。

　特に、上記の③により、事業者は、この個人情報の取扱いに当たるような労働者が個人データの安全管理をしっかり行うよう、必要かつ適切な管理を

行うこととされ、各部署の責任者である管理職はその事業者に代わり、部下の従業者の監督を的確に行う必要があります。

(C) **保有個人データの取扱い**

保有個人データとは、個人情報取扱事業者が、開示、内容の訂正、追加または削除、利用の停止、消去および第三者への提供の停止を行うことができる権限を有する個人データであって、6カ月間を越えて保有するもので、かつ法定のものを除くものをいいます（個人情報保護法2条5項、個人情報保護法施行令3条・4条）。

この保有個人データに関し、個人情報保護法は次の①〜④のような取扱いを求めています。

① 本人から求められた場合の利用目的の通知（同法24条2項）。
② 本人から求められた場合の個人データの開示（同法25条1項）。
③ 本人から求められた場合の個人データの訂正等（同法26条1項）。
④ 本人から求められた場合の利用停止等（同法27条1項、2項）。

(D) **罰則等**

個人情報取扱事業者が以上のような規定に違反した場合、当該個人情報取扱事業者の事業を所管する主務大臣は、報告の徴収（個人情報保護法32条）、助言（同法33条）、勧告・命令（同法34条）ができます。そして、主務大臣によるこれらの措置に対し、報告をせず、または虚偽の報告をした場合、あるいは命令に違反したような場合、罰則の適用があります（同法56条〜58条）。

(E) **雇用管理に関する個人情報**

従業員の情報も個人情報になりうることに注意しましょう。このような雇用管理情報には、病歴、収入、家族関係等の機微に触れる情報も含むので、管理職の皆さんがそのような情報を扱う場合には、より慎重な対応が求められます。

## 6 その他（職場の風紀等）の労務管理

多くの従業員が同じ職場で働くうえで、重要なことは企業内の秩序を維持

することです。そのために、就業規則等に「服務規律」として従業員が守るべき職場のルールを定めています。その中には、一般に「上司の指示命令に従うこと」というごくごくあたり前のことが定められています。このようなルールに違反した場合、企業は等が従業員を懲罰（懲戒）することが認められ、その旨がやはり就業規則等に定められています。

　管理職の皆さんに特に注意してもらいたいのは、部下がそのようなルールを守らない場合、決して放置してはいけないということです。まずは、その問題行為を指摘し、注意・指導することです（もっとも事案が重大な場合は、即懲戒処分もあり得ます）。

　「悪貨は良貨を駆逐する」という言葉を第1章Ⅰ3（3頁）でも述べましたが、そのような問題社員を放置しておくと、やがて周りの社員もそのような言動をしてもかまわないのだと思うようになり、やがてその問題社員と同じような言動をすることになります。これでは、その企業は問題社員だらけということにもなりかねません。

　やはり、企業は問題行動を決して許してはいけません。そのために、皆さんに部下の労務管理を委ねているのです。つまり、企業秩序、企業の風紀はまさに皆さんの労務管理いかんともいえます。

　皆さんが管理職として部下がルールを守らないことについて、注意・指導したとします。それでも改まらない場合は致し方ありません。厳正な懲戒処分を行う必要がありましょう。ちなみに、懲戒処分は会社全体として行うものですので、ルールを守らない社員等が生じた場合には早めに人事総務部門に相談し、対応を協議しましょう。

（三上　安雄）

# 第 3 章

# 管理職の義務と責任

## I はじめに

　では具体的に管理職は、どのような義務と果たすべき責任をもっているのでしょうか、以下にみていくことにします。

　管理職は、一般従業員と比べて地位や役職が上ということはあっても、会社との関係では従業員の一人であるということに変わりはありません。ですから、当然労務提供義務や、職務専念義務を会社に対して負っていることになります。

　労務提供義務というのは、会社と労働契約をしていることから当然に発生する、雇用契約の本質的な義務で、要するに賃金に見合っただけの仕事をきちんと会社に対して提供しなければならないという義務です。また職務専念義務というのは、会社で仕事をするにあたり就業時間中は職務に集中して取り組まなければならず、職務外のことはしてはいけないという義務のことです。

　管理職は、このような一般従業員が負う義務に加えて、会社との雇用契約上さらに、高いレベルの義務が課せられているといえます。これは管理職という、特殊な地位にあることから、雇用契約上導き出される結果です。すなわち、管理職は、一般従業員に比べて、職務遂行能力が高いことを前提に高い賃金や、よい待遇が用意されているのが前提で、さらに一般従業員に対する業務指揮権など、大きな権限が与えられています。その大きな権限の裏返しとして、より厳格な責任を負うこととされているのです。

　さらに、そのような責任が課せられていることから、当該義務に違反したときには、それに対応する責任も負うことになります。管理職が負う責任は、それぞれの義務の内容に応じて異なります。大きく分けると、懲戒処分など会社から処分を受ける、人事評価上悪い評価を受ける、金銭的な賠償義務を負う等があります。次頁から具体的な義務と責任の内容をみていきます。

# Ⅱ 管理職が自分自身の行動について負う義務と責任

## 1 管理職としてしなければならないこと

### (1) 職場の秩序を維持する義務

#### (A) 内　容

　管理職を含めた会社と雇用関係を結んでいる従業員は、全員職場の秩序を維持する義務を負っています。たとえば、従業員は、業務に必要な限りで他の従業員と協調し、円滑な人間関係を維持したうえで業務を進めていくことが必要とされます。また、上司に対して反抗的な態度をとることなく、その指示に従い支障なく業務を遂行することが義務として課されています。

　管理職も個人としてそのような職場秩序維持義務を負っているのは当然ですが、管理職は、このような一般的職場秩序維持義務を負うだけでなく、自分が統括する集団全体について職場秩序を維持する義務を負っています。たとえば、営業部を統括する営業部長であれば、営業部全体の職場秩序を維持する義務を負っているといえるのです。自分だけではなく、部下を含めた管轄部署全員が快適に就労できる環境を維持しなければなりません。

　具体的には、職場秩序を乱す次のような問題が起きたときに、適切に対処して、職場秩序を回復し秩序を維持することが必要となります。たとえば、①職場の従業員の間でけんかが起きた場合、②統括部署内において従業員の勤労意欲の低下が見られた場合、③不倫行為などの風紀の乱れの是正、④反抗的態度をとる部下への指導教育、⑤協調性の欠如した部下への指導注意、などです。

　このような事態が発生した場合に、管理職としては、職場の秩序を維持する義務に基づいて、従業員に対する指導注意を行ったり、場合によって懲戒処分の発動、警告、関係者からの事情聴取、解決策の考案などを行ったりして、問題を解決することになります。

(B) 程　度

　では実際に問題が起きた場合に、管理職はどの程度の対処をすれば管理職として負う職場の秩序を維持する義務を果たしたことになるのでしょうか。

　結論からいえば、ここまでやればよいという明確な基準はなく、職場の秩序を乱す問題が解決するまで管理職の義務は存続し続けるというのが正解になります。管理職には何か問題が発生した場合には、その場においてトラブルを解決するという表面的な内容だけでなく、問題の原因となっている事情を特定して、それを根本的に解決することが求められています。

　ここで一つ問題となるのは、部下に何らかの問題が起きたときにその問題が部下の私生活上の理由によるものであった場合、管理職としてどの程度関与することができるかという問題です。たとえば、部下が職場の同僚や上司に対して粗暴な対応を繰り返し、協調性をもって業務を進めることができず、業務上の支障が出ているため原因を調査したところ、部下が妻と不仲でストレスを感じていたことが原因であったような場合です。

　原則として、上司である管理職の部下に対する命令権は業務上のものに限られます。したがって、業務外の私生活上の内容について、上司が業務指示をすることはできません。そのため、上記のような例でいえば、管理職である上司から部下に対して「奥さんと面会をさせろ」などという業務指示をすることはできません。その結果として、原因を解決することができなかったとしても、管理職の職場秩序維持義務違反を問われることはないでしょう。

　しかし、現実的には管理職として、部下が業務に集中できない事態が生じていることは問題です。その場合には、部下の意向に十分配慮して、部下の同意の限りにおいて私生活上の問題点にも触れることができると考えるべきです。ただ、管理職と部下ではその権限の違いから、部下の同意が本心ではなかったと判断される可能性もあるため注意は必要です。

　なお、当然のことですが、私生活上のトラブルは業務遂行能力の低下の理由にはなりません。会社と雇用契約を結んでいる以上、従業員には給与額にふさわしい労務を提供する義務があるからです。管理職としてその点を強調

して部下の指導にあたることが必要になります。

(C) 違反した場合の責任

それでは管理職が、この職場秩序維持義務に違反した場合どのような責任を負うのでしょうか。たとえば、協調性が不足した部下を長期間にわたり放置し、一切の指導や注意などを行わなかった場合がこれに当たります。

まず、そのような職場秩序維持義務違反を行った管理職は、自身が会社から注意指導を受けることになります。具体的には、管理職の上長や取締役といった立場の者から指導注意を受けます。その後、改善がみられなかった場合には、会社から懲戒処分を受けることになるでしょう。一般的には初回の処分としては譴責・減給（本章後掲〔表2〕「懲戒処分の語句説明」（73頁）参照）といった処分になることが予想されます。さらに改善がみられない場合には、出勤停止や諭旨解雇（本章後掲〔表2〕「懲戒処分の語句説明」（73頁）参照）なども考えられるところです。ただし、職場秩序維持義務違反は管理職として根本的な能力の欠如を意味しますので、懲戒処分を受ける前に降格となるのが通常でしょう。

次に、人事評価上の処分を受けることになります。前述したとおり職場秩序維持義務は管理職として基本的な義務ですから、これに違反することは管理職としての基本的な能力に欠けることを意味します。そのため人事評価上厳しい評価を受け、降格処分、給与・賞与額の査定における減額という処分を受けるでしょう。

なお、管理職の責任としては、金銭賠償などもあり得ますが、職場秩序維持義務違反で管理職個人が金銭賠償義務を負うということはあまり考えられません。ここでは、上述した懲戒処分と人事評価上の処分に注意する必要があります。

(2) セクハラ・パワハラ行為を防止する義務

(A) 内　容

セクハラは、「職場において行われる性的な言動に対するその雇用する労働者の対応により当該労働者がその労働条件につき不利益を受け、又は当該

性的な言動により当該労働者の就業環境が害されること」（男女雇用機会均等法11条1項）、と定義されています。

　一方パワハラは、「同じ職場で働く者に対して、職務上の地位や人間関係などの職場内の優位性を背景に、業務の適正な範囲を超えて、精神的・身体的苦痛を与える又は職場環境を悪化させる行為」（厚生労働省「職場のいじめ・嫌がらせ問題に関する円卓会議ワーキンググループ報告」（平成24年1月30日））、と定義されています。

　管理職が、自らこのようなセクハラ・パワハラ行為を行ってはいけないことは当然ですが、管理職には、そのような自分自身に課せられた当然の義務だけではなく、自らが統括する部署においてセクハラ・パワハラといったハラスメント行為が発生しないようにこれを防止する義務があるのです。また、管理職がセクハラ・パワハラ行為に対して負う義務は、これらのハラスメント行為を防止する義務だけではありません。仮にハラスメント行為が発生してしまった場合に、これに対して適切に対処することが義務として求められます。具体的には、ハラスメント行為の発生が疑われた場合に、その事実が真実であるかどうかを調査することが必要になります。そのうえで、発生が事実であると判明した場合には、被害者である部下に対する適切なフォローを行い、加害者となった部下については注意指導や懲戒処分などを検討する必要があります。さらに、今後同種のハラスメント行為が発生しないようにするため従業員に対して教育を施していくことも期待されます。

(B)　程　度

　では、管理職としてセクハラ行為を防止するために具体的にどのような対応策をとればいいのでしょうか。

　まずセクハラについては、厚生労働省が詳細なガイドラインを規定しています。その内容については厚生労働省がわかりやすくまとめています「事業主の皆さん　職場のセクシュアルハラスメント対策はあなたの義務です」〈http://www.mhlw.go.jp/general/seido/koyou/danjokintou/dl/120120_01.pdf〉。管理職の立場にある方であれば一読しておくことが必要でしょう。

50

当該ガイドラインでは以下のとおり9項目ポイントにわたり事業主が講ずべき対応策を定めています。

---

1　事業主の方針の明確化及びその周知・啓発
　(1)　職場におけるセクシュアルハラスメントの内容・セクシュアルハラスメントがあってはならない旨の方針を明確化し、管理・監督者を含む労働者に周知・啓発すること。
　(2)　セクシュアルハラスメントの行為者については、厳正に対処する旨の方針・処の内容を就業規則等の文書に規定し、管理・監督者を含む労働者に周知・啓発すること。
2　相談（苦情を含む）に応じ、適切に対応するために必要な体制の整備
　(3)　相談窓口をあらかじめ定めること。
　(4)　相談窓口担当者が、内容や状況に応じ適切に対応できるようにすること。また、広く相談に対応すること。
3　職場におけるセクシュアルハラスメントに係る事後の迅速かつ適切な対応
　(5)　事実関係を迅速かつ正確に確認すること。
　(6)　事実確認ができた場合は、行為者及び被害者に対する措置を適正に行うこと。
　(7)　再発防止に向けた措置を講ずること。（事実が確認できなかった場合も同様）
4　1から3までの措置と併せて講ずべき措置
　(8)　相談者・行為者等のプライバシーを保護するために必要な措置を講じ、周知すること。
　(9)　相談したこと、事実関係の確認に協力したこと等を理由として不利益な取扱いを行ってはならない旨を定め、労働者に周知・啓発すること。

---

　これらの義務は、直接的には使用主である会社が果たすべき義務ということになりますが、実際に現場において実施するのは管理職ということになります。これらガイドラインで定められた基準は、会社が使用者として果たすべき最低限の対応策といえます。仮にこのような対策をしないまま何らかの問題が発生し、会社の責任が問われた場合、セクハラ行為の責任は会社にあるという判断を受ける可能性が高いでしょう。そうなると管理職自身としても責任を問われることになります。

　次にパワハラ行為について、管理職としてどの程度の対応をしておく必要

があるのでしょうか。パワハラについては、まだ公的機関からガイドラインは明示されていませんが、厚生労働省が設置したポータルサイト〈www.mhlw.go.jp/stf/houdou/2r9852000002d1om-att/2r9852000002d1q3.pdf〉では以下のような対応策があげられています。

> 「パワハラ行為を予防するための対策」
> ① トップのメッセージ……パワハラを許さないというメッセージを管理職を含む上長がするということです。
> ② ルールを決める……どのような行為がパワハラにあたりどのような処分が行われるかを明確に決めておくということです。
> ③ 実態を把握する……アンケート調査などの方法で、会社のパワハラ行為の実態を把握する必要があります。
> ④ 教育をする……従業員に対する研修や指導を定期的に行いパワハラ行為防止の教育を行います。
> ⑤ 周知する……会社のパワハラ行為の防止や対策について従業員がひろく知ることができるように周知します。
> 「パワハラ行為を解決するための対策」
> ① 相談や解決の場を設定する……相談窓口の設置や調査委員会などを設置し、パワハラ行為が適切に解決できるように務めます。
> ② 再発防止のための取り組み……一度発生したパワハラ行為が二度と繰り返されないよう体制の見直しや再確認を行います。

以上の各対応策も、実際に運用していくのは管理職の役割になります。

(C) 違反した場合の責任

管理職が、自らハラスメント行為を行ってしまった場合、当該管理職は個人として、被害者である従業員に対し法的責任を負うことになります。民事上の責任としては、慰謝料や損害賠償といった金銭的責任を負います。また、ハラスメント行為が刑事罰の対象となりうるような場合（たとえば、女性従業員の体を触る行為が強制わいせつ罪に当たるような場合）には、民事上の責任に加えて刑事罰という刑事上の責任を負うことになります。

管理職を含む従業員がセクハラ行為を行った場合、使用者である会社もまた民事上の責任を負うことになります（使用者責任、民法715条）。会社自身も被害者となった従業員に対して慰謝料や損害賠償を行わなければならない

のです。

　管理職自身がハラスメント行為をしたわけではないが、前述した管理職としては果たすべき防止措置をとっていなかった結果、ハラスメント行為が発生してしまった場合はどうなるでしょうか。

　この場合、当該管理職個人は直接ハラスメント行為をしていないということですから、直接加害者に対して金銭賠償などの責任を負うことはないでしょう。会社が必要な義務を怠っていたということで民事上の責任を負うことになります。

　そうであっても、会社が当該管理職にハラスメント防止措置をとるよう指導や教育していた場合は、管理職個人が適切な業務遂行を怠ったとして会社から処分を受けることがあります。具体的には指導注意や懲戒処分、人事評価上不利益な評価を受けるといった処分が行われることでしょう。

### (3) 部下の健康状態に対する安全配慮義務

#### (A) 内　容

　従業員と会社は雇用契約を結んでいますが、雇用契約の一つの内容として使用者である会社は従業員に対して安全配慮義務という法律上の義務を負うことになります。具体的には、工事現場において従業員にヘルメットや安全靴などを配布して怪我なく作業にあたらせるといったように、使用者は従業員が安全に業務に従事できるように配慮することが法律上必要とされているのです。

　工事現場の作業といった危険を伴う業務に限られず、デスクワーク中心の業務であっても当然使用者の従業員の健康に対する安全配慮義務は存在しています。会社がその責任を負うといっても実際に安全配慮義務を満たす措置や行動を行うのは管理職の仕事です。ですから管理職は、部下の健康状態に対する安全配慮義務を負っているのです。

　また管理職は、会社から求められている業務の一つとして、部下の業務遂行能力を最大限引き出して業務を推進させるという責務を負っています。部下の業務遂行能力を最大限引き出すためには、部下が良好な健康状態を保っ

ていることが前提となります。したがってこのような観点からも管理職は、部下の健康状態を適切に維持するといった安全配慮義務を負っているのです。

　部下の健康状態に対する安全配慮義務を果たす大前提になるのは、部下の健康状態の把握です。管理職は、次項で述べるとおり従業員の健康状態についての安全配慮義務を履行するためにいろいろな対応策を講じる必要がありますが、そもそも部下の健康状態に関心がなく、健康状態を全く把握していない状況では、対応策のとりようがありません。そのためには、日常における業務指示やコミュニケーションを通じて、部下の性格、気質、行動パターンや、勤務態度などについて注意深く観察することが必要となります。

(B)　程　　度

　では実際にどのような行動をとればよいのでしょうか。

　まず法律上絶対に実施することが義務づけられている行動は、年間１回以上の健康診断です。労働安全衛生法66条１項および労働安全衛生規則44条にその旨が記載されています。仮に会社がこの規定に違反して従業員に健康診断を受けさせなかった場合、刑事罰を受ける旨も記載されています（労働安全衛生法120条１項）。

　法律の規定上は会社が労働者に健康診断を受けさせる義務を負うとの記載がありますが、実際には当該従業員を管理監督する監督者が部下の健康診断を着実に実施させることになります。

　健康診断の実施は、部下従業員の健康状態を把握するために必要かつ不可欠なものです。ですからその実施については、確実に行わせる必要があります。管理職の行為として、単に部下従業員に対して、健康診断の受診を呼びかけるといった程度では足りません。部下従業員に対して健康診断の受講を呼びかけたうえで、実際に各人が健康診断を受診したかどうかをチェックします。そのうえで、不実施の部下従業員に対しては個別に指導注意を行い、受診させるようにします。

　個別の指導にかかわらず、受診の拒否を続ける従業員に対してどのような処分をすることができるかが問題とされることがあります。この点について

は、会社が従業員の健康状態について安全配慮義務を負う以上、会社には従業員の健康状態を把握する権利があると解されます。したがって、健康診断を受診することは従業員にとっては権利であると同時に義務であるともいえますので、再三の注意にもかかわらず受診を拒否する従業員に対しては、懲戒処分を行ってでも受診を求めることができるといえます。

次に管理職が部下の健康状態について気をつけなければいけないのは、長時間労働による健康障害です。昨今の社会情勢から企業における人員削減が進み、結果として少人数の従業員が長時間労働で人員不足を補うといった事態が発生しています。特に長時間労働による健康障害は、肉体的疲労に伴う健康被害だけではなく、精神的ストレスによる精神疾患が多発している状況にあります。精神疾患はときとして従業員の自殺に発展する可能性もあり、慎重な対応が必要です。

では長時間労働に関して管理職はどのような対応策をとるべきでしょうか。

管理職は、部下である従業員に対して、裁量により業務を指示することが可能であり、部下従業員の業務量をコントロールすることが可能です。そのため管理職としては、日頃のコミュニケーションや業務遂行過程を通じて部下の業務量を把握し、部下が担当する業務量を適切にコントロールする必要があります。特に管理職としては、部下従業員の業務量を把握しない状態で、単に「早く帰りなさい」などの声掛けをするだけでは到底足りません。管理職は部下の業務量を具体的に調整することが可能なのですから、部下の業務量を確認したうえ、他の従業員に業務を振り分けるなど具体的な業務量調整の方策をとることが重要です。

(C) 違反した場合の責任

会社が従業員の健康状態に関する安全配慮義務に違反した場合、会社は当該従業員に対して損害賠償などの民事上の責任を負うことになります。健康診断を受けさせなかった場合には刑事上の責任も負うことはすでに述べたとおりです。

また、部下の健康状態の悪化を放置した管理職個人に対しても民事上の責

任が負わされる場合があります。深夜までや徹夜での業務が継続したうえ、うつ病を発症した従業員が自殺した事案である電通事件（最判平成12・3・24）の一審判決（東京地判平成8・3・28）では適切な対応をしなかった上司の責任を認め、会社に約1億2600万円の損害賠償の支払いを命じています。

## 2 管理者としてはならないこと

### (1) 業務遂行にあたり会社に損害を与えない義務
#### (A) 内　容
　会社と雇用契約を結んだ従業員は、当然その雇用契約の内容から「業務遂行にあたって会社に損害を与えてはならない」という義務を負うことになります。これは、管理職だけではなく、一般の従業員も当然に負っている義務です。

　ではどのような点が一般の従業員と管理職では異なるのでしょうか。

　それは、管理職のほうが一般の従業員と比べて、会社に損害を与えない義務を守っているかどうかがより厳しく判断されるということです。その理由は、管理職が有している業務に対する権限の大きさから認められるものです。たとえば会社に不利益になるような契約を結ぶ場合、一般の従業員であれば最終的に契約を締結する権限はないのが通常ですから、仮に一般従業員が不利益な取引を開始するという判断をしても、その時点では実際に不利益な取引は開始されないため義務違反となりません。一方で管理職は、通常会社内において一定の決裁権限を有しているのが通常ですから、仮に管理職が会社に不利な取引を決定してしまえば、実際に会社に不利益が生じることになり、業務遂行にあたり会社に損害を与えない義務に違反することになります。

　また、業務遂行にあたり会社に損害を与えない義務に違反した場合、違反行為の態様によって法律上、軽過失がある場合、重過失がある場合、故意による場合、の三つのパターンに分けることが可能です。軽過失がある場合というのは業務遂行において会社に存在を与えたが比較的軽度のミスによって発生した場合をいいます。重過失は、管理職が基本的な注意義務を払ってい

れば容易に避けることができたにもかかわらず会社に損害を与えてしまった場合のことです。そして故意による場合というのは、管理職がわざと会社に損害を与えた場合であり、下記のとおり、より強い非難の対象となります。

(B) 違反した場合の責任

それでは、このような業務遂行にあたり会社に損害を与えない義務に違反してしまった場合、管理職はどのような責任を負うことになるのでしょうか。

まず、業務遂行にあたり、管理職が会社に損害を与えてしまった場合、その会社に与えた損害の相当額を会社に賠償しなければなりません。たとえば、会社に不利となるような取引で会社に100万円の損害を与えてしまった場合、その損害を賠償しなければいけないのです。

問題は、100万円の損害を与えてしまったとして、常にその100万円全額を支払わなければならないかという点です。この点、会社は従業員の業務により利益を得ているにもかかわらず、損害については一切責任を負わないとするのは妥当ではありません。そこで、最近の裁判例では、管理職を含む労働者に過失があったとしても、重大な過失が認められない場合には、原則として従業員は会社に対して賠償をしなくてもよいと考えられています（東京高判平成14・5・23）。そのため、管理職が業務上でミスをしても重過失がないと判断されれば責任を負うことはありません。

また、仮に責任を負うとされた場合であっても、損害額の全額を賠償するのではなく約2分の1から4分の1の範囲に限定して責任を負わせる場合がほとんどです。どの程度になるかは、損害を与えた当時の勤務状況、会社の管理監督上の問題点などを総合的に考慮することになります。

ただし、管理職については、一般の従業員と比べれば、より大きい程度の賠償責任を負うことになるのが通常です。それは管理職には、一般従業員より高度の業務遂行能力があり、また権限も大きいためミスによる損害の負担も同様に大きく認められるべきであるからです。

上記賠償責任以外にも、会社に損害を与える行為が、詐欺罪や横領罪などに該当する場合には、刑事上の責任や、懲戒解雇といった懲戒処分の対象に

もなります。

(2) 会社の名誉や信用を維持する義務

(A) 内　容

　従業員は、会社と雇用契約をしていることから当然に、使用者である会社の名誉や信用を侵害せずに維持する義務を負っています。

　この義務には、会社との関係で内部的に信用を維持するという義務と、対外的に会社の名誉信用を維持する義務の2種類が存在しているといわれています。たとえば、採用の際に重要な経歴を偽って履歴書を作成し、入社した場合、そのような経歴詐称行為は、会社との内部的な信用の維持義務に違反したものとして懲戒解雇の対象となり得ます。

　また、ときどきマスコミ関係の会社の従業員等が、酒に酔ったうえで暴行事件を起こしてしまい新聞やニュースで報道された結果、会社から懲戒解雇をされたり、諭旨解雇処分になるといったケースがあります。このような例は、従業員が会社の対外的な名誉や信用を維持する義務に違反しているケースといえます。

　判例上も「営利を目的とする会社がその名誉、信用その他相当の社会的評価を維持することは、会社の存立ないし事業の運営にとって不可欠である」(最判昭和49・3・15〔日本鋼管事件〕)とされており、従業員が、会社の対外的な名誉や信用を維持する義務を有していることが認められています。

　このような会社の信用を維持する義務については、一般の従業員よりも管理職の方がより注意を払って遵守する必要があります。なぜなら、一般の従業員よりも管理職は会社の重要な地位にあるがゆえに、会社の信用に与える影響が大きいからです。たとえば、一部上場企業の部長が窃盗事件を起こしてしまう場合と、その企業のアルバイト従業員が窃盗事件を起こした場合では、対外的な会社の信用低下は前者のほうがはるかに大きいことがわかると思います。会社の信用は、管理職の私生活上の行動によっても侵害されうるものです。したがって、業務に関係あるなしにかかわらず従業員は、会社の名誉信用を害するような行為をしてはいけません。

(B) 違反した場合

　では、このような会社の名誉信用を侵害するような行為をした場合、当該管理職はどのような責任を負うことになるのでしょうか。

　まず、社内における処分としては懲戒処分になる可能性が高いでしょう。懲戒処分の内容や基準は、会社によってある程度異なりますが、会社の名誉や信用を侵害する行為に対しては、比較的重い懲戒処分に課せられることが多いといえます。それだけ、会社の名誉と信用を維持する義務は重要であるといえます。特に管理職がその義務に違反した場合には、一般の従業員と比べてより重い処分を受けると考えて間違いないでしょう。すでに述べたとおり、管理職の違反行為が会社に与える影響は大きいからです。

　懲戒処分のうち具体的にどの処分を受けることになるのかは、事案の内容によります。しかし、前述した経歴詐称などは、会社からすればそのような経歴詐称がなければ当該従業員を採用していなかった可能性も高いわけですから、最も重い懲戒解雇も有効とされる場合があります（東京地判昭和60・10・7〔相銀住宅ローン事件〕）。

　また、名誉信用を毀損したことにより、会社が対外的な信頼を失い売上高の減少などの損害が発生した場合、その損害を賠償することを求められる可能性もあります。そうなると巨額の賠償金の支払う必要があります。

　さらに、たとえば会社を誹謗中傷するビラをまくなどといった対外的な名誉信用毀損行為をした場合には、名誉毀損罪（刑法230条）が成立し、刑事罰を受ける可能性もあります（3年以下の懲役もしくは禁錮または50万円以下の罰金）。さらに、会社の商品に欠陥があるなどの虚偽のうわさを広げたような場合、会社の信用を毀損したものとして、信用毀損罪（刑法233条）が成立する可能性もあります。刑事責任を負うこととなった場合には多くの場合、会社から懲戒解雇処分を受けることになりますのでくれぐれも注意が必要です。

(3) 兼業・競業行為をしない義務

　管理職を含む会社と雇用契約を締結している従業員は、兼業をしない義務

と競業をしない義務を当然に負っていると解釈されています。

　兼業をしない義務というのは、通常就業規則に明記されている会社が多数であり、また、多くの従業員が認識している義務です。会社がこのような兼業を禁止しているのは、二つの理由があります。

　まずその一つは、従業員の兼業を禁止することにより従業員に十分な休息をとらせ精神的肉体的な疲労を回復させることです。これにより会社は本来従業員が遂行すべき業務に集中させ高いパフォーマンスを期待することができます。裁判例も「労働者の自由なる時間は第一義的には労働者のためにある。しかし……自由なる時間を利用の自由性に任せて他と継続的雇用関係に入り……労働に服することになると、その疲労度は加速度的に累積し、従業員たる地位において要請される誠実な労務の提供は遂には殆ど不可能となるであろうし」（大阪地判昭和32・11・13〔永大産業事件〕）として、従業員の疲労回復の点から兼業を禁止することが認められるとしています。

　二つめの理由は、企業の経営上の秩序を維持し、対外的な信用が傷つけられることを防止する点にあります。判例は「兼業の内容によつては企業の経営秩序を害し、または企業の対外的信用、体面が傷つけられる場合も有りうる」ため、会社が兼業行為を認めるかどうか決める権限を有していると判示しています（東京地判昭和57・11・19〔小川建設事件〕）。

　したがって、兼業行為についてはこれを会社が禁止していることにも合理性があり、認められることになります。特に管理職については、権限と責任の範囲が広いため、注意深く業務にあたることが必要であり、疲労回復のために兼業が禁止されるという兼業禁止の理由が強く要請されます。また、権限の大きさから兼業行為により会社の経営秩序や信用が乱される可能性が高く、この点からも管理職に対しては、兼業行為の禁止が強く求められます。

　次に競業行為の禁止についてですが、これは兼業行為禁止の一貫であるといえます。特に競業行為というのは、会社の業務と同じか類似する業務で、会社の不利益になるような営業上の行為をいいます。たとえば、ホテル経営を行っている会社の部長が、兼業として自社と同じホテルの経営を行うよう

な場合です。

　管理職は一般従業員と異なり、広く業務全般について知りうる立場にあります。そのため、自社の業務知識を利用して競業行為を行うと会社に対して大きな影響を与えることとなるため、競業行為が禁止される場合があるのです。なお、管理職の中でも支配人に対しては、法律で直接競業行為が禁止（商法23条）され、取締役に関しては株主総会の承認が必要であるとされています（会社法356条）。

　(B)　違反した場合の責任

　では、兼業禁止規定や競業禁止規定に違反した管理職はどのような責任を負うでしょうか。

　まずは、戒告（本章後掲〔表2〕「懲戒処分の語句説明」（73頁）参照）、出勤停止、減給といった懲戒処分を受けることになるでしょう。休業日にアルバイトをしていたなどの軽微な兼業行為で懲戒解雇になるといった可能性は低いですが、軽微な兼業行為であったとしても指導注意を受けたにもかかわらずそれが繰り返される事態となれば懲戒解雇の原因にもなり得ます。

　次に、兼業行為や競業行為によって会社に損害が発生した場合、会社に対して発生した損害金分を賠償しなければなりません。兼業の場合にはあまり想定できませんが、競業行為により会社のお客さんや取引先を奪う結果となり、会社の売上額や利益が失われる場合があります。そのような場合、同額の賠償をしなければなりません。

　さらに上記のとおり、法律で明確に競業行為が禁止されているにもかかわらずこれに違反して競業行為をした場合は、その責任も重大になります。支配人については競業行為で得た利益が会社の損害を推定するとの規定が存在しています（商法23条2項）。

　(4)　秘密を保持する義務

　(A)　内　容

　管理職を含む従業員は、業務を進めるうえで知ることになった秘密を外部に漏えいしてはいけないという秘密を保持する義務を有しています。これは

会社に使用されている従業員であれば当然に有する義務ということができますが、管理職の場合にはより強くこの秘密を保持する義務を守ることが求められています。それはひとえに管理職がその立場上、一般従業員も知り得ない会社内の高度な秘密に直接触れることができるからにほかなりません。

このような企業の秘密を保持をする義務を負う理由は2点あります。

まず一つは、会社の営業上の競争力を維持するためです。会社の営業上の秘密が安易に外部に知られることとなってしまえば、会社として有する強みや他社と比較した優位性が失われてしまいます。

二つめの理由は、会社の信用を維持するためです。情報が安易に外部に漏れてしまうような会社に対して、信頼をおく顧客や取引先は存在しません。会社自身の信頼を維持するために情報漏えいが起きない体制が不可欠であり、それを実現するのが秘密保持義務なのです。

裁判例上も「労働者は労働契約にもとづく附随的義務として信義則上、使用者の利益をことさらに害するような行為を避けるべき責務を負うが、その一つとして使用者の業務上の秘密を洩らさないとの義務を負う」として、従業員の秘密保持義務の存在について認めているところです（東京高判昭和55・2・18〔古河鉱業所事件〕）。

保持すべき秘密の内容については、およそ会社として企業の内外に開示することを前提としていない情報であり、客観的な価値を有しているものをいうと解釈されています。

具体的には、会社の経営状況を示す経理上の情報、社内における人事に関する情報、特定の製品の製造方法などの情報等、その範囲は広範囲に及ぶこととなります。

特に重要と思われるものは、不正競争防止法上の「営業秘密」に該当する情報です。詳しくは第2章Ⅲ5（38頁）を参照してください。このような情報は、情報としての価値が高いため、特別な保護が受けられるよう法律で規定されています。そのため管理職としても、これに該当するような情報に関しては、特に慎重に扱うことが必要とされており、万が一このような情報を

漏らすことがあれば厳しい処分を受けることを理解しておく必要があります。

(B) **違反した場合の責任**

では実際に、このような秘密保持義務に違反した場合にはどのような処分を受けることになるのでしょうか。

まずは、懲戒処分を受けることになります。その際の程度については、漏えいした情報の内容、その態様、漏えい行為により会社に及ぼす影響の大きさなどによって異なります。会社に対する影響が大きいほど処分も重いものとなり、場合により懲戒解雇もありうるところです。

次に、秘密漏えい行為により会社が損害を受けた場合には、その管理職個人が会社から損害賠償請求を受けることになります。上記の営業秘密をライバル企業などに漏洩し、明らかに会社の売上が落ちるような場合、多額の賠償責任を負うこととなります。

また、営業秘密に該当する情報をその任務に反して使用開示した場合、10年以下の懲役または1000万円以下の罰金に処せられる可能性があります（不正競争防止法21条1項）。

それ以外にも、保持すべき秘密を開示して会社に対する誹謗中傷を行ったり、その社会的信用を失わせるような行為を行ったりした場合、名誉毀損罪（刑法230条）や信用毀損罪（刑法233条）に該当し、処罰される可能性があります。

# III 管理職が部下の行動について負う義務と責任

## 1 会社の指揮監督業務命令権を分担して部下に行使する義務と責任

会社は、従業員と雇用契約を締結した結果、当該従業員に対して、業務命令を行い、雇用契約どおりの業務を従業員に実行させる権限をもちます。た

だし、当然のことながら会社は法人ですから、誰かが具体的に従業員に業務命令をしなければなりません。では誰が業務命令をするのかというと、それは法人の代表機関である代表取締役（通常であれば社長）が行うことになるのです。

これは、会社法349条が、「取締役は、株式会社を代表する」こととなっており、「代表取締役は、株式会社の業務に関する一切の裁判上又は裁判外の行為をする権限を有する」（同条4項）とされていることからも明らかです。

しかし、小さな企業であれば代表取締役社長が、部下である従業員に対して直接業務命令を出すことは簡単にできるでしょうが、相当な規模の会社となると、日々の業務について社長が自ら業務命令をすることは現実的には不可能です。

そこで、社長に代わって部下従業員に対して具体的な業務命令をする存在が必要であり、それが管理職ということになるのです。

このような意味で、管理職は、会社が本来もっている従業員に対する業務命令権を、会社に代行し、会社と分担して行使しているということになります。管理職が部下に業務命令をする場合の根拠として、会社が雇用契約に基づいて保有する業務命令権を分担しているということは、部下への業務命令をするうえで知っておくべき知識でしょう。

また、この部下に対する業務命令権を分担行使することは、管理職自身にとって自らの雇用契約の責任を果たすという意味ももっています。

管理職は、相当の能力が認められ、会社との間で「部下に対して適切な業務命令を行う」ことを内容とする雇用契約を結んでいることになるのです。管理職がこれに違反することは、管理職自ら雇用契約に違反しているということになります。

## 2　部下にとっての「使用者」である管理職の義務と責任

部下との関係では、管理職は「使用者」としての立場も担うことになります。これはどのような意味でしょうか。

通常、部下従業員と雇用契約を結んでいるのは会社であることを考えると、使用者となるのは当然会社であり、管理職が使用者になることはないと考えるのが通常です。しかし、そもそも「使用者」とは何を意味するのか考えると、労働基準法10条には、「使用者」とは「事業主又は事業の経営担当者その他その事業の労働者に関する事項について、事業主のために行為をするすべての者をいう」と規定されています。これを受けて厚生労働省の見解では、「『使用者』とは労基法の各条の義務についての履行責任者をいい、部長、課長の形式にとらわれることなく、各事業において労基法各条の義務について実質的に一定の権限を与えられているか否かによるが、かかる権限が与えられておらず、単に上司の命令の伝達者にすぎない場合には、使用者とはみなさないこと」（昭和22年9月13日「労働基準法の施行に関する件」発基17号）とされています。

　この通達からも明らかなとおり、労働法の使用者というのは、雇用契約の相手である会社だけに限らないとされています。「部長や課長」といういわゆる管理職であっても、労働基準法の各条の義務について履行責任がある者は使用者としての責任を負うことになるのです。

　たとえば部下の有給休暇の申請に対し、部長がこれを決裁し取得の許可を与えるといった運用が行われていた場合、有給休暇を取得させることはまさに労基法の義務の履行を行っていることになりますから、その点において当該部長は部下従業員の使用者としての責任を負っていることになります。ですから、法律上の根拠なく部下の有給許可申請を認めないなどの運用をした場合、当該部長が使用者としての責任を問われてしまうことになります。

　以上のような理由から、「いざとなれば使用者である会社が責任を負うから自分は大丈夫」などという考えは絶対にもたないようにしてください。

## 3　部下を適切に働かせる管理職の義務と責任

### (1)　内　容

　部下である従業員は（管理職自身ももちろんそうですが）、会社と雇用契約

を結んだことにより、会社に対して雇用契約の内容に応じた労務を提供する義務を負っています。そして、会社としては、労働者に対して、その義務を守ってきちんとした労務を提供するように命じることができます。しかし、このきちんとした労務と提供するように命じることも、相当な規模の会社では、代表取締役自ら行使するのは現実的ではなく、管理職が実際にはこれを命じていくことになります。

(2) 一般的な注意指導の方法

それでは実際には、どのように部下従業員への注意や指導を進めていくべきなのでしょうか。

部下が誠実に業務にあたらなかったり、きちんとした労務を提供していない場合、その内容や状況はまさにケースバイケースであり、その場面に応じた適切な対応をとることが必要です。それこそが、上司である管理職に求められていることであり、そのために管理職が存在しているのです。ですから管理職として、問題が発生した状況、当該部下従業員の性格、部下従業員の普段の就労状況、部下従業員の過去の就労状況、他の従業員との関係、などさまざまな点を考慮し、そのときに一番ふさわしい対応をしていくことが求められています。

しかし、そうはいっても管理職としての経験が浅かったり、対応が難しいケースが存在することも確かです。そこで、以下では一般的な部下従業員に対する指導注意の手順を各ステップに応じて紹介していきます。

(A) ステップ1 口頭による注意指導

部下従業員の行動が、不誠実で会社が求める労務内容の基準を満たしていないと考えられるとき、まずは管理職として部下従業員に対して口頭による注意指導を行います。いきなり懲戒処分や文書による注意を行うのではなく、最初は口頭による注意指導にとどめます。その際にも、大勢の他の部下従業員の目の前で注意指導するのではなく、可能な限り個別に呼び出して面談を行うなどの方法で注意指導したほうがよいでしょう。大勢の部下従業員の前で注意指導するとパワハラ行為であると主張される可能性もあるからです。

またこのとき同時に部下の問題行動と口頭による指導注意内容を書面の形で記録に残しておくことが重要です。

(B) ステップ2　書面による注意指導

口頭による注意指導でも部下に改善が得られない場合、次は書面で注意指導を行います。口頭ではなく、形に残る書面で注意指導することにより、部下従業員に対して問題行動に対する危機意識をもたせることが可能になります。

文書の名前は「注意書」「指導書」などにして、部下従業員の問題行動と改善を求める旨、今後継続した場合には懲戒処分とする旨を記載します。

(C) ステップ3　軽度の懲戒処分を行う

通常上記のステップ2までを実行すれば、大半の部下従業員は態度を改め、しっかりとした仕事をするようになるでしょう。もしくは会社に反発心をもっている部下従業員であれば、自ら退職することも多くあります。そのいずれでもない場合には、やむを得ず懲戒処分を実施する必要があります。その場合のポイントは、いきなり懲戒解雇といった重い懲戒処分をしてはいけないということです。まずは戒告や減給処分といった比較的軽い処分から検討しましょう。

(D) ステップ4　重度の懲戒処分を行う

それでも改善がない場合、やむを得ず懲戒解雇を含めて重い懲戒処分を行うことを検討せざるを得ません。ただし、懲戒解雇は慎重に慎重を重ねて実行しなければ、法律上無効とされる可能性が高くなります。管理職が単独で行うのではなく、代表者レベルの上司まで巻き込み、会社全体として懲戒解雇を実施するかどうかを検討してください。

## 4　部下の人事考課に関する管理職の義務と責任

### (1)　人事考課の内容

人事考課とは、どのようなことを意味しているのでしょうか。

人事考課について、明確に定義を定めた法律はありませんが、一般論とし

て人事考課とは、従業員の能力や仕事ぶり、成果等について、会社が自社の基準に基づいて行う従業員の評価のこととされています。

　管理職は、自らの部下に対してこの人事考課を公平かつ適切に行う権限と責任を負うことになります。すでに述べたとおり、管理職は会社に代わって部下の従業員に対して雇用契約の内容に沿った労務を提供させる義務と責任を負っています。人事考課を適切に行うことは、部下従業員の労務提供内容に対して注意管理を促し、またその内容を評価することにより部下の勤労意欲を高め、結果として雇用契約の内容に沿った労務を提供させることが可能になります。

　そのため、人事考課はまさに管理職に求められる業務内容に合致するといえ、管理職は部下の人事考課を適切に実施することが求められているといえるのです。

### (2)　公平に人事考課を行う義務

　このように人事考課は、部下にきちんと仕事をさせるうえで重要な要素になりますが、その目的のためには人事考課が公平に行われる必要があります。不公平な人事考課を行っていたのでは、部下としては「正当な評価が受けられない」「真面目に努力しても意味がない」と考えるようになり、勤労意欲が低下してくることは目に見えています。

　また、管理職が公平な人事考課を行う必要があることは、法律上も要求されているといえます。労働契約法3条4項には「労働者及び使用者は、労働契約を遵守するとともに、信義に従い誠実に、権利を行使し、及び義務を履行しなければならない」との規定があり、人事考課を行うという点で「使用者」に該当する管理職は、「信義に従い誠実に」人事考課を行わなければいけないのです。この「信義に従い誠実に」というのは、まさに公平に人事考課を行うということを意味しています。

　公平な人事考課を行うのが難しい原因は、人事考課には、客観的な要素と主観的な要素が混在していることがあげられます。

　すなわち、部下の人事考課をする場合には、売上金額、遅刻・欠勤・早退

などの勤怠状況、目標数字の達成度など、数字で表すことが可能な客観的な要素がある一方で、協調性、勤労意欲、勤務態度、将来性、仕事の早さ、丁寧さなど、数字で表すのが困難な主観的な要素があります。

管理職としては、これらの要素をすべて考慮して部下の人事考課を決めなくてはならず、そこに公平な人事考課の難しさがあります。

(3) 公平な人事考課を行うための基準

それでは、そのような難しさを含む部下の人事考課は、どのようにすれば公平に実施することができるのでしょうか。

まず一番大切なことは、人事考課で考慮する基準を明確に定めておくということです。たとえば、勤怠状況、目標達成度、協調性、勤労意欲など、事前にどのような項目を評価し、できればどの項目にどれくらいの比重で評価をするか事前に決めておきます。そうすることにより、人事考課の公平性は高まるといえるでしょう。

万が一、人事考課に対して部下から不服があった場合にも、評価要素を定めておけばそれを説明することにより、部下を納得させやすくすることができます。また、万が一裁判などの問題に発展した場合であっても、評価項目があるかどうかで、裁判所の判断は大きく変わってくると考えてよいでしょう。ポイントは、評価項目を決めたらきちんとそれを書面という形に残しておくこと、さらに部下従業員一人ひとりに各項目について、どれだけの評価をしたのか定めておくことも重要です。評価項目の設定は、人事考課において共通のモノサシを用いるということです。共通のモノサシを使っていれば評価の客観性は保つことができます。

## 5 部下の行為に対して懲戒処分を行う場合の管理職の義務と責任

(1) 懲戒処分とは何か

前記のとおり、部下が雇用契約の内容に沿った労務を提供しない場合、管理職として懲戒処分を行うことを検討しなければなりません。

それでは懲戒処分とは何でしょうか。懲戒処分とは、最高裁判所の判例上「企業秩序の違反に対し、使用者によつて課せられる一種の制裁罰である」とされています（最判昭和38・6・21〔十和田観光名鉄事件〕）。わかりやすくいえば、会社のルールに違反したものに対して、罰を与える処分といえるでしょう。

懲戒処分は、従業員に対してペナルティを与える行為であり、部下従業員の会社員生活に与える影響は相当大きいものです。そのため、管理職として安易にこれを実施してはならず、次に記載するような条件を守ることが必要になります。

(2) 懲戒処分において守るべき条件

懲戒処分は、その効果がときには解雇につながるほど強いものであるため、部下従業員から不服があるとして争われることが多いといえます。また、それだけ影響の強い処分であることから、安易に発動することは許されず、次にあげるような各条件を満たすことが必要になります。以下では各条件とその解説をしていきます。

(A) 就業規則に懲戒解雇事由が明記されていること

最も基本的な懲戒解雇の条件です。懲戒解雇をする場合には就業規則が規定され、そこの懲戒となる理由が決められている必要があります。就業規則が作成されていれば通常懲戒事由も記載されています。管理職としては、事前に就業規則の懲戒処分に当たる条文を読み込み懲戒事由を頭に入れておくことが必要です。

(B) 部下従業員の行為が懲戒事由に該当すること

これも当然のことですが、部下を懲戒処分とするのであれば、部下の行為が懲戒事由に該当していなければいけません。そして、就業規則の何条のどの文言に違反するかまでを含めて、正確に把握する必要があります。何となく懲戒事由に当たりそうな不適切な行為をしている、という理由で懲戒処分をすることはできないのです。

(C) 告知聴聞の機会を設けること

　告知聴聞という言葉を聞くと、いかにも法律的でイメージが湧かないというほうが多いかもしれません。しかしこれは何も難しいことはありません。ただ単に、懲戒処分をする前には必ず部下からその問題行為に対する言い分を聞かなければいけないということです。実際には問題行動があった場合、懲戒処分をする前に部下と個別に面談する機会を設け、問題行為に対する部下の言い分を聞けばいいのです。このとき、必ず聴いた内容を書面や録音データ等、記録に残すことが大切です。この告知聴聞の機会を設けるという条件は、法律で明記されているわけではありませんが、実施していなければ懲戒処分が無効とされてしまう可能性が高いでしょう。

(D) 部下の問題行動と懲戒処分の内容にバランスがとれていること

　次に必要とされるのは部下の問題行動と、懲戒処分の内容にバランスがとれていることです。たとえば、部下が無断欠勤を一日だけしてしまったとします。無断欠勤は確かに懲戒処分の対象となりうるでしょうが、一日の無断欠勤で、いきなり懲戒解雇にするのは明らかにバランスが悪いといわざるを得ません。そのような懲戒解雇は争われたときに裁判所から無効であるとの判断を受けることになるでしょう。

　部下の問題行動と懲戒処分のバランスについては、過去の会社における懲戒処分例との公平が保たれているかも重要になります。同じ問題行為をしているにもかかわらず、過去には譴責とされているに過ぎないのに、今回懲戒処分をするというのは、バランスがとれていないといわざるを得ません。

　以上懲戒処分について各条件を守り慎重に行いましょう。

## 6　部下の休暇・労働時間管理における管理職の義務と責任

(1) 部下の年給休暇管理

　使用者は、部下の年次休暇取得管理について、その義務と責任を負います。相当規模の会社であれば、代表者が直接部下従業員の年次休暇取得管理をしていることはなく、各部署の管理職がこれを行っている場合が多いといえま

す。その限りにおいて管理職は、会社の義務と責任である年次休暇取得管理について使用者として同等の義務と責任を負うことになるのです。

年次有給休暇の発生日数の計算も管理職の責任において行われます。発生日数の計算については、労働基準法39条に記載がありますのでここでは、細かい計算方法などについては解説しません。

管理職として部下の休暇管理で一番問題となるのは、部下が年次休暇を申請してきた際、業務が多忙であったり、他の従業員との調整などのために申請してきた休暇の日程を変更できるかどうか、という点でしょう。これは、使用者の休暇申請に対する時季変更権の問題です。

有給休暇など法律で決められた休暇は、「事業の正常な運営を妨げる」（労働基準法39条5項）事由がない限り、従業員が求める日に与えなければなりません。逆にいえば「事業の正常な運営を妨げる」事由があれば、部下の従業員から申請があったとしても、別の日を休暇とするように休みの日を変更することが可能になるのです。

どのような場合に「事業の正常な運営を妨げる」事由があるといえるかについては、個別具体的なケースに応じて、その都度判断するしかありません。しかし、漠然と「みんな忙しいから」という理由では、正常な運営を妨げる、とはいえません。判例の傾向からすると、同じ時期に職場の多数の人が欠勤することになっていたり、その時期にその人でしかできないような業務が発生する場合などに限られています。

ただし、部下従業員の同意があれば時季変更権に関係なく休暇日を変更することは可能です。実際の職場では、時季変更権の行使という形ではなく、管理職と従業員が話し合いをして同意のうえで休暇日を変更するという運営がされている場合がほとんどです。

(2) 部下の労働時間管理

労働基準法32条は、「使用者は、労働者に、休憩時間を除き一週間について40時間を超えて、労働させてはならない」と規定し、従業員の労働時間について規定を設けています。この条文から明らかなとおり使用者は労働者の

労働時間を管理することが義務づけられており、これまでと同様実際に部下従業員一人ひとりの労働時間を管理する義務を負うのは管理職ということになります。

　それでは労働時間を管理するうえで重要なポイントはどのようなことでしょうか。

　第1に、毎日の出社時間、休憩時間、退社時間を目に見える記録として残しておくことです。あたり前のことだと思われるかもしれませんが、実際にはこのようなあたり前のことが実行されていないのが現実です。時給換算で給与を計算する場合、この労働時間の管理はしっかりとされている場合が多いのですが、デスクワークが中心の業務になると管理が杜撰になっている場合が多いのです。会社と部下従業員との間に信頼関係がある場合にはトラブルとなりにくいですが、何か問題が発生した場合、これまでの残業代をまとめて請求されるということがあり得ます。その際、労働時間管理ができていないと会社が負けてしまう結果になります。タイムカードの打刻を徹底させるなどして、労働時間管理を厳密に行いましょう。

　第2に、部下の労働時間が長時間にわたる場合、これを改善する対応策を実施するということです。労働時間の管理ができていたとしても、長時間労働の実態をそのままにしておいたのでは何の意味もありません。残業代の請求や、部下従業員が精神疾患に罹患したような場合、長時間労働の実態が放置されていると、会社に責任が認められてしまいますので注意しましょう。

〔表2〕　懲戒処分の語句説明

> **譴責・戒告**　従業員の非違行為に対して、口頭あるいは文書によって将来を戒める処分。始末書を求める場合も求めない場合もある。
>
> **減給**　本来支払うべき賃金の中から一定の金額を控除する処分。一定期間に限られるのが通常。法律上1回について平均賃金の1日分の半

額、総額では一賃金支払期間の10分の1を超えてはいけないとされている。

**出勤停止**　　一定の期間、従業員の労働提供を拒否する処分。その間の賃金は支払われない。法律上期間の定めはないが多くは1～2週間程度。

**懲戒解雇**　　従業員の重い非違行為に対する制裁として従業員を解雇する処分。退職金の不支給などを伴うこともあるため極めて重い処分である。

**諭旨解雇**　　非違行為を行った従業員に対し、退職を勧告するが、これに応じない場合には懲戒解雇を行う処分。退職勧告に応じれば退職金の支給などは行う場合が多い。懲戒解雇に当たる事由があるが情状の余地がある場合などに用いる。

# 第 4 章

# 管理職に求められる
# トラブルへの対応

# Ⅰ 社内のトラブル

## 1 部下従業員間のトラブル

### Question 1 同僚間の私生活上のトラブルへの対処法

　同僚間で私生活上のトラブルが生じており、当事者の一方から会社に対応してほしいと相談を受けた場合、対応しなければならないのでしょうか。
　金銭の貸し借りの場合はどうなりますか。
　その同僚間でけんかが発生した場合はどうなりますか。
　飲み会の後に男性の同僚からセクハラされた場合はどうなりますか。

☞ Check

・基本的には私生活上のトラブルに対応する必要はないが、会社に法的な影響が及ぶ場合は対応が必要。
・金銭の貸し借りは基本的には対応不要。
・けんかも基本的には対応不要だが、会社に事実上の影響や法的責任が生じ、対応が必要な場合もある。
・セクハラには、積極的な対応が必要。

# Answer

## 1 基本的な考え方

　会社は社員と労働契約を締結しています。しかし労働契約は、社員の私生活までを規律するものではありません。社員の私生活は、あくまで労働契約とは基本的に無関係なのです。ですから、管理職としては、部下の私生活上のトラブルには基本的に関与する必要はありません。むしろ管理職が下手に口を出さないほうがよい場合もあるかもしれません。

　ですから、私生活上の問題について部下から相談を受けた場合には、よく話を聞いてから、業務とは関係のない「人生の先輩としての」アドバイスをし、私生活上のトラブルについては自主的な当事者間での解決を促すというのが基本的なスタンスでしょう。

　ただし、社内の同僚間のトラブルとなると少し話が変わってきます。同僚間のトラブルの場合、会社に使用者責任（民法715条１項）や安全配慮義務違反などの法的責任が生じる場合がありうるからです。そうであるならば、ただ傍観するのではなく、管理職として積極的に解決に向けて関与せざるを得ないことになります。

　このように、会社に法的に影響が及ぶか否かの見極めが大切です。

## 2 金銭の貸し借りの場合

　たとえば、同僚間で金銭の貸し借りをしていて、金銭を貸している社員から、金銭を借りている社員がお金を返してくれないという話を聞いた場合はどうでしょうか。

　この場合、同僚間の金銭の貸し借りは、同僚間の契約関係の問題ですから、通常は会社に法的な影響が及ぶことはありません。ですから、管理職としてこれに積極的に対応する必要はありません。

ただし、例外的ではありますがたとえば会社が認めている範囲を越えて取引先を接待した費用を同僚から借りたというような場合は、会社はコンプライアンスの観点から事実を調査しなければなりません。その意味で、管理職はこれに積極的に対応し、問題解決に努める必要があります。

## 3　けんかの場合

同僚間でけんかが生じた場合はどうでしょうか。これも、基本的には同僚間の不法行為の問題が生じるのみですので、その限りでは管理職としてこれに積極的に対応する必要はありません。

ただし、けんかは刑事的には暴行罪、怪我をさせたら傷害罪に該当する場合があります。あらゆるけんかが刑事事件となって警察が関与するわけではありませんが、事件が大きくなって一方の社員が逮捕されて身柄が拘束されたり、またマスコミに報道される可能性がある場合には、企業に事実上の影響が出てきますので、管理職として早急に示談のために対応する必要が生じることがあり得ます。

また、業務上または業務の延長の飲食の席などでけんかが生じた場合、会社は使用者責任として不法行為責任を負う場合もあり得ます。この場合は、法的な当事者として紛争解決にあたらなければならなくなります。

同僚間にいじめやけんかが生じた場合の対処については、Question2（80頁）において詳しく説明します。

## 4　セクハラの場合

同僚間でセクハラがあったと相談を受けた場合はどうでしょうか。

セクハラは上記のけんかと異なり、法律上、事業主が、セクハラによって就業環境が害されないよう、労働者からの相談に応じ、適切に対応するために必要な体制の整備その他の雇用管理上必要な措置を講じなければならないこととされています（男女雇用機会均等法11条1項）。そして、セクハラを防止できなかった会社も、職場環境整備義務違反などを理由とする損害賠償責

任を負う場合があります（第2章Ⅲ3（35頁）、第3章Ⅱ1(2)（49頁）参照）。

ですから、管理職としてこのような相談を受けた場合は、会社のセクハラ相談窓口に誘導したり、会社の総務部などのしかるべき窓口に報告するなど、迅速かつ適切に対応する必要があります。

社員間でセクハラが生じた場合の対処については、Question6（92頁）において詳しく説明します。

▶▶▷ One Point Advice

管理職としてどこまで同僚間のトラブルに関与するかは、ときとして難しい問題です。会社の管理職としては、会社への法的責任を回避すべく行動しなければならないのですが、場合によってはコンプライアンスの観点から、あえて問題点を放置せずに積極的に解決すべきかもしれません。また、場合によっては、問題を起こした部下をかばいたい気持ちと抑えて、あえて厳しい判断をしなければならない場合も出てくるでしょう。

管理職というのは、いろいろなバランスをとらねばならない、悩ましい立場なのです。

（大山　圭介）

I　社内のトラブル

## Question 2　職場内でけんか・いじめが行われている場合の対処法

職場の同僚間で、特定の一人へのいじめが行われています。いじめられている社員とは口をきかず、業務上必要な連絡もせず、わざと聞こえるように悪口を言っているようです。そして、先日そのいじめられた社員といじめている社員が口論をした結果、相互に暴行するけんかに至ってしまいました。管理職として、これらの社員にどのように対処すればよいでしょうか。

☞ Check

・職場内でのいじめの話を聞いた場合は、まずは事実確認と証拠収集に努める。
・いじめの裏づけが得られた場合は、加害者への注意・指導、懲戒処分、配転を検討する。
・いじめの被害者に対してはメンタルヘルスケアを検討する。
・けんかをした社員についても、注意・指導、懲戒処分、配転を検討する。

## Answer

### 1　いじめに関して

最近は職場でのいじめも社会問題になっています。厚生労働省「平成24年度個別労働紛争解決制度施行状況」(平成25年5月31日)における個別労働紛争相談件数において、「いじめ・嫌がらせ」は、「解雇」(5万1515件)や「労働条件の引下げ」(3万3955件)を抜き、とうとうトップになりました(5万

1670件）。この「いじめ・嫌がらせ」は、いわゆるパワハラを含む広い概念ですが、それでも近時ますます顕著な問題になっているといえます。

## 2　いじめの対処法

　いじめの問題の難しさは、それが発覚しにくいこと、事実自体が第三者にわかりにくいこと、さらには裏づけが得られないことにあります。しかし職場におけるいじめによって社員が精神的損害を被った場合、会社は使用者責任または安全配慮義務違反を理由とした損害賠償義務を負う可能性があります。かかる法的問題に至らない場合でも、社内でいじめがあり、いじめられた社員の意欲は低下し、職場全体の秩序やチームワークも乱れます。ですから管理職としては、このようないじめの問題に積極的に関与し、問題を解消しなければなりません。

　では、社内でいじめの問題があったときは、具体的にはどう対処すればよいのでしょうか。

　いじめが発覚した場合の対処法は、パワハラの対処法とおおまかには共通します（いじめも一種のパワハラとして捉えられています。パワハラについてはQuestion7であらためて触れます）。すなわち、まずは両当事者やほかの同僚からよく話を聞いて、事実確認と証拠収集に努めることです。このいじめの問題は、会社としても法的責任を負う可能性がありますので、会社の人事部と連携しながら、一体的に対応することが必要です。そして、聴取結果は聴取書などの方式で記録を残しておくとよいでしょう。

　そのうえで、収集した事実と証拠に基づいて、社会通念上許容される程度を越えた嫌がらせがなされていると判断される場合には、加害者たる社員に指導・注意を行うとともに、場合によっては懲戒処分をもって対応します。

　また、いじめの再発が懸念される場合には、その加害者たる社員または被害者たる社員の配転をもって対応します。

　他方で、被害者たる社員に対しては、いじめによって精神的な苦痛が大きくなっていることもありますので、そのメンタルヘルスケアに配慮すること

も重要です。

## 3　けんかの対処法

では、実際に暴力を伴うけんかに至ってしまった場合はどうでしょうか。

社内でのけんかは、社内の秩序を乱す行為であり、刑事的にも暴行罪や傷害罪などの犯罪に該当しうる行為です。またいじめと違って事実関係は明らかになりやすいと思われます。会社としては、このようなけんかをした社員に対しては、指導・注意を与えることはもちろん、服務規律違反などを理由とする懲戒処分を検討することになるでしょう。

また、けんかであっても明らかに一方が加害者、一方が被害者といえるような場合には、被害者の社員から会社に対する使用者責任、安全配慮義務違反などを理由とした損害賠償請求がなされるといった法的問題に発生する可能性がありますので、管理職としては、会社の人事部などと連携しながら、当事者間の示談による問題解決を促すことも検討します。

さらに、けんかをした両当事者を再び接触させると会社の業務に悪影響が出かねない場合には、配転によって職場を離すことも検討することになります。

▶▶▷ One Point Advice

もし職場でいじめが生じる場合は、学生のようにあからさまな方法をとることは少なく、些細ではあるものの陰湿な嫌がらせを繰り返すような場合が多いでしょう。それだけに、はっきりとした裏づけをもって懲戒処分を行使しうるような場合はかえって少ないと思われます。

だからこそ、管理職がきちんと目を配り、日頃の指導や注意をもって対応し、いじめの芽があれば早めに摘みとるといった、日常業務における指導・注意レベルでの対応がむしろ重要といえそうです。

（大山　圭介）

## Question 3　社内での不倫関係の噂がある社員への対処法

　当部のある男性社員は、妻がいながら、社内の女性社員と不倫関係にあるとの噂があります。この社員は、以前にも、別の女性社員と不倫関係が噂されていました。この男性社員に、会社として何か対処すべきでしょうか。

☞ Check
・不倫をした社員に対する懲戒処分を行うには、就業規則に不倫を懲戒する旨の規定があることが必要。
・もし不倫を懲戒する旨の規定があったとしても、会社に悪影響を及ぼす例外的な場合のみ懲戒が可能。
・そもそも会社には不倫の証拠収集は困難。
・よって、懲戒処分によらない対応を考えるのが望ましい。

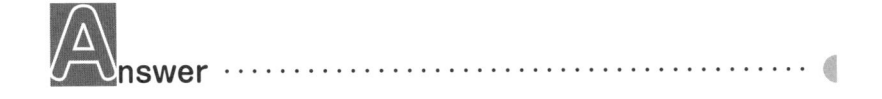

## Answer

### 1　不倫の問題性

　設問の男性社員と女性社員はいわゆる不倫関係にあるようです。不倫関係は、不倫をした社員にとっては、婚姻中の妻との離婚原因となります（民法770条1項1号）。また、不倫関係は妻に精神的苦痛を負わせるものであるため、不倫をした男性社員・相手の女性社員ともども、妻から不法行為を理由とした損害賠償請求を受ける可能性があります。このように、不倫は単なる倫理上の問題にとどまらず、法律的な問題でもあります。

## 2　就業規則と懲戒処分

　しかし、不倫をした男性社員と女性社員が勤務している会社がこの不倫問題に関していかに対応すべきかは別個の問題です。会社の立場からは、不倫関係にある男性社員と女性社員に対して就業規則に基づき懲戒処分を行いうるかという点がまず問題となります。

　懲戒処分は、就業規則にその理由となる条項が定められていなければ行うことができません（刑事法上の罪刑法定主義（法律がなければ犯罪とならず、刑罰も課せられないという原則）に近い運用といえます）。とすれば、就業規則に不倫に関する規定がないならば、不倫に関して懲戒処分を行うことはそもそもできません。

## 3　私生活上の非行と懲戒

　では、就業規則に、「社内または社外で不倫した場合」に懲戒する規定、あるいは「社内または社外で著しく公序良俗に反する行為を行った場合」や「社内秩序を乱す行為を行った場合」に懲戒するといった漠然とした規定があれば、懲戒処分は可能なのでしょうか。

　たとえば、職場内で公然と身体を接近させて戯れあう等、不倫行為によって職場内の秩序が乱されている場合は、上記の規定に当たり懲戒の対象となりうると考えられますが、職場外での、いわゆる私生活上の不倫行為の場合は、不倫が会社の業務行為から直接発生する問題ではないことから、いわゆる私生活上の非行と懲戒に関する問題として考えるべきです。この点について、判例（最判昭和49・3・15〔日本鋼管事件〕）は、「従業員の不名誉な行為が会社の体面を著しく汚したというためには、必ずしも具体的な業務阻害の結果や取引上の不利益の発生を必要とするものではないが、当該行為の性質、情状のほか、会社の事業の種類・態様・規模、会社の経済界に占める地位、経営方針及びその従業員の会社における地位・職種等諸般の事情から綜合的に判断して、右行為により会社の社会的評価に及ぼす悪影響が相当重大であ

ると客観的に評価される場合でなければならない」と判示しています。

この判例を不倫問題に当てはめてみると、単に不倫を行ったのみで懲戒してよいというわけではなく、不倫行為自体の悪質性や、社員の地位・職種など従業員の事情等の諸般の事情に照らして、その不倫行為が会社に相当重大な悪影響を及ぼす場合にのみ懲戒可能であるということになりそうです。

## 4　証拠収集の困難

これとは別の意味でも、実際上は懲戒処分を行うことは非常に難しいと思われます。すなわち、不倫をした社員または女性社員のいずれかが不倫を否認した場合には、会社としては、不倫を裏づける証拠が収集できるとは考えにくいからです。そもそも夫婦間でさえ、不倫（不貞）をした事実の証拠収集は難しい場合が多いのです。

質問の場合には、以前に不倫の噂があったとはいえ、噂では確実な証拠になりません。少なくとも不倫をした社員および女性社員の双方が交際を認めたのでなければ、実際には懲戒処分は諦めざるを得ません。

## 5　実務上の対応

このように、不倫をした社員に対する懲戒処分を行うには、いくつもの問題点があります。したがって、会社内で社員の不倫関係の噂を耳にしたとしても、その社員本人が認めない限りは、当事者と話をして不倫をやめさせるよう説得するというような対応にとどまるでしょう。

よほど目にあまる場合、あるいは風紀を乱しかねない場合には、配転によって対応することが考えられるかもしれません。いずれにせよ、軽々に懲戒処分を行うべきではありません。

（大山　圭介）

Ⅰ 社内のトラブル

## Question 4　不平等な人事評価であるとの訴えがあった場合の対処法

当社の社員から、同じ仕事をしているのに同僚の社員に比べて人事評価が不当に低く、不平等だと言われました。

また別の女性社員からは、同期の男性社員に比べて人事評価が不当に低く、差別だと言われました。

どう対処すればよいでしょうか。

☞ Check
- 人事評価は基本的に会社の裁量に属する。
- 例外的に、男女差別の場合、組合差別の場合、特に不合理ないし不公正と認めるべき事情がある場合には、人事評価が違法とされる。
- 人事評価においては、公正な評価制度を定めること、公正な評価を行うこと、評価結果を開示、説明することが重要。管理職としては、公正な評価を行うこと、評価を開示し説明できるようにしておくことが重要。

## Answer

### 1　人事評価の裁量性

多くの企業においては、昇進や昇給、一時金の額の決定等の場面において人事評価（人事考課）がなされます。この人事評価は、企業の人事評価制度の裁量的判断に委ねられ、社会通念上著しく妥当性を欠くと認められない限りは違法とされないというのが裁判例（大阪高判平成9・11・25〔光洋精工事件〕）の基本的な姿勢です。

ですから、社員から不平等があると指摘されたとしても、会社が適正に人事評価を行っている限りは問題ありません。もし人事評価の結果、賃金に不平等が生じていたとしても、それは当然の結果であるといえます。

## 2　人事評価が例外的に違法となる場合

しかし、例外的に人事評価が違法となる場合があります。

たとえば昇進・昇格の男女差別がある場合、その差別が違法とされることがあります。男女雇用機会均等法6条1号は、性別を理由とする昇進の差別を禁止しています。また裁判例では、勤続18年～30年の女性職員13名が、それぞれ同期同年齢の男性社員と比較して昇進・昇格が遅れていたという差別を受けていたとして訴訟を提起した事案について、差別を認定してこれを違法とし、さらに女性職員が昇進・昇格した地位にあることの確認請求が認められました（東京地判平成8・11・27〔芝信用金庫事件〕）。

類似の問題は組合差別の場合にも生じます。組合差別が不当労働行為（労働組合法7条）と認められた場合には、その効果として、差別の是正が労働委員会によって命じられることがあります。

さらに、人事評価が合理的に説明できず、異常に低い評価がなされている場合など、特に不合理ないし不公正と認めるべき事情がある場合にも、それを違法とした裁判例（広島高判平成13・5・23〔マナック事件〕）もあります。

## 3　人事評価において配慮すべき点

人事評価を適切に行ううえで重要なポイントは、①公正な評価制度を定めること、②公正な評価を行うこと、そして③評価結果を開示・説明することにあります（土田道夫『労働契約法』260頁以下）。

一管理職の立場としては、①人事評価制度の設計についてはいかんともしがたいかもしれません。しかし、②所定の基準に従って適正かつ公正な評価を行うことや、③評価結果を開示し透明性を確保することについては、人事評価を行う立場にある管理職としては責任をもってしっかりと行うことが重

要です（人事評価については、第3章Ⅲ4（67頁）参照）。端的にいえば、自分の行った人事評価を、自信をもって理由を示して説明できることが大切といえます。

ですから、設問の場合も、人事評価が不平等だという主張に対しては、なぜこういった評価になったのかをきちんと説明すべきです。またそもそも説明できるような人事評価を行うことが重要といえます。

▶▶▷ One Point Advice

以上のように、人事評価は基本的に会社側の裁量に属し、違法とされる場合はあくまで例外的ですが、男女差別や組合差別については特に注意が必要です。

しかし、違法とされるか否かはともかく、社員が人事評価の妥当性や公平性に言及するのは、その社員が（もしかしたら他の社員も）企業の人事処遇に不満を有しているからにほかなりません。すべての社員が満足する人事を行うことは非常に困難なことではあるのですが、なぜ社員に不満が生じるのかは常に検討し、新たな人事評価に反映しなければなりません。

(大山　圭介)

## Question 5　接待費を社員同士の飲食代に利用している社員への対処法

　私の部下は会社の規則に違反して、会社には取引先への接待費として申告しながら、自分や同僚社員との飲食代にあてています。どのように対応すればよいのでしょうか。

☞ Check
・接待費を私的な飲食にあてる行為は詐欺罪に該当しうる行為であり、厳然たる措置が必要。
・懲戒処分を行うにあたっては、就業規則の規定、事実の裏づけ、適正手続、処分の相当性を検討しなければならない。軽微な事案は、注意や戒告などの軽い処分にとどめることも検討する。

## Answer

### 1　接待費を私的な飲食にあてる行為

　営業社員などの社員は、接待費をある程度自己の裁量において支出する権限が与えられている場合があります。このような場合に、当該社員がその権限を濫用してもっぱら私的な飲食に接待費をあてることも、一昔前なら見逃されることもあったかもしれません。しかしコンプライアンス強化が企業を存続させるために必要不可欠なものと理解されている現在の企業においては、見逃されてはならないことです。
　会社の規定に違反して接待費を利用することは、刑法上は詐欺罪にも該当しうる非常に悪質なものといえますので、会社は厳然たる措置を講じなければなりません。

I 社内のトラブル

## 2 接待費を偽った社員を懲戒できるか

　まず、会社はこのように接待費を私的な飲食にあてている社員を懲戒できるでしょうか。

　第1に、懲戒を行うには就業規則に規定があることが必要です。多くの会社の就業規則には、「金銭の横領その他刑法に触れるような行為をしたとき」、「会社内における窃盗、横領、傷害等刑法犯に該当する行為があったとき」などの定めが、就業規則の「賞罰」、「懲戒」または「制裁」といった項目に定められているものと思いますので、これらの規定を根拠として懲戒を行うことが可能です。

　第2に、懲戒対象行為があったことを裏づける証拠が必要です。証拠としてはたとえば、偽って接待費を申請した際の申請書、私的な飲食をしたことについての社員本人ないし関係者の供述等が考えられます。もし、これらの証拠が不十分なまま無理に懲戒処分を行った場合、懲戒処分が訴訟で争われると、その処分が無効となってしまう可能性があります。そのため、証拠が揃わない場合（社員本人があくまで事実を否定し、その他の客観的証拠が揃わない場合など）は懲戒処分を行うべきではありません。配転等の人事措置を検討すべきでしょう。

　第3に、適正手続の観点から、懲戒処分を実施するにあたって、本人に弁明の機会を与える手続を行っておくことが肝要です。すなわち、本人に対し、懲戒の対象となっている事由を告げ、認否や反論の機会を与えるというものです。

　弁明手続を行っていなかったことだけで直ちに無効にはならないとしても、弁明手続を行っていなければ裁判等で争点の一つになり、懲戒事由となっている事実関係自体の存否や評価が覆ることがあり得ますので、そういった事態を防止するためにも、弁明手続を行っておくべきと考えられます。

　なお、就業規則や労働協約に懲戒委員会の開催や労働組合との協議を経なければならない旨規定されている場合は、その手続を欠くと、それだけで懲

戒処分が無効になってしまう可能性がありますので、就業規則や労働協約の確認も忘れないようにしてください。なお、手続・懲戒に関しては第3章Ⅲ5（69頁）を参照してください。

## 3　懲戒処分の程度

では、設問の場合に、どの程度の懲戒処分が可能でしょうか。

労働契約法15条では、懲戒処分は「当該懲戒に係る労働者の行為の性質及び態様その他の事情に照らして……社会通念上相当」であることを求めており、処分事由が存在したとしても、処分の程度が当該事由の性質や態様その他の事情に鑑みて重すぎれば、懲戒処分は権利濫用として無効になってしまいます。

したがって、事案が軽微（金額が少額であり、かつ、反復継続していない）であれば、いきなり懲戒解雇にすべきではなく、まずは注意や訓告にとどめ、それでも繰り返される場合に重い処分を検討されるべきでしょう。

他方で、事案が重大である場合（着服した金額が多額であったり、長期間反復継続している）には、諭旨解雇や懲戒解雇も検討しなければなりません。

ただ、反省の情を述べ被害金額を返還しているような場合や、今まで懲戒処分を受けたことがなく通常の勤務態度もまじめであったというような場合は、事案の重大性の程度にもよりますが、懲戒解雇は避けたほうがよいというケースもあると思います。

▶▶▷ One Point Advice

接待費を私的な飲食にあてるというのは、その程度なら問題ないだろうと社員に認識されていることにそもそもの原因があり、もしかすると企業風土自体に問題があるのかもしれません。会社のトップから、目的外の経費支出は認めない旨の明確なメッセージを発するとともに、管理職としても、部下の監督をしっかりと行う必要があります。

（大山　圭介）

I 社内のトラブル

## Question 6 女性の部下から同僚男性のセクハラについて相談された場合の対処法

私は課長ですが、昨年、部下の女性社員から、同じ課に属している同僚男性社員によるセクハラについて相談を受けました。私は、「すぐ会社のセクハラ窓口に行くように」とすすめたのですが、その女性社員が「人事部には知られたくないので、課長が内密に対応してください」と言ったので、私なりに双方の社員から話を聞きました。しかし双方の言い分は食い違い、男性社員は責任を認めなかったため、そのまま対応ができずにいました。その後1年近く経って、その女性社員は、今度は私に「相談を受けていた課長の対応が悪かった」などと言って、私に対して慰謝料を請求してきました。私はどうすればよかったのでしょうか。また現時点で何かよい対処法はあるでしょうか。

☞ Check

・セクハラの問題については、会社は法律上、対策を講じることが要求されている。よって組織として対応することが必要であり、一管理職としての対応には限界がある。
・よって、管理職が相談を受けた場合には、速やかに会社の相談窓口に対する相談に引き継ぎ、会社として対応できるようにすべき。

## Answer

### 1 セクハラに対する使用者の義務

セクハラについては、男女雇用機会均等法11条が、セクハラの防止・対応

について使用者が雇用管理上必要な措置を講じなければならないこととされています。また同条2項に基づいて厚生労働省は「事業主が職場における性的な言動に起因する問題に関して雇用管理上講ずべき措置についての指針」（平成18年厚生労働省告示第615号）を定めています。指針の概要は以下のとおりです。管理職たる地位にある方は、一度実際に指針そのものを一読されるとよいでしょう（厚生労働省ホームページに掲載されています〈http://www.mhlw.go.jp/general/seido/koyou/danjokintou/dl/20000401-30-2.pdf〉）。使用者は、この指針に従ったセクハラ対策をしなければなりません。なお、セクハラについては第2章Ⅲ3（35頁）、第3章Ⅱ1(2)（49頁）も参照してください。

---

【指針の概要】
① 事業主は、職場におけるセクハラの内容、セクハラがあってはならない旨の方針を明確化し、周知・啓発するとともに、セクハラを行った者は厳正に対処する旨を就業規則等に規定し、周知・啓発する。
② 相談窓口を設け、相談に適切に対応できるようにする。
③ 相談の申出があった場合、事実関係を迅速・正確に確認し、行為者・被害者に対する措置を適正に行い、再発防止措置を講じる。
④ プライバシーを保護するとともに、相談者に不利益取扱いを行わないことを周知・啓発する。

---

## 2　管理職が相談を受けた場合の対処法

　このように、セクハラに対しては会社全体としての取組みこそが重要であり、一管理職が独断で対応したのでは、会社としての対応として不十分になってしまう場合があります。ですから、管理職がセクハラの相談を受けた場合は、こうした法令・実情を説明し、会社全体で対応することの必要性を説明して、会社の定めた窓口への相談をすすめ、誘導するのが、むしろセクハラ被害者への適切な対応といえます。

　では設問のように、会社の窓口には相談したくないと言ってきた社員につ

Ⅰ　社内のトラブル

いてはどのように対応すればよいのでしょうか。これは難しい問題ですが、会社の窓口に相談しなければ会社としての対応はできないこと、管理職個人としての対応や問題解決はできない旨をはっきりと告げるというのがわかりやすい対応でしょう。

## 3　個人で対応してしまった場合の対処法

　設問のようにもし、管理職が個人的に対応しているうちに、管理職個人に対するクレームや損害賠償請求の問題に発展してしまった場合はどうなるでしょうか。

　管理職としては、当事者たる両社員に対してもその旨を告げたうえで、速やかに会社所定の相談窓口に話を引き継ぎ、会社としての対応を講じることができるように経過報告するべきです。

　そのうえで、社員からのクレームに対しても、会社と相談し、連携して対応すべきです。もし管理職がクレームを早く解消しようと焦って、会社に無断で慰謝料を支払ってしまうようなことがあると、会社のその後の対応に支障が生じるかもしれません。とにかく、独断で動かないことが重要です。

▶▶▷ One Point Advice

　社内でセクハラの問題が起こった場合には、行為者と被害者のみが当事者ではなく、会社も法的な意味で当事者といえます。管理職は会社のために誠実に行動しなければなりませんので、会社に不利益が及ぶような独断での行動は避けるべきでしょう。

（大山　圭介）

## Question 7 部下のパワハラが原因で被害社員から会社として対応を迫られたときの対処法

当社の部下（営業課長）が、会議の席上で、若手社員の提出した企画書がなっていないとして、大変な剣幕で長時間叱責したところ、その若手社員はそのまま早退し、翌日診断書をもって営業部長である私のところに相談に来て、これはパワハラであり、きちんと対応しなければ弁護士に相談すると言っています。どう対処すればよいでしょうか。

☞ Check
・厳しすぎる叱責を理由とする損害賠償は、事案によって認められる場合もあるし、否定される場合もある。
・管理職として相談を受けた場合は、会社側として事情聴取をするなど事実調査に努めるのが重要。十分な事実調査をした後に、会社が対応を決める。指導・注意のほか、当事者の懲戒処分や配転を検討する。

## Answer

### 1　パワハラとは何か

職場におけるパワハラは、ここ数年で概念が一般社会に定着し、労働問題としても大きな割合を占めるに至りました。厚生労働省「平成24年度個別労働紛争解決制度施行状況」（平成25年5月31日）における相談件数の第1位は「いじめ・嫌がらせ」（5万1670件、12.5％）であり、「解雇」や「労働条件の引下げ」を抜いてトップに躍り出ました。いまや最も関心のもたれている労働問題といっても過言ではありません。

パワハラという語はもともと語義があいまいであり、漠然と職権などのパワーを背景としたハラスメントといった意味で用いられていました。しかし近時では、「職場のいじめ・嫌がらせ問題に関する円卓会議ワーキンググループ報告」において「同じ職場で働く者に対して、職務上の地位や人間関係などの職場内の優位性を背景に、業務の適正な範囲を超えて、精神的・身体的苦痛を与える又は職場環境を悪化させる行為」という定義が提案されています。

設問の事案における叱責がパワハラの概念に該当するか否かはともかくとして、こういった厳しすぎる叱責について損害賠償を求める訴訟や労働審判は少なくありません。実際に損害賠償請求を認めるか否かはまさにケースバイケースであり、肯定例も否定例も数多くあります。なお、パワハラについては第2章Ⅲ3（35頁）、第3章Ⅱ1(2)（49頁）も参照してください。

## 2　とるべき対処法

管理職としては、設問のような相談を受けた場合、どのように対処すればよいでしょうか。まずやるべきことは、事実関係をきちんと調査し、できるだけ多くの情報を集め、裏づけを得ることです。具体的には、両当事者からしっかりと話を聞くとともに、他の社員からも話を聞くことになります。パワハラは当事者間のみならず、会社の法的責任の帰趨にもかかわる問題ですので、これらの事情聴取は、人事部と連携しながら、会社側として一体的に行う必要があります。そしてできる限り記録（聴取書など）をきちんと残しておきましょう。

もし事情聴取の結果、たとえば若手社員への叱責の程度が、その内容その他の事情に照らして社会通念上許容される範囲を逸脱していないものであるならば、会社としては営業課長の叱責行為が適正であるという立場を明確にし、若手社員にその旨を説明し、理解を求めることになりましょう。

他方で、事情聴取の結果、叱責の程度が、若手社員の尊厳を傷つけるために行われたと捉えられるような場合など、社会通念上許容される範囲を逸脱

しているものであるならば、会社は使用者責任や職場環境整備義務違反に基づく法的責任を問われる可能性があります。ですから、若手社員の主張や要求に対しては真摯に対応する必要があります。より具体的には、営業課長に対して注意するとともに、場合によっては懲戒処分を検討します。また必要があれば配転を検討することもあるでしょう。さらに場合によっては若手社員のメンタルヘルスケアにも配慮すべきでしょう。

では事情聴取の結果、どちらの言い分が正しいか判明しない場合はどうすればよいのでしょうか。このときは、やはり営業課長への懲戒処分は難しいといわざるを得ません。ただし、この営業課長には、若手社員からそのように受け止められたことについて、今後とも注意、改善が必要である旨を指導すべきかもしれません。

▶▶▷ One Point Advice

「職場のいじめ・嫌がらせ問題に関する円卓会議ワーキング・グループ報告」では、職場のパワーハラスメントを解決する方法として、以下のような方法が提案されています。

---

① 相談や解決の場を設置する。
　～企業内・外に相談窓口を設置する、職場の対応責任者を決める、外部専門家と連携する。
② 再発を防止する。
　～行為者に対する再発防止研修を行う。

---

相談窓口を設定し、担当者を決めるという方法はセクハラ対策や内部告発対策などにも通じます。こういった社内外の相談窓口を設置していない企業は早期の設置を強くおすすめします。

（大山　圭介）

Ⅰ　社内のトラブル

## Question 8　インターネット掲示板での誹謗中傷への対処法

　私は当社の総務課長ですが、最近、インターネット上の有名な掲示板に当社、当社の社長と当課の社員を誹謗中傷する記事が書き込まれているとの噂を聞きました。少しでも当社のことを知っている人であれば、その書き込みが当社や当社の社長に関するものであることがすぐわかります。書き込まれた内容をよく読むと、当社のある社員が書き込んでいることがほぼ特定できましたが、確たる証拠はまだありません。管理職たる私は、どのように対応すべきでしょうか。

☞ Check
・刑事上の措置として、被害届の提出、告訴などの方法がある。
・民事上の措置としては、掲示板運営者に対する削除要求、損害賠償請求、書き込みをした者に対する損害賠償請求などの方法がある。誰が書き込んだのかを特定できるかが大きな問題。
・労働法上の措置としては、懲戒処分が問題となる。やはり誰が書き込んだかの特定が大きな問題。

## Answer

### 1　会社がとりうる方法

　インターネット上の掲示板に誹謗中傷記事が書き込まれた場合、会社としてとりうる措置は、①刑事法上の措置、②民事法上の措置、③労働法上の措置に分けられます。

## 2　刑事法上の措置

　まず①刑事法上の措置としては、所轄警察署への被害届の提出や告訴があげられます。会社や役員、社員に対する誹謗中傷は、名誉毀損罪、侮辱罪、信用毀損罪などの犯罪に該当する可能性があります。ですから、その事実を警察に知らせ、処罰を求めます。

　ただし、実際に警察が捜査を行い、検察官送致（送検）するかどうか、さらには検察がこれを受けて起訴するまでに至るかは事案によって異なります。軽微な事案については警察が積極的に対応しない場合も多いでしょう。

## 3　民事法上の措置

　②民事法上の措置としては、掲示板運営者に対する削除要求、損害賠償請求、書き込みを行った社員に対する不法行為を理由とする損害賠償請求などが考えられます。

　削除要求を行う場合には、掲示板の運営者に対し、書き込みのどの部分が事実無根であり、名誉や信用を毀損するのか、具体的に特定し、説明したうえで削除を求めます。そのうえで掲示板の運営者が任意の削除要求に応じない場合には、掲示板運営者に対して掲載禁止の仮処分を求めたり、損害賠償請求や掲載差止めを求める訴訟を提起したりといった法的措置を検討することになります。ただ、掲示板運営業者によっては、訴訟によって損害賠償を認める判決を受けても支払いを履行せず、強制執行による回収が困難な業者もいます。法的措置を講じる前には慎重な検討が必要です。

　他方で、書き込みを行った社員に対する損害賠償請求を行う場合、大きな問題となるのは、その書き込みを行った者が誰であるかを特定することです。そのためには、掲示板運営者に対してプロバイダ責任法4条1項に基づいて書き込みを行った者の情報を開示するよう請求したうえで、開示されたIPアドレスやタイムスタンプなどの情報をもとに、そのサービスプロバイダに対して書き込みを行った者の氏名と住所の開示を求めることになります。し

かし、掲示板運営者が任意の情報開示に応じない場合には、やはり訴訟によらざるを得ません。

## 4　労働法上の措置

③労働法上の措置としては、懲戒処分が問題となります。その書き込みの内容が会社や業務に関係するものである場合、書き込みが勤務時間に行われている場合、または会社のパソコンを使用している場合には、就業規則に基づいてその社員に懲戒処分を課すことができる可能性があります。

ただし、そもそもその社員が書き込みを行ったことが特定されていることが前提です。社員が書き込みを認めていない場合には、3に述べたような手続を経て特定を行うことが必要です。

また、どのような懲戒処分を行うかもやはり問題です。書き込みにおける名誉毀損や信用毀損の程度が重大でないならば、懲戒解雇などの過大な懲戒処分は認められない可能性があります。

▶▶▷ One Point Advice

実務上は、特に匿名掲示板の場合、社員が本当に書き込みを行ったかの裏づけを入手することがなかなか難しいのが実情です。そのような場合は、懲戒処分や民事上の法的請求は行わず、指導や警告などにとどめて様子をみることになります。無理な処分は禁物です。

（大山　圭介）

## Question 9 競争心から同僚と業務上一切協調しようとしない部下への対処法

私の課には非常に優秀なのですが、他人の評価が上がることが気に入らないのか、同僚との協調性が非常に劣っており、職場の雰囲気を悪くしてしまっている従業員がいます。課長である私は、どのように対応すればよいでしょうか。

☞ Check
・職場秩序の重要性を説明しつつ注意指導を行う。
・注意指導によっても改善しない場合には、懲戒処分や配転等を行い、最悪のケースでは解雇せざるを得ない場合も出てくる。
・懲戒処分や解雇に至る前に協調性の重要性を認識させるのが管理職としての大きな役割となる。

## Answer

### 1 職場秩序・協調性の重要性

会社は、年齢や家族構成、社会経験等も異なっている人たちの集合体であって、その集合体が一つの方向に向かって事業活動を営んでいくことになり、個人が身勝手な行動をとることを許されません。職場秩序・協調性の維持は、円滑な業務遂行・企業活動のために必要不可欠なものであって、各社の就業規則では、服務規律に定めがあり、職場秩序を乱した者に対しては懲戒処分に処することとされているはずです。また、最近では、普通解雇の条項の中に、「他の従業員と協調性を欠き、業務の円滑な遂行に支障が生じている場合」を含める会社も多くなってきています。それほど会社における協調性と

いうのは重要なものなのです。

　そのため、設問のケースも、管理職として看過することはできず、速やかに対応する必要があります。

## 2　注意指導を行い、改善の機会を与える

　まず、管理職としては、問題となっている従業員との面談を実施することになります。管理職としては、当該従業員によって職場秩序が乱れ、雰囲気を悪くし、同僚従業員のモチベーションを下げていることを念頭に、追及するトーンになりがちですが、そのようなことは逆効果であると思われます。冷静になって、当該従業員が協調しない（できない）理由や協調性が欠如していることの認識があるのかといったことを確認する必要があります。そのうえで、当該従業員の認識に誤りがある場合には、その点に対する注意指導を行うことになるとともに、就業規則の該当条項や会社の方針・社是等の説明も行い、職場秩序・協調性の維持は企業の根幹を担うものであることを理解させるようにします。また、当該従業員のみに問題があるということも稀で、職場の同僚等にも何らかの問題点があることがありますので、「職場環境に関する面談」として、職場で気になることなどを聞かせてもらうような面談を実施して、職場全体で盛り上げていくような形をとったほうがよいでしょう。

　以上の対応を行っても、当該従業員の協調性欠如の改善がないような場合には、問題諸言動を書面に記載し、書面による注意書の発行または懲戒処分の実施を検討することになります。

　なお、懲戒処分は、社内の制裁罰であることから、口頭による注意指導の前に書面による注意書の発行を行うことが望ましいです。口頭による注意指導は軽く考えられがちで、その一方、会社の正式書面による注意は重いと考えられることも多く、懲戒処分を実施せずとも、注意書面による発行により更生されるケースも多い実状があります。

## 3　最悪の場合には解雇も検討することになる

　上記のように注意指導を行い、改善の機会を与えたり、懲戒処分を実施するなどしても、更生しない場合には、協調性欠如を理由とする普通解雇も検討しなければならない状況に至ってしまうと思われます。

　しかし、わが国では解雇は厳格に規制されており、容易なものではありません。そのため、解雇に至るまでのステップが重要となり、前記の2の手続を踏むことは必須であるとともに、当該従業員の配転も1～2度は実施しておきたいところです。ある職場で協調性欠如を理由に処分されているような従業員については、各部署ともに受け入れたくないと考えるのが一般的であるとは思いますが、一つの部署で結果が出なかったからといってすぐに解雇することは少々拙速ではないかと考えられてしまうおそれもあります。

　確かに、会社は学校ではないですので、どのような状況に至っても教育を施し、定年まで雇用し続けなければならないということにはなりませんが、会社としてやるべきことはやったものの、改善しなかったし、今後も改善の見込みは認められないという状況に至り、最後の手段として、解雇するという形にする必要があります。

▶▶▷ One Point Advice

　協調性欠如の従業員の多くは、仕事も早く優秀で、ある意味では、間違ったことを言っていないという特徴があります。そのため、上司である管理職も、注意指導をすることができない場合が多いようです。また、上司よりも仕事ができたりするようなケースもあるといった厄介なこともあります。

　しかし、注意指導をしっかりと行っていない状態で、懲戒処分をしたり、解雇に処したりすることは法的にも問題が生じますので、速やかに注意指導を行い、改善の機会を与えるようにすべきです。早めの指導により、当該従業員、職場ともに傷が浅いうちに対応することができ、大切な「人財」を失わずに済むことにつながるのではないかと思います。

（根本　義尚）

I 社内のトラブル

## Question 10 業務時間外に宗教活動・政治活動等を行う社員への対処法

部下から「上司から、夜間や休日に宗教への勧誘の電話がしつこくきて、断ったのですが、自宅まで来て勧誘されて困ります」との相談がありました。このように勤務時間外に他の社員に対して宗教活動や政治活動等、業務以外の活動をしている社員がいる場合、会社としてどう対応をすればよいですか。

☞ Check

・就業時間中、社員には職務専念義務がある。
・秩序維持の観点から始業前・休憩・終業後といえども、就業規則において職場における宗教活動等業務以外の活動を禁止することは認められ、違反した場合は懲戒処分の措置をとることも可能。
・個人には宗教活動の自由、政治活動の自由があるとはいえ、他の社員に迷惑をかけ、一緒に就業できないなど業務に支障が生じる場合は懲戒の対象になりうる。

## Answer

### 1 宗教活動、政治活動等諸活動の自由

社員は、個人の基本的人権として信教の自由（憲法20条）や政治活動の自由（同法21条）を有しています。この自由には、勧誘をする自由（入信や政党加入等の勧誘活動）も含まれます。では、勧誘の相手が嫌がる場合についてまでそのような勧誘の自由が認められるかというとそうではありません。信教の自由や政治活動の自由においては、他者から信仰を強制されない、あ

るいは政治活動を強制されない自由も含まれていると解されています。

したがって、宗教活動等への勧誘を行う上司や同僚もそのような活動をする自由を有していますが、他方、その勧誘を受ける社員にもそのような勧誘を強制されない自由を有しており、本相談についても、社員は上司に対して、今後勧誘をしないよう求めることができます。勧誘が強制に当たるような場合、違法な行為として不法行為に基づく損害賠償を請求することができると解されますので、本相談でもすでに自宅まで勧誘にくるなど勧誘がしつこいようなので、このような勧誘行為は強制に当たるとして、損害賠償を請求することができる場合に当たりうると考えます（少なくとも今後同様の勧誘行為がある場合、損害賠償責任がある旨警告することも可能と解されます）。ただ、実際には部下が上司に対してそこまでのことができるかというと難しいところですので、この相談は会社としての対応を考える必要があります。

## 2　就業時間、職場における制限

前記のとおり、社員には宗教活動や政治活動の自由が認められますが、他方、社員は会社との間で労働契約関係を締結し、就業時間中職務に専念する義務があり、当然のことながら就業時間中における業務以外の宗教活動等の活動を行うことは許されません。

では、就業時間ではない、休憩時間や始業前、終業後であれば職場において宗教活動等の業務以外の活動をすることは認められるのかというとそうではありません。たとえ休憩時間あるいは始業前、終業後といえども、企業内の秩序維持の点から、一般に就業規則等において「職場における宗教活動や政治活動等の業務以外の活動を禁止する」と規律することは認められていますし、このような規律に違反した場合、企業内秩序の維持のために懲戒処分等の措置も認められます。

## 3　就業時間外、職場外の場合

では、就業時間外でかつ職場外であれば、部下、同僚に対して宗教活動等

I 社内のトラブル

の業務以外の活動、その一環として宗教活動等への勧誘を行ってもよいのではないかという点が問題になります。もちろん、私生活中の行為であり、原則として、会社は労働契約関係を理由にそのような宗教活動等を制約することはできませんので、上司も同僚も前記1のような信教の自由、政治活動の自由が認められ、その勧誘行為も許されます。問題は、それを上司が部下や同僚に対して行っているという点です。人間関係が生じていない、あるいは稀薄である場合は勧誘を断れば済む話ですが、すでに上司と部下、同僚という形で職場における人間関係が形成され、後々の職場における人間関係のことを考えるとむやみに断ることも難しい中で、勧誘がなされていること、そのことで勧誘を受けた社員が上司や同僚と同じ職場でいっしょに仕事をすることを忌避する等就業状況に影響を与え、企業内の秩序を乱すことにもなりかねません。特に、設問では、上司からの勧誘がしつこく、自宅まできてしまって困っているとのことであり、このことによる部下の迷惑は著しく、この問題が職場にも影響を与え、企業秩序を乱すおそれが十分に考えらます。企業として決して放置できる問題ではないと考えられます。

そこで懲戒処分の可否について検討します。本来企業の指揮命令が及ばない社外での私生活上の行為については、本来懲戒処分の対象とは考えられませんが、「職場外でなされた職務遂行に関係のない労働者の行為であっても、企業の円滑な運営に支障を来すおそれがあるなど企業秩序に関係を有するものであるから、使用者は、企業秩序の維持確保のために、そのような行為をも規制の対象とし、これを理由として労働者に懲戒を課すことも許される」（最判昭和58・9・8〔関西電力事件〕）として、企業秩序を乱すような私生活上の行為については懲戒の対象とすることも認められると解されています。それゆえ、就業規則の懲戒事由を定める規定の中に、「企業秩序を乱すとき」という事由が一般に規定されていると思いますが、本相談の件についてもはや企業秩序を乱すような行為に当たるとして、このような規定に基づき、懲戒を課すことも可能であると考えます。

▶▶▷ One Point Advice

　設問については、まずは部下から事実確認から行い（相談者以外にもそのような勧誘行為がなされているのか他の部下からの事実確認も必要かと思います）、そのうえで上司にも確認しましょう。そして、会社としてそのような行為があったと判断する場合、いきなり懲戒処分を行うのも適切ではないので、まずは厳重に注意し、再発防止に努めるのがよいかと思います。それでも、部下等への勧誘を続ける場合は懲戒も検討する必要がありましょう。

（三上　安雄）

I 社内のトラブル

## 2 上司と部下のトラブル

### Question 1 私生活上の問題に対する人事評価の対処法

私の部下に、育児休業から復帰した従業員がいますが、復帰直後に介護休業を取得、その後、年次有給休暇を取得し、産前産後休暇および育児休業を取得するなどして、この5年で3カ月しか就労していない従業員がいるのですが、会社としてどのように対応すべきでしょうか。

☞ Check

・人事評価は、職務遂行についての実績・能力の発揮度や成果などを査定するものであり、私生活上の問題を人事評価の基礎とすることは原則としてできない。
・私生活上の問題が職場秩序や職務遂行に影響している場合については、人事評価の基礎とすることもある。
・私生活上の問題が理由で不就労となるような場合には、不就労を人事評価の基礎とすることは可能。

### Answer

#### 1 人事評価

人事評価は、職務遂行についての実績・能力の発揮度や成果などを査定するもので、賃金決定や昇格等に直接的に影響を及ぼすものですが、その性質上、使用者（会社）の広い裁量権に委ねられているものと解されています。

しかし、それにも例外があり、法律上の定め（国籍差別（労働基準法3条）、男女差別（同法4条および男女雇用機会均等法6条）、労働組合への嫌悪（労働組合法7条）など）に違反したり、会社が定めた人事評価制度の枠組みを逸脱した評価、不当な動機や目的に基づく評価、評価の基礎とすべきでない事柄を強調するような評価など、裁量権を著しく逸脱した場合には、裁量権の濫用として不法行為責任を問われることになります。

また、上記のとおり、人事評価は、賃金決定の前提となる要素を含んでいますが、賃金は労働に対する対価とされており、その評価も労働に関連する職務遂行能力であるとか、その成果等に対するものとされるのが原則となります。そのため、従業員のプライベート領域である私生活上の問題を人事評価の基礎とすることは原則としてできません。

## 2　産前産後休暇・育児介護休業取得と不利益取扱い

男女雇用機会均等法および育児介護休業法は、産前産後休暇や育児介護休業を取得したことを理由として、会社がその従業員に不利益な取扱いをしてはならないことを定めており、この不利益な取扱いには、人事考課も含まれると解されています。そのため、産前産後休暇や育児介護休業を取得したことのみを理由として、人事評価を低くすることは問題となります。しかし、事実として、他の従業員よりも就労している日数および時間は少なくなっており、その点を人事評価に影響させないのは、他の従業員の士気にも影響することになります。上記法律も、就業日数および時間が少ないことに起因して人事評価が低くなることや就労日数が少なくなることから当該単年度評価ができないとすることまでも禁止しているものではありません。ただし、この場合の人事評価結果のフィードバックの面談については、説明内容に気をつける必要があります。前述の休暇や休業を取得したことから人事評価が低くなったのではなく、他の従業員と比較して就労時間が短くなったことから貢献度が低くなったこと、業績が上げられなかったことなどを理由として説明することになると思います。

Ⅰ　社内のトラブル

　設問の場合、5年度にわたって、人事評価ができないという結果になることや就労日数が少ないことに起因して人事評価が最低評価になったとしても、それは産前産後休暇や育児介護休業を取得したことを理由とする不利益な取扱いであると判断されることにはなりません。このような形で間接的に、私生活上の問題が人事評価に影響を与えることはあります。

▶▶▷ One Point Advice

　設問のケースでは、実質的に、5年間も就労していないことから、仮にその後に復帰してきたとしても、会社としては戦力として迎え入れることは難しいと思います。会社内のシステムやルールも相当程度変わってきてしまっているはずですので、新卒の従業員と同様の訓練を受けてからでないと戦力にはならないというのが実際のところではないかと思われ、会社としては相当の負担を強いられることになると思います。しかし、そのような状況になったとしても、会社としてはその従業員を解雇することなどはできません。

　会社としては、育児介護休業等の取得を抑制するような強要等はすべきではないですが、現実問題として、上記のような状況になってしまうことは、会社にとっても、その従業員にとってもよろしくないと思われます。そのため、長期間の休業等を取得することの申出があった場合などについては、復帰後のことについても想定した話し合いをしておくことをおすすめします。また、育児休業を3年間取得できる会社もありますが、そうなりますと、2人め、3人めと育児休業を取得しますと、10年近くにわたって全く就業しない状況に至るケースもありうるということになります。このような状況になれば、従業員のほうが職場に戻りづらくなりますので、法律を上回る休業期間を設定している場合には、2人め以降については、法定レベルでの休業期間のみを原則として認めるなど制度設計も少し工夫したほうがよいように思います。

（根本　義尚）

## Question 2 役員から不当な指示を命じられた場合の管理職としての対処法

自身が代表取締役の地位にある別の会社との大口の取引を開始するように営業担当取締役から指示されてしまったと営業課長から相談がありました。営業部長である私は、どのように対応すればよいでしょうか。

☞ Check
・コンプライアンス（法令遵守）の見地から判断する必要があり、原則として管理職には不正の事実等を報告する義務がある。
・コンプライアンス違反か否かが不明であったとしても、社内の相談窓口に相談するような姿勢がよい。
・コンプライアンスに関する社内研修を受講したり、日々のコンプライアンスに関する報道等に目を向けておく。

## Answer

### 1 コンプライアンスおよび内部統制

会社は、取締役の職務の執行が法令および定款に適合することを確保するための体制等を取締役会で決議することを求められています（会社法362条4項6号、会社法施行規則100条1項・3項）。コーポレート・ガバナンス（株主のための企業統治）の向上を図り、「コンプライアンス体制」「内部統制」「リスク管理体制」の構築ということを目的にしていると考えられています。このような規定が設けられた当時、企業不祥事が連日のように報道されていましたが、不正等を認識した役員や従業員が適切に対応できないなど企業におけ

る内部統制が機能していないような状況もあり、会社法では明確に規定として定められるようになりました。

　設問では、営業担当取締役の行為が会社との関係で、利益相反取引に該当するのではないでしょうか。その場合には、会社法に則った株主総会または取締役会の承認を受けなければならないのではないかといったことが問題になります（会社法356条1項2号・365条1項）。営業担当取締役の地位にある会社については会社法が定める利益相反取引に該当しますので、上記承認を受けずに取引をした場合には、会社法違反になり、そのような法律違反行為を部下に命じている営業担当取締役の行為はコンプライアンス上も大きな問題となります。

　このような違法行為を発見した従業員は、会社に対して不正の事実を通報する義務があるのかということが問題になり得ますが、労働契約に付随する誠実義務等を根拠にして、就業規則や内部通報・コンプライアンス規程に通報義務が定められている場合には、従業員に通報義務が生じることになります。このような規定がなかった場合であっても、管理職という立場であれば、原則として、同様に、会社（通報窓口や法務部など）に対する通報義務があると解していくべきでしょう。

## 2　違法ではなく不当な場合はどうか

　設問は会社法に違反する内容となっていますが、これが法律に違反するとまではいえない場合、または法律に違反するのかどうかわからないような場合には、管理職としてはどのような対応をすればよいのでしょうか。

　管理職は、報道や管理職研修、コンプライアンス研修等を通じて一定の法律知識を有していることでしょう。しかし、法律の専門家ではないわけですから、法律に違反するのか否かわからないケースのほうが多いと思います。そのような場合、どのように対応すればよいか悩んでしまうかもしれません。ここで認識しておかなければならないのは、企業不祥事の何割かは、当初は明確な違法行為であるとの認識がなかったようなケースではないかというこ

とです。管理職が「何かおかしいのではないか」「このような指示に従って大丈夫か」など倫理に照らして疑問に思うことがあった場合、「違法だ」との申告などではなく、「こういうことを指示されているのですが、不安です」などと上司に相談したり、報告するようにしていくべきではないかと思います。そうすることにより、明確な法律違反に至ってしまったり、企業の存立を揺るがすような大事になることを防ぐことが可能になってくるのではないかと思われます。

ですので、上司やしかるべき社内セクションへの通報・相談等については、違法か否かといった区別はせずに、倫理に照らして問題があるのではないかと少しでも思った場合には、対応する姿勢でいたほうがよいと思われます。

## 3　通報・相談窓口

設問の営業部長は、営業課長から相談を受けたものの、どこに通報や相談をすればよいか悩んでしまうかもしれません。この場合、内部通報やコンプライアンスに関する窓口があればそこに、そのような窓口が正式なものとしてはないようでしたら、法務部（法務部がない場合には法務問題を扱っている総務部やその他の部署など）に通報や相談をするべきでしょう。いきなり社外に通報することは好ましいとは思われません（▶▶▷ One Point Advice も参照してください）。

ただ、報道された企業不祥事では、社内窓口への通報が放置されたり、長期間にわたって調査さえも行われなかったことから、社外に通報されたようなケースが多いのも事実です。そのため、会社は、社内窓口の設置を含め、内部通報やコンプライアンスに関する規程を設け、管理職や従業員から第一義的に社内窓口に通報または相談されるような仕組みを構築し、通報者に信頼して通報・相談してもらえるようにしていく努力も必要となります。さらには、コンプライアンス研修を通じて相談窓口の利用やその後の調査や解決方法の明示等についても説明しておくことが望ましいと思われます。

Ⅰ　社内のトラブル

▶▶▷ One Point Advice

　公益通報者保護法は、労働者が、不正の目的でなく、会社やその役員、従業員等に関して、①法律違反が生じ、または、まさに生じようとしていると判断して、会社（労務提供先）に通報した場合、②法律違反が生じ、または、まさに生じようとしていると信じたことに相当の理由がある場合に、通報対象の法律違反に対する処分または勧告等を行う権限のある行政機関に通報した場合、③②に加えて以下のいずれか一つを満たして、「被害の拡大等を防止するために必要であると認められる者」である報道機関、消費者団体、被害者等に通報した場合、通報労働者が解雇その他の不利益を受けないように保護することを定めています。

・内部や行政に通報すると不利益な取扱いを受けるおそれがある。

・内部通報では証拠隠滅のおそれがある。

・事業者から内部や行政に通報しないことを正当な理由なく求められた。

・書面で内部通報後20日以内に調査を行う旨の通知がない、または事業者が正当な理由がなく調査を行わない。

・人の生命、身体への危害が発生する急迫した危険がある。

　ただ、公益通報者保護法は、対象となる法律を定めており、それは国民の生命、身体、財産等の保護に関する法律とされており、社内で問題となる法律違反ケースでは、直接的に同法が適用にならないことがあることには注意してください。

（根本　義尚）

## Question 3　上司や同僚からパワハラを受けているとの相談を受けたときの対処法

部下から「係長からは『何でこんなこともできないんだ。あれほどこうしろと言ったじゃないか。しっかり仕事をしろ！』と、同僚からは毎日『給料泥棒！辞めちまえ！』と言われ、気が滅入っています」との相談がありました。課長である私は、どのように対応すればよいでしょうか。

☞ Check
・パワハラは、業務上のものか、一般的に許容される程度を越えているか、継続的なものか、などから判断していくことになる。
・行為者に対する処分ありきではなく、行為の問題性を理解させること、パワハラまたは不適切な言動をやめさせることに重点をおく。
・会社全体として再発防止策を検討できるようにする。

## Answer

### 1　職場のパワハラの定義・境界線

職場のパワハラとは「同じ職場で働く者に対して、職務上の地位や人間関係などの職場内の優位性を背景に、業務の適正な範囲を超えて、精神的・身体的苦痛を与える又は職場環境を悪化させる行為をいう」といわれ、「優位性」は上司から部下に行われるものだけでなく、先輩・後輩間や同僚間などのさまざまな優位性を背景に行われるものも含まれます（厚生労働省「職場のいじめ・嫌がらせ問題に関する円卓会議ワーキング・グループ報告」（平成24年1月30日））。

パワハラは、セクハラと異なり、業務と関連していることが多く、上司から部下に対するものの多くは指導の延長線上にあることから、その判断が難しくなります。パワハラに該当するか否かは、上記定義に該当するかを確認することになりますが、より具体的には、以下の諸要素を考慮することになります。そして、問題とされる諸言動が、業務上必要なことで、その厳しさの程度も一般的に許容される程度であるということであれば、原則として、パワハラには該当しないと考えてよいと思います。

① 行為・発言の内容＝人格や尊厳を傷つけるものか。
② 行為者と被害者の職場での地位関係＝力関係が顕著なものか。
③ 行為が行われた状況＝従業員の面前か、不特定多数へのメール送信か。
④ 反復・継続性＝長期間にわたるものか。
⑤ 被害者等の対応・感情＝他の従業員の意識はどういうものかなど。

以上の判断要素からしますと、設問の部下の同期の発言内容が人格を傷つけるもので、パワハラとして問題であることはわかると思いますが、係長の発言をパワハラであると判断することには躊躇を覚えると思います。

## 2 相談者・第三者・行為者からのヒアリング

パワハラとして問題となるケースには、明らかに問題であるケースもありますが（この場合は粛々と懲戒処分を実施することになります）、多くが上司と部下とのコミュニケーションギャップによるものではないかと思います。

その場合は、まず、相談者からヒアリングをしていくことになりますが、行為者を処分することを目的とするのではなく、行為者によるパワハラまたは不適切な言動があるようであれば、その状態を解消して職場環境・秩序を元に戻すことを最優先課題として、具体的な事実をヒアリングします。

次に、行為者の行為を目撃している従業員からのヒアリングを実施し、当事者ではない第三者から具体的な事実をヒアリングします。

以上のヒアリングの中で、パワハラに該当する可能性があるようでしたら、人事部と連携をとりながら行為者に対するヒアリングをしていくことになり

ます（▶▶▷ One Point Advice へ）。また、パワハラに該当するか不明な場合でも、行為者に対するヒアリングを実施します。なお、行為者へのヒアリングに際しては、相談者からの了承を得てから実施することが望ましいです。

　そして、最終的には、行為者に対し、上司としてできる限り感情を抑えて、具体的な理由等を説明しつつ注意・指導を行うこと、言われた側の立場に立って考えてみること、仮に言い過ぎたような場合には、一言謝ることなどを説諭するという対応をすることになると思います。このような対応をしても、行為者の厳しい言動の改善がない場合には、書面による注意指導を行ったり、前述のパワハラの定義に該当するようなレベルにまで至ってしまった場合には、懲戒処分を実施するということになります。

## 3　パワハラに関しての啓発・再発防止等

　設問の係長のケースは、パワハラとまではいえないと思いますが、パワハラに該当するか否かのみが重要ではなく、不適切な指導発言等であると認められる可能性はありますので、そういった諸言動はよろしくないということを他の部署の管理職にも理解させる必要があります。一方において、管理職としては、パワハラに過剰に反応することで、適切な業務指導や権限の行使ができなくなってしまうおそれもあります。

　そこで、会社としては、従業員全般にパワハラや不適切発言等への理解を深めてもらうために、ハラスメントに関する研修を実施するとともに、パワハラ防止に関する規程やルール（相談窓口の設置）を整えていくことを検討すべきです（「職場のパワーハラスメント対策ハンドブック」参照。また、人事院事務総局「『パワー・ハラスメント』を起こさないために注意すべき言動例について（通知）」（平成22年1月8日）も参考になります）。

▶▶▷ One Point Advice

　パワハラに該当する場合には、行為者に加え、会社も職場環境整備義務や安全配慮義務違反を問われ、損害賠償責任（慰謝料の支払いなど）を負うこ

ともあります。また、会社としては、パワハラの程度に応じて、懲戒処分を実施したうえ、行為者の人事異動等を検討しなければならなくなります。

（根本　義尚）

## Question 4　介護を理由に遠隔地への転勤を拒否する従業員への対処法

東京から福岡へ転勤を命じられた従業員が「妻と共働きであるうえ、会社には伝えていなかったが、同居の義母が要介護状態になったので、遠隔地には行けない」と言い、転勤を拒否しました。この従業員は転勤が予定される従業員として入社していますが、会社としてはどう対応すべきでしょうか。

☞ Check
- 「ワーク・ライフ・バランス」が重視される時代であり要介護の状況、親戚等による援助の可能性、デイケアサービスの利用の可能性・可能である場合の利用開始時期等従業員のおかれている状況を確認する。
- 会社として当該従業員の不利益をどこまで緩和できるか検討する。

## Answer

### 1　配転命令の限界に関する原則論

会社は、従業員に対して勤務地を変更する転勤を含めた配転を命じる裁量を有していますが、以下の場合には、配転命令権が制限されます（最判昭和61・7・14〔東亜ペイント事件〕）。設問では以下の②Ⓑが問題になります。

① 業務上の必要性がない場合
② 業務上の必要性がある場合であっても、Ⓐ不当な動機・目的をもってなされたとき、または、Ⓑ労働者に対し通常甘受すべき程度を著しく越える不利益を負わせるとき

もっとも、わが国においては、終身雇用制を採用している会社が多く、長

Ⅰ 社内のトラブル

期雇用が前提とされていること、解雇が法的に許されるケースが非常に限定されていることから、会社の配転命令権が広く認められる傾向にありました。そのため、少し前までであれば、設問のようなケースにおいても、会社のルールに則った命令に従えないということであれば、業務命令違反として懲戒解雇やそれ以外の解雇である普通解雇とすることが多かったところです。

## 2 ワーク・ライフ・バランスが重視される時代へ

平成10年代に入り、昭和の時代には意識されていなかった「ワーク・ライフ・バランス」という視点が重視され、以下の法律にもその趣旨が規定されるようになり、会社の配転命令権が制約されるようになってきています。

・育児・介護休業法26条（平成13年）＝配慮規定　「事業主は、その雇用する労働者の配置の変更で就業の場所の変更を伴うものをしようとする場合において、その就業の場所の変更により就業しつつその子の養育又は家族の介護を行うことが困難となることとなる労働者がいるときは、当該労働者の子の養育又は家族の介護の状況に配慮しなければならない」

・労働契約法3条3項（平成19年）＝理念規定　「労働契約は、労働者及び使用者が仕事と生活の調和にも配慮しつつ締結し、又は変更すべきものとする」

これらの法律の規定は、会社に対する直接的な法的義務を課しているものではないですが、前述の②Ⓑの判断をする際には影響することになりますし、従業員が転勤を拒否する姿勢を示している場合には、会社としても真摯に話し合い、少しでも負担を軽くするなり、本当に業務上の必要性があるのかなどといったことを検討し直したりすることを求めていると考えるべきです。

## 3 具体的な対処法

設問では、当該従業員は福岡への転勤を拒否しているものの、妻が共働きであること、同居の義母が要介護状態になったこと以外に具体的な事情がわ

かりません。さらに、転勤命令を発した時点において、会社は、義母が要介護状態にあることを知らなかったのですから、当該従業員のおかれている状況および環境等についてはほとんど知らない状況にあると思われます。

　そのような状況では、会社としては、転勤命令を維持することに固執するのではなく、日々の具体的な介護の状況、当該従業員一家以外の家族や妻の親戚等による介護を任せられる状況の有無、要介護度を含めた要介護者の状況の詳細等を確認のうえ、当該従業員が転勤した場合の要介護者に対する介護の代替手段の有無や代替手段を講じることができる時期、民間ケアサービス等の利用可能性、可能であった場合の利用可能開始時期等についても確認するようにすべきです。そのうえで、当該従業員を福岡に転勤させる業務上の必要性が高度である場合には、当該従業員および家族に対して理解を求める説明を丁寧に行うとともに、当該従業員および家族の金銭的な負担軽減に関する配慮をも検討し、命令を維持するか否かを決定していくことになります。それにもかかわらず、当該従業員が転勤命令を拒否する場合には、会社は、前述の②Ⓑに該当すると判断した場合には、命令を撤回して他の従業員を転勤させることを検討することになり、該当しないと判断した場合には、業務命令違反として、懲戒処分や場合によっては懲戒解雇または普通解雇を検討することになります。

▶▶▷ One Point Advice

　30年以上勤務した正社員が、母親の介護のために週3日の短時間勤務の契約社員となったものの、初回の契約期間満了により雇止めされた事案において、裁判所は、1回も契約を更新していないものの、雇用継続の合理的な期待が生じ、解雇権濫用法理が類推適用されると判断して、地位の確認を命じたものがあり（大阪地判平成24・11・16〔医療法人清恵会事件〕、なお、大阪高判平成25・6・21は地裁維持）、明言はしていないものの、「ワーク・ライフ・バランス」を重視していると考えておくべきです。

（根本　義尚）

I 社内のトラブル

## Question 5 業務命令に従わない部下への対処法

私の部下の中に、残業代ほしさのために、日中の業務遂行を緩慢に行ったり、翌日に行えば足りるにもかかわらず、毎日のように夜遅くまで社内に滞留している従業員がいますが、課長である私は、どのように対処すればよいでしょうか。

☞ Check
・部下の労働時間管理は管理職の職責である。
・余計な残業代の発生の可能性に加え、安全配慮義務上の問題も生じる可能性があることにも意識する必要がある。
・書面による通知を行うことにより業務命令という形を明確にする。

## Answer

### 1 労働時間把握義務

会社は、従業員に対し、労務提供を受けた時間に対して賃金を支給しますが、その労働時間を把握する義務があります。労働時間把握に関する職責は管理職が担っており、部下の労働時間管理を行うことになります。そのような中、従業員が社内にいる時間帯について業務に従事しなかったこと、必要のない社内残留であることなどにつき、会社が証明できなければ、その時間は業務遂行していたと推定される可能性が高くなります。

仮に、従業員が不必要に社内に滞留していたにもかかわらず、労働時間であると労働基準監督署や裁判所に判断されてしまった場合には、残業代の問題に加え、滞留従業員に対する安全配慮義務に関する問題も生じてしまいます。具体的には、滞留従業員が夜中に社内で倒れ、不幸にも死亡してしまっ

たような場合に、毎日夜遅くまで社内にいた記録が残っていることになってしまい、過労死の認定を受け、遺族等から損害賠償請求を受ける事態にまで至ってしまう可能性もあります。そのようなリスクもあることから、会社は、従業員による無用な居残りを黙認することは避けなければならず、管理職は部下に対する労働時間管理を適切に行う必要があります。

## 2　従業員の不必要な社内滞留への対策

　上記のリスクがあること、さらには不必要な社内滞留であったとしても、そのときに管理職が社内に残っていない状況ですと、業務遂行をしていなかったと立証することは困難であることからも、会社としては、不必要な社内滞留および残業を認めるべきではありません。そのようなことを防ぐためには、一般的には以下の方法があげられ、併用するケースもあります。

① 残業することを原則として禁止したうえで厳格な許可制とする
　　この場合には、残業時間の見込み時間を記載させてその時間を過ぎた場合には帰宅させるという非常に厳格な対応をすることもある。
② 管理職も残れる場合にのみ残業を許可する制度とする
　　この場合には、管理職が帰宅する際にはそれ以降の残業は禁止する。
③ 終業時刻後一定時間経過後には社内の電源が落ちるようにする
④ 終業時刻後一定時間経過後に人事部管理職や上級管理職が見回りを行って、許可を受けた残業であるか、必要な残業であるかの確認を行う
⑤ 1カ月あたりの残業時間が一定時間を超えた場合には、管理職による従業員への面談の実施、およびその管理職者から人事部への理由の報告と翌月の改善レポートの提出を行う。

## 3　管理職および会社としての対応

　設問では「残業代欲しさのために、日中の業務遂行を緩慢に行ったり、翌日に行えば足りるにもかかわらず、毎日のように夜遅くまで社内に滞留している」ということですので、これが事実であれば、「不正に賃金を取得した」

Ⅰ　社内のトラブル

ことにもなりかねず、相当重い懲戒処分や解雇に至るような可能性もある重大な行為となります。ただ、上記のようなことが事実であると判断することは相当に難しいと思われますので、まず、管理職は、社内に滞留している従業員に対し、遅くまで残っている理由・事情等を確認します。残業に関する社内ルールに違反している場合、翌日に対応すればよい場合については、注意指導を行います。それにもかかわらず、改善しないようであれば、人事部への連絡および相談をしつつ、書面による注意を行い、必要に応じて会社として懲戒処分を実施することになっていくでしょう。それと並行して会社としては、会社の指示に反する滞留であることから、残業代を支給しないという判断をすることになります。外形上は、タイムカード等に社内にいた記録が残っているので、労働基準監督署が臨検に入ったときにも残業であると疑われるおそれがありますが、上記のように書面による注意指導を行っている証拠を残しておき、それにもかかわらず、命令に違反して滞留していることを明らかにできるようにしておく必要があります。

▶ ▶ ▷ One Point Advice

　管理職は、部下の勤務実態を把握し、終業時刻までに業務を終了させるような指示を出すことが重要な任務となります。任務遂行のためには、管理職が部下の抱えている業務内容・優先順位等を把握している必要があります。また、所定労働時間中に、部下の勤務態度に緩慢な様子や離席が見受けられるようであれば、管理職から声掛けをして所定労働時間中の労働に集中するよう指導すべきです。なお、残業や職場滞留はよくないことであるという意識を共有していくことも大切です。

（根本　義尚）

## Question 6 欠勤・遅刻を繰り返す部下への対処法

私の部下の中に、欠勤や遅刻を繰り返す従業員がおり、同僚の士気が下がってきているように見受けられます。課長である私は、どのように対応すればよいでしょうか。

☞ Check
- 口頭による注意指導、個別面談による注意指導を経て、メールや書面による注意指導を実施し、改善の機会を与える。
- 改善しない場合には、就業規則違反として懲戒処分を実施する。
- 注意指導および懲戒処分を実施しても改まらない場合には解雇も検討せざるを得ない。

## Answer

### 1 労働者による義務違反

労働者は、労働契約に基づいて使用者（会社）の指示に従って労務の提供（労働）をする義務を負っています。したがって、就業規則等に定められた就労日に欠勤したり、始業時刻に遅刻したりする行為は、義務違反となりますので、普通解雇事由となり、さらには、職場秩序の面から、正当な理由のない場合には懲戒（解雇）事由にもなり得ます。

もっとも、実社会において、数回の無断欠勤や遅刻を理由にして、会社が解雇することはないでしょうし（就業規則に、「14日以上の無断欠勤」を懲戒解雇事由として規定している会社も多いでしょう）、そのような解雇は裁判所においても無効と判断されることになります（労働契約法16条の解雇権濫用の法理の適用）。裁判所では、欠勤や遅刻の回数・頻度・期間・理由、職務に及ぼ

した影響の度合い、改善の見込みの有無、過去の懲戒処分歴や社内における先例等を考慮のうえ、解雇が有効か否かの判断がなされるので、解雇を検討する場合には、慎重な対応が求められます。しかし、会社および管理職は、職場に無断欠勤や遅刻をする従業員がいる場合、他の従業員への悪影響等を考えても、放置することはできず、対応を検討しなければなりません。

## 2　注意指導を行い、改善がなければ懲戒処分

　まず、管理職としては、欠勤や遅刻があった場合、その従業員に対し、欠勤・遅刻の理由等を確認し、正当な理由がないと判断すれば、注意指導を行うことになります。このような注意指導によって、欠勤や遅刻がなくなればよいのですが、改善しなかった場合には、次に、個別面談を実施して、厳重に注意指導をする必要があります。この面談では、それまでの欠勤や遅刻の日時を特定のうえ、就業規則に違反する行為であって、懲戒処分の対象になる行為であることを伝えて、注意指導を行い、改善するよう求めます。このときの主要な注意指導の内容等について、後日、管理職から当該従業員あてに確認のメールを送っておくことも検討してよいでしょう。さらに、そのような注意指導を行っても、改善しない場合には、書面による注意を実施することになります。そして、書面による注意を実施しても、改善しない場合には、当該従業員から勤怠不良に関する顛末書を提出させたうえで、会社として、比較的軽い懲戒処分を実施することになります。

　以上のような対応は、日頃の業務に加えて、遅刻時間等の特定や頻繁な注意指導を行うことから管理職には労力が必要となりますが、いざ解雇を検討する際には非常に重要なものとなります。

## 3　改善の見込みがなければ解雇を検討

　前記2のようなステップを踏んでも、欠勤や遅刻が改まらない場合には、重い懲戒処分を実施するか、解雇を検討せざるを得ません。解雇の検討要素については、前記1で述べたとおりですが、その中でも、これまでの注意指

導の実施状況に照らし、改善の見込みがないといえるか否かが重要となります。そのため、軽い懲戒処分を実施した後に改善をしなかったことをもって、直ちに解雇処分とするのではなく、最後通告として、前回より重い懲戒処分を実施のうえ、その通知書の中に、これまでの注意指導および懲戒処分歴を記載のうえ、最後の改善の機会を与えることとして、これで改善しなければ解雇とすることなどを記載しておくことがよいでしょう。

　もっとも、懲戒処分につきましては、軽い処分であったとしても、所属の管理職が対応できることではありませんので、人事部が主導となって対応することになります。管理職としては、遅くとも、書面による注意を実施する段階では人事部と連携を図るようにすべきです。

▶▶▷ One Point Advice

　近年、従業員から「賃金カットしてよいから休む。休めるはずだ」という主張をされているが、どのように考えればよいかといった相談を受けることが増えました。冒頭にも述べましたが、労働者は会社の指示に従って労働する義務を負っており、法律が定める休暇（年次有給休暇等）や就業規則が定める特別な休暇以外に、労働者に欠勤する権利などはありません。この点は、パートタイマーであっても同様ですので、会社としても毅然とした対応をしていく必要があると思います。毅然とした対応をとらず、欠勤する権利を認めたりするようなことがあった場合には、職場の同僚等の士気が下がることにつながりかねませんので、注意が必要です。

（根本　義尚）

Ⅰ　社内のトラブル

## Question 7　すぐに会話を録音しようとする部下への対処法

私は電子機器メーカーの営業部長ですが、営業成績が悪い部下に注意・指導をしたところ、「後で何かあると困るので、会話を録音させてもらいます」と言われ、会話内容を録音されてしまいました。

その後も営業成績が芳しくないことから、この部下に対して再度注意・指導をしようと思いますが、また録音を求められた場合、どのように対応すべきでしょうか。

☞ Check

・会話内容の録音は適切な業務指導の妨げになるので、明確に拒絶するとともに、録音の禁止を命じるべきである。

・無断録音が発覚した場合、録音データの提出を求めるべきですが、提出を強制することはできない。

・録音禁止命令にもかかわらず無断録音が続く場合には、懲戒処分や解雇も検討すべきである。

## Answer

### 1　会話を録音されることの問題点

上司が営業成績の悪い部下に対して注意・指導することは、当該部下のみならず、上司や会社にとっても必要なことです。成績の悪い部下を放置しておくと、本人のスキルや処遇の向上につながらないばかりか、上司自身も管理・監督責任を問われます。また、会社にとっても、パフォーマンス不足の

社員を放置することは業績向上にあたってのマイナス要因となります。

しかし、設問のように部下が上司の注意・指導の内容を録音した場合、当該上司が萎縮して、適切な注意・指導ができなくなる可能性があります。

また、職場における会話内容を録音することは、当該上司との関係のみならず、職場全体の雰囲気を悪化させ、円滑な業務遂行に支障を生じさせる可能性もあります。

なお、一般に、会話を相手方の承諾なく無断で録音することは、相手方のプライバシー権等の人格権を侵害するものと解されます。

もっとも、相手方に無断で録音されたテープについて訴訟における証拠能力を認めた裁判例もありますので（東京高判昭和52・7・15）、録音されてしまった場合に会話内容そのものを否定することは困難となります。

## 2　録音行為への対応

そこで、上司としては、会話の録音をはっきりと拒絶したうえで、録音を禁止する命令を出すべきです。

証拠として保存することが目的であっても、上司が録音を断っているのに部下が録音を強行した場合は、違法と評価されることになるでしょう。また、会話中に無断録音に気づいた場合は、直ちに録音の停止を求めるとともに、録音データの交付を求めるべきです。ただし、本人が提出を拒んだ場合はこれを強制することはできません。

この点、上司との面談の際に部下の録音行為が発覚したため上司がテープを取り上げ、後にこれを処分し、代わりに録音データの入っていない新たなテープを渡したという事案で、「相手方が自己の承諾なく会話内容を録音していることに気が付いた場合に、会話の自由やプライバシー権等の自己の権利を守るために、録音行為を止めさせることは正当な行為であり、違法な行為ではない」としたうえで、テープを取り上げたことについて部下の黙示の承諾があったこと、また、テープの処分は部下の所有権を侵害するものではあるが新たなテープの交付によりその損害は塡補されたことを理由に、損害

賠償責任を否定した裁判例があります（広島地判平成20・2・28）。

この裁判例では、上司が録音テープを取り上げたことについて部下の黙示の承諾があったと認定されていますが、逆に、本人の承諾なくテープを取り上げた場合は、違法な行為と評価されることになると思われます。

## 3　懲戒処分、解雇

正当な業務指導をしているにもかかわらずこれを録音することは、前述のとおり、上司の適切な注意・指導の妨げになりますし、職場環境を乱すことにもつながりかねません。そこで、録音禁止命令にもかかわらず、部下が録音の中止や録音データの提出に応じなかった場合には、懲戒処分の発動を検討することになります。さらに、数度の懲戒処分にもかかわらず、同様に録音を繰り返す場合は、解雇を検討することになります。

裁判例でも、正当な理由なく職場内での録音やビデオ撮影を繰り返し、再三にわたる中止の要請にも応じなかった従業員の普通解雇について、会社の正常な業務運営に重大な支障を来すものであったとして解雇が有効とされたケースがあります（大阪地判平成21・2・26〔Ｔ＆Ｄリース事件〕）。解雇の検討にあたっては、職場秩序や会社の正常な業務運営にどの程度の影響を与えたのかがポイントになります。

▶▶▷ One Point Advice

適切な業務指導を行うにあたって、会話内容の録音が妨げになることは明らかです。また、録音行為は相手方に対する不信感の表明ですので、職場における人間関係を悪化させます。したがって、無断録音行為については厳しく対処すべきであり、要請があった場合も安易に応じるべきではないと思います。

（内田　靖人）

## Question 8 飲み会や会社行事に一切参加しようとしない部下への対処法

当課には、職場の同僚とほとんど会話をせず、飲み会や会社の行事にも全く参加しない社員がいます。そのせいで、部署内の雰囲気が悪くなり、仕事にも支障が生じてきています。課長である私としてはどのように対応したらよいでしょうか。

☞ Check

・協調性不足が職場環境や本人および他の社員の職務遂行にどの程度の影響を与えているかがポイントとなる。
・まずは、上司による面談と注意・指導によって本人の改善を促す必要がある。それでも改善しない場合は配置転換、懲戒処分なども検討するべきである。
・以上を経ても改善しない場合は解雇を検討することになる。

## Answer

### 1 問題の所在

会社は、一定の事業を行って収益をあげることを目的としており、かかる目的の実現のためには、社員同士が協調性をもって職務を遂行することが必要であり、有益です。

ところが、設問のように協調性に欠ける社員がいると、職場の雰囲気を悪化させるばかりか、他の社員の職務遂行に悪影響を与える場合も少なくありません。特に、少人数のチームで職務を行う場合には、一人の社員が協調性に欠ける行動をとると、周りの社員の職務遂行の妨げになってしまいます。

飲み会や会社行事については、それが任意参加のものである限り、出席するか否かは本人の自由であり強制することはできません。しかし、業務に密接に関連する会社行事や懇親会のような場合は、参加しないことが本人の今後の職務遂行にとってもマイナスとなる可能性があります。

　したがって、設問のような社員の協調性不足は、単なる個性の問題として片づけるべきではなく、職場環境への影響や、本人および他の社員の職務遂行への影響といった視点から捉えることが必要になります。もっとも、協調性に欠けるというだけで直ちに社員として不適格であると結論づけるのは問題があります。また、協調性不足の原因が本人だけでなく周りの社員にあるというケースもあります。

　そこで、協調性不足の原因を探るとともに、飲み会や会社行事への不参加が、職場環境や、本人および他の社員の職務遂行に具体的にどのような影響を与えるのかを検討する必要があります。

　では、具体的にどのような対応を講じるべきでしょうか。

## 2　事実調査と上司による注意・指導

　まず、上司が本人と面談したうえで、なぜ周りと協調しないのか、なぜ飲み会や会社行事に参加しないのかについて理由を確認し、本人とよく話をすべきです。本人の家庭の事情など予想外の理由が出てくるかもしれませんので、予断をもつことなく、何度か面談の機会を設けて本人の言い分を聞くべきです。

　また、同じ職場の社員や関係者からも事情を聴取して、職場環境や業務遂行に具体的にどのような影響があるかを確認する必要があります。

　以上のような事実確認の結果、職場環境や業務遂行への悪影響があると判断した場合は、本人に対する注意・指導を行うことになります。ここでのポイントは、単に注意するだけでなく、何が問題で、周りの社員に具体的にどのような影響を与えているのかを、きちんと本人に伝えることです。もっとも、この種の社員はプライドの高い人も多いことから、指導の仕方に一工夫

が必要となる場合もあります。このような社員に対しては、一方的に断罪するような言い方は避けたほうがよいでしょう。

なお、面談の経過や注意・指導の内容は必ず面談録などの書面の形で残しておくことが必要です。

## 3　配　転

以上のような注意・指導を何度か繰り返したにもかかわらず、改善がみられない場合は、他の職場への配転を検討することもあります。もっとも、小規模な職場の場合や職務内容によっては、配転がなかなか難しいケースもあります。

## 4　懲戒処分

注意・指導を繰り返しても改善がみられず、配置転換も不可能あるいは功を奏さなかった場合は、懲戒処分を検討することになります。ここでも、いきなり懲戒解雇といった重い処分をすることは相当でなく、まずは譴責、減給などの軽い処分から検討していくべきです。

## 5　解　雇

数度の懲戒処分を経ても効果がなかった場合は、解雇を検討することになります。解雇にあたっては、就業規則上の解雇事由を満たしていることが必要となりますので、この点は必ず確認する必要があります。

協調性不足を理由とした普通解雇について、病院の助産婦が医師の指示の履行、他の看護職員との間でなされる申送り等、病院の助産婦としての役割を果たすことにおいて欠ける点があるばかりか、その欠点を改めることを拒否し、独善的、他罰的で非協力的な態度に終始したため、他の職員との人間関係を回復しがたいまでに損ない、看護職員として不可欠とされる共同作業を不可能にしてしまったとして、解雇が有効とされた裁判例があります（横浜地判平成3・3・12〔相模野病院事件〕）。

他方、貨物運送会社の運転手が上司に対して「何言ってんだ、ばかやろう」「いい加減な事していると、ただじゃおかねえぞ」などと暴言を吐いたこと等を理由に解雇された事案について、発言自体は穏当さを欠くとしつつも、会社の正常な業務運営に支障を及ぼしたとはいえないとして、普通解雇を無効とした裁判例があります（浦和地判昭和57・11・8〔大東実業事件〕）。

また、企業秩序を乱した場合には、懲戒解雇事由に該当する場合もあります（懲戒解雇が有効とされた裁判例として、大阪地決平成4・3・31〔常盤精機工業事件〕）。

協調性不足を理由とする解雇の有効・無効の判断にあたっては、①当該社員の協調性不足が職場環境や本人および他の社員の職務遂行にどの程度の悪影響を与えているか、②上司や会社による注意・指導が十分に尽くされているか、③配転や懲戒処分などにより改善を促し解雇回避の努力を尽くしたか、といった点がポイントになると思われます。

▶▶▷ One Point Advice

設問のような社員については、「あの人は変わり者だから」ということで許容され、あるいは敬遠ないし放置されるというケースもよくみられます。多種多様な個性をもつ人間が同じ場所に集まって仕事をする以上、ある程度の軋轢は不可避ともいえますが、それが仕事にも悪影響を及ぼすようであれば、会社としては見逃すわけにはいきません。

いずれにしても、この種の問題については、重大な問題に発展する前に手を打つことが肝要です。管理職としては、常日頃から職場の雰囲気や人間関係にも気を配る必要があります。

（内田　靖人）

## Question 9 セクハラトラブルの申告があった場合の対処法

当社の管理職（上司）が、部下の女性社員に飲み会で抱きついたり、しつこく食事に誘ったりしたとのことで、この女性社員からセクハラ窓口に訴えがありました。

事情聴取や当該上司に対する処分にあたって、どのような点に留意したらよいでしょうか。

☞ Check

- セクハラの申告があった場合、迅速に事情聴取に着手すべきである。加害者の配転や、被害者に対する精神的なケアについても留意する必要がある。
- 加害者の懲戒処分にあたっては、行為の態様・程度、反復・継続の有無、当事者の関係、従前の経緯、加害者本人の反省の程度等を考慮して処分内容を決定する。
- セクハラについては会社が使用者責任を追及されるケースも多く、会社が事後対応を怠った場合、損害賠償額の増額につながる可能性がある。

## Answer

### 1 事情聴取

男女雇用機会均等法11条およびこれを受けた厚生労働省「事業主が職場における性的な言動に起因する問題に関して雇用管理上講ずべき措置についての指針」（平成18年厚生労働省告示第615号）において、セクハラの申出があっ

た場合は、事実関係を迅速かつ正確に確認するとともに、加害者および被害者に対する適正な措置を講じることが求められています。

そこで、会社としては、セクハラの被害者から申告があった場合、まずは迅速に事情聴取を行うことが必要となります。

ここで、女性が被害者の場合、事案によっては同性の職員に聴取りを担当してもらう等の特別な対応が必要になることもあります。また、被害者は心に深い傷を負っていることも多く、何度も事情聴取することは本人の精神的負担を増大させるおそれがありますので、注意が必要です。さらに、セクハラの事実やセクハラを申告した事実を加害者や周囲の従業員に知られたくないという被害者の意向が表明された場合は、これを尊重して慎重に対応する必要があります。

他方、加害者の言い分を聞く際には、加害者であると決めつけて詰問するようなやり方は避けるべきです。セクハラは、行為の性質上、密室や二人きりの場面で行われることも多く、加害者と被害者の言い分が食い違うケースがあります（極端な場合、被害者側の狂言だったというケースもあります）。そのような場合に、一方の言い分のみを採用して他方の言い分を全く聞き入れないという対応をすると、後日、加害者から懲戒処分の有効性が争われた際などに問題となってしまいます。

そこで、事情聴取にあたる担当者は、一方当事者に肩入れすることなく、公平な視点で言い分を聞く必要があります。当事者以外の第三者（職場の同僚や関係者）にも事実聴取するなどして、できる限り正確な事実を把握するようにしてください。

なお、被害者が逃げたり大声を上げたりしなかったことを理由に、加害者がセクハラ行為の存在を争うことがありますが、裁判例の中には、米国における強姦被害者の対処行動に関する研究を引用し、被害者の中には、心理的麻痺状態に陥ったり、加害者を落ち着かせようとしたり説得しようとしたりする者もいることから、すぐに逃げたり大声を上げなかったことをもってセクハラ行為の存在を否定することはできないとしたものがありますので（東

京高判平成9・11・20〔横浜セクシュアルハラスメント事件〕)、かかる主張を鵜呑みにすべきではありません。

以上の事情聴取の結果は、必ず面談録等の書面に残しておくようにしてください。

## 2 加害者の処分

セクハラの申告があった場合、事実調査が完了していない段階であっても、被害拡大を防止するため、加害者を被害者とは別の事業所に異動させるなどの措置を講じることがあります。

では、事実調査の結果、セクハラ行為の存在が確認された場合、加害者に対してどのような処分を行うべきでしょうか。

この点、先に述べたような配転に加えて、降格等の人事上の処分を行うことが考えられます。

また、就業規則上の懲戒事由に該当する場合、懲戒処分の発動を検討します。

加害者に対する懲戒処分を行うにあたっては、行為の態様・程度、反復・継続の有無、当事者の関係、従前の経緯、加害者本人の反省の程度等を考慮して処分内容を決めることになります。

この点、強姦や強制わいせつのような犯罪行為に該当する場合はもちろん、たとえば、管理職にある者が、部下に対する露骨な性的発言や身体的接触を日常的に繰り返したうえ、被害者の意に反してキスをしたり、自宅付近まで押しかける等、行為態様が悪質な場合にも懲戒解雇が認められる場合があります(東京地判平成17・1・31〔日本HP社セクハラ解雇事件〕)。もっとも、セクハラを理由とした懲戒解雇を行うにあたっては、会社が平素からセクハラ防止のための諸施策を講じていることが不可欠といえます。

また、度重なるセクハラ発言を行った上司に対する普通解雇が有効とされた裁判例もあります(東京地判平成12・8・29〔A製薬(セクハラ解雇)事件〕)。

## 3 会社の損害賠償責任

　セクハラについては、加害者が被害者に対して損害賠償責任（民法709条）を負うのはもちろん、会社も、被害者から使用者責任（同法715条）ないし労働契約上の職場環境整備義務違反があったとして債務不履行責任（同法415条）を追及される可能性があります。

　ここで、使用者責任については「事業の執行について」との要件があります。設問のように、飲み会で抱きついたり、しつこく食事に誘うことは、職務に直接関連するものではありませんが、上司と部下の関係にある場合は、上司としての地位を利用して行ったものと評価され、会社の使用者責任が肯定される可能性は高いといえます。

　なお、会社が前述のようなセクハラ防止のための諸施策を講じていた場合には、使用者責任について民法715条1項ただし書の免責を主張することもありますが、実務上、この免責が認められるのはかなり限られた場合と考えられます。

　損害賠償の内容としては主に慰謝料ということになりますが、セクハラに起因して精神疾患に罹患したり、退職を余儀なくされたような場合は、逸失利益の賠償が認められる結果、賠償額が高額になる可能性があります。たとえば、セクハラに起因するPTSDの診断を受けた従業員について、4年分の給与相当額から中間利息を控除した額の5割を損害として認定した裁判例があります（岡山地判平成14・11・6〔岡山セクハラ（リサイクルショップA社）事件〕）。

　なお、関係者からの事情聴取を行わない等、会社が対応を放置したことで被害者が退職を余儀なくされたとして会社の責任を認め、1年分の給与相当額を逸失利益として認容した裁判例（青森地判平成16・12・24〔青森セクハラ（バス運送業）事件〕）もありますので、事後対応にあたっては十分な注意が必要です。

▶▶▷ One Point Advice

　上司から部下に対するセクハラは、職場における地位の優越性が背景となっていることが多いといえます。したがって、被害者が誘いに応じたことや、さほど抵抗しなかったことをもってセクハラに該当しないと即断することは非常に危険です。事実調査にあたってはこの点を念頭においておく必要があります。

　なお、セクハラ予防のためには、日常的に社員に注意喚起を行うことが有益です。前記の指針でも求められているところですが、管理職や一般職員に対する研修を随時行い、啓発に努めることが肝要です。

（内田　靖人）

Ⅰ　社内のトラブル

## Question 10　慰労のため異性の部下を食事に誘う場合の注意点

　私（男性）が課長を務めている当社の営業部に優秀な女性社員がいるのですが、当社全体の業績が思わしくないことから、今季ボーナスは減額支給となってしまいました。この女性社員には、普段から過大なノルマを一生懸命こなしてもらっているので、課長として非常に申し訳ないと思っています。そこで、慰労のためこの社員に食事をご馳走しようかと考えていますが、このような場合でもセクハラに当たってしまうのでしょうか。

☞ Check
・セクハラ該当性は、職務上の地位や両者のそれまでの関係、言動の反復・継続性、被害女性の対応等を総合的に考慮して社会的見地から不相当といえるか否かで判断される。
・慰労目的であっても、部下の受けとめ方によってはセクハラに該当する可能性もあるので、少なくとも、二人きりでの食事の誘いは避けるべきである。

## Answer

### 1　セクハラ該当性の判断基準

　セクハラについては、法律上の定義があるわけではありませんが、男女雇用機会均等法11条に基づく厚生労働省「事業主が職場における性的な言動に起因する問題に関して雇用管理上講ずべき措置についての指針」（平成18年厚生労働省告示第615号）において、セクハラには、①職場において行われる

性的な言動に対する労働者の対応により当該労働者がその労働条件につき不利益を受けるもの（対価型セクハラ）と、②当該性的な言動により当該労働者の就業環境が害されるもの（環境型セクハラ）とがあるとされています。

裁判例においても、「職場において、男性の上司が部下の女性に対し、その地位を利用して、女性の意に反する性的言動に出た場合、これがすべて違法と評価されるものではなく、その行為の態様、行為者である男性の職務上の地位、年齢、被害女性の年齢、婚姻歴の有無、両者のそれまでの関係、当該言動の行われた場所、その言動の反復・継続性、被害女性の対応等を総合的にみて、それが社会的見地から不相当とされる程度のものである場合には、性的自由ないし性的自己決定権等の人格権を侵害するものとして、違法となる」としたものがあります（名古屋高裁金沢支判平成8・10・30〔金沢セクシュアルハラスメント（土木建築会社）事件〕）。

## 2　検討と対処方法

前記の指針に照らすと、食事に誘うこと自体が直ちに対価型セクハラないし環境型セクハラに該当するとはいいがたいところです。もっとも、食事の誘いを断られたため当該女性社員との関係がぎくしゃくするようになり、その結果、人事評価等で不利益に評価されたような場合は、対価型セクハラに該当する可能性があります。

また、前記裁判例によれば、セクハラ該当性の判断にあたっては、加害者の職務上の地位や言動の反復・継続性、被害女性の対応等が考慮されます。したがって、当該女性社員がはっきりと断ったにもかかわらず、執拗に何度も食事に誘った場合には、セクハラに該当する可能性があります。

他方、部下が誘いを断らなかったからといって、セクハラに該当しないと即断することもできません。そもそも、上司と部下という関係の場合、部下は上司の食事の誘いを断りづらいことが通常です。誘った側は性的な意図が全くないとしても、誘われた側がそのように受け止めるとは限りません。この点を考慮しないまま食事に誘った結果、セクハラの申告がなされたとした

*141*

ら、セクハラと認定されるか否かはともかく、管理職として脇が甘かったといわれても仕方ないところです。

　また、食事に誘ったことが同じ部署の他の社員にも伝わると、部署内の雰囲気や人間関係に悪影響が生じ、円滑な業務遂行に支障を来す場合もあります。

　したがって、管理職としては、少なくとも、二人きりでの食事に誘うことは慎むべきでしょう。また、慰労ということであれば、日常会話の中で仕事ぶりを褒めるという方法で十分効果を上げることができると思います。

▶▶▷ One Point Advice

　セクハラについては、上司と部下の関係にあるケースが圧倒的に多いところです。その背景として、職務上の力関係から、上司が部下に対してそのような行為に及びやすく、部下もこれを断りづらいという背景があります。

　したがって、部下の女性が誘いに応じたとしても、後で「断りづらかった」と言われる可能性があります。管理職としては、「君子危うきに近寄らず」ということを肝に銘じるべきであると思います。

（内田　靖人）

## Question 11 特定の社員の言いなりになる上司への対処法

当社のある部署の課長が、部下の女性と恋愛関係にあるようで、その女性の言うことばかりを聞き、他の社員の言うことに耳を傾けません。その結果、この女性と仲がよい社員だけが昇進し、逆に、この女性に気に入られなかった社員は、別の部署に配転され、あるいは降格されるなどの不利益を受けています。どのように対処したらよいでしょうか。

☞ Check
・不公平な人事権の行使は職場秩序や会社の業務遂行に悪影響があり、問題を放置することなく、上司への事情聴取を行う必要がある。
・調査の結果、管理職として不適格であると認められた場合は、配転や降格によって対応すべきである。また、場合によっては懲戒処分も可能である。

## Answer

### 1 上司への事情聴取

設問のように、ある管理職が特定の部下と親しい関係にあるために、人事や処遇の面で不公平が生じているというケースがあります。

このような場合、処遇に不公平が生じているとしても、これが部下と恋愛関係にあることに起因するものか否かについては、当該上司の内心やプライベートな問題にかかわりますので、確証をつかむことが難しい場合が多いと思われます。

Ⅰ　社内のトラブル

　とはいえ、このような上司の対応を放置しておくと、当然ながら職場の士気は低下し、会社の業務遂行にも悪影響を与えることになります。そこで、会社としても何らかの対応を考えざるをえません。

　そこで、まずは当該上司の上司に当たる管理職や役員が面談を行って、会社の問題意識を伝えるとともに、事実関係を確認すべきでしょう。

　人事評価や昇進・降格については、内規等でさまざまな基準を決めている場合も多いと思います。そのような場合には、当該基準に照らして、上司が適切に人事権を行使しているか否かを事後的に検証することが可能であると思います。かかる基準がない場合でも、部下の昇進や配転、降格の理由について当該上司から具体的事実を聴取し、合理的な理由があるか否かを確認する必要があります。

## 2　上司に対する処分

　以上のような確認・検証を経た結果、当該上司の人事権行使に合理的な理由がないと判断された場合は、少なくとも管理職としては不適格であるといえますので、他部署への配転や管理職からの降格といった対応が考えられます。

　また、上記のような不公平な処遇は、職場秩序や会社の業務遂行にも悪影響を与えますので、合理的な理由がない人事権行使が続いた場合には、上司に対する懲戒処分も検討する必要があります。もっとも、前述したとおり、不公平な処遇の動機が部下の女性との恋愛関係にあるということについて確証をつかむことは困難ですし、そのような事実が確認できたとしても、その恋愛関係にあるということによって職場秩序を乱したなどの事象があれば格別、そうでなければ恋愛関係にあること自体が直ちに懲戒事由に該当するとはいえないと思います。むしろ、合理性を欠く人事権の行使によって職場秩序が乱されたことが懲戒事由になると思われます。

## 3　セクハラに該当するか

　設問のように、上司が部下との恋愛関係に起因して不公平な人事を行った場合、これはセクハラに該当するのでしょうか。

　恋愛関係にある女性部下については、その関係が自由意思によるものである限り、セクハラには該当しないことになりますし、降格・配転された部下との関係でも、この上司からの性的な言動が存在しない限り、セクハラには該当しないと考えられます。もっとも、不公正な人事権行使であるとして配転や降格処分の有効性が争われるリスクもあることから、セクハラに該当しないからといって、設問のような問題を放置することは不適切です。

▶▶▷ One Point Advice

　人事権行使については使用者の裁量が認められることから、実際には、公平・不公平の線引きはなかなか難しいところです。会社としては、人事考課の基準を明確化し、評価者の主観によって評価が歪められることのないような人事評価システムを確立しておくことが重要であると思います。

（内田　靖人）

# Question 12 上司から激しい誹謗中傷を受けている部下への対処法

私は営業部長ですが、営業部の社員が、上司の営業課長からいつも怒鳴られ、他の社員の面前で「能なし」「小学校からやり直せ」などと激しい誹謗中傷を受けています。
このような場合はどのように対処したらよいでしょうか。

☞ Check

・適法な業務指導との境界線はあいまいですが、社会通念に照らし、業務の適正な範囲を越えた言動であると認められた場合はパワハラに該当する。
・パワハラに該当する可能性のある事案については、迅速な事実調査を行うとともに、加害者に対する処分を検討する必要がある。
・パワハラは放置すると事態の深刻化を招くことが多いため、相談窓口を設けるなどして事案の把握に努めることが重要である。

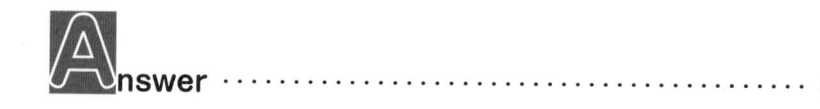

# Answer

## 1 パワハラの意義

設問の営業課長の言動は、いわゆるパワハラに該当する可能性があるものです。

パワハラについていまだ法律上の定義はありませんが、厚生労働省「職場のいじめ・嫌がらせ問題に関する円卓会議ワーキング・グループ報告」(平成24年1月30日)では、「職場のパワーハラスメントとは、同じ職場で働く者に対して、職務上の地位や人間関係などの職場内の優位性を背景に、業務の

適正な範囲を超えて、精神的・身体的苦痛を与える又は職場環境を悪化させる行為をいう」とされています。

　ここで問題となるのは、「業務の適正な範囲を超えて」という点です。しばしば問題となるのは、上司がミスをした部下に対し注意・指導を行う際に、熱意のあまり、いささか過激な言葉を発してしまったようなケースです。

　他方、パワハラに該当するとは思えないようなささいな言動を逆手にとられて、労働者から「パワハラにより精神疾患に罹患した」などと主張されることもあります。

　結局、社会通念によって判断するほかないと考えられますが、設問のように、「能なし」「小学校からやり直せ」などという発言は、相手の人格を否定する内容を含んでおり行き過ぎの感を免れず、適正な業務指導を越えた違法なものと評価される可能性があります。

## 2　事実調査

　会社は、労働契約の付随義務として、労働者に対して、働きやすい職場環境を整えるよう配慮する義務を負っています（職場環境整備義務）。そこで、パワハラの疑いがある事案や、社員からパワハラの申告があった事案については、セクハラの場合と同様、迅速に事実調査に着手することが必要となります。

　事実調査にあたっての留意点は、セクハラ事案における事実調査と基本的に同様に考えてよいと思います。すなわち、①当事者の言い分を聴取すること、②同じ職場の第三者からも事情聴取すること、③聴取内容を面談録等の書面に残しておくことです。

　特に、②第三者の事実認識は重要です。セクハラと違って、パワハラの場合は他の社員の面前で行われることが比較的多く、また、当該上司と部下との間の日常的な人間関係は、同じ職場の第三者が一番よく把握していると考えられるからです。もっとも、同じ部署の社員は、上司からの報復や被害を恐れてなかなか事実を語ることが難しい場合もあると思います。事情聴取に

あたっては秘密保持に十分に配慮する必要があるでしょう。

## 3　上司に対する処分

　調査の結果、上司の言動が行き過ぎであり、パワハラに該当すると認定された場合は、当該上司の処分を行うことになります。

　発言内容から当該上司が管理職として不適格と認められた場合は、配転により別の部署に異動させることや、管理職から降格させることを検討します。

　なお、事実調査や処分を待っていては被害が拡大するおそれがあるケースでは、応急措置として、配転によって加害者と被害者との切り離しを行うことも検討すべきでしょう。

　また、当該言動が就業規則上の懲戒事由に該当する場合には、懲戒処分の発動を検討します。設問のような言動のみでは困難ですが、さらに部下の人格を否定するような悪質な言動があった場合や、暴行等の有形力の行使があった場合には、懲戒解雇もあり得ます。

## 4　会社の損害賠償責任

　パワハラの場合も、セクハラと同様、加害者は被害者に対して損害賠償責任（民法709条）を負い、会社は、被害者から使用者責任（同法715条）ないし労働契約上の職場環境整備義務違反としての債務不履行責任（同法415条）を追及される可能性があります。

　なお、パワハラによって労働者が精神疾患に罹患したり、自殺するといったケースも珍しくありません。そのような場合は、損害賠償額が極めて高額になる可能性があります。

　裁判例でも、3年近くにわたる冷やかし、からかい、嘲笑、悪口、暴力などのいじめの結果、自殺した被害者について、1000万円の慰謝料を認めた（ただし、使用者が責任を負うのは500万円のみとした）ケースがあります（さいたま地判平成16・9・24〔誠昇会北本共済病院事件〕）。

　また、パワハラの結果、被害者が精神疾患に罹患して休業を余儀なくされ

たような場合は、休業損害も認められる可能性があります（既発生分のみで500万円以上の休業損害を認めた例として、名古屋地判平成17・4・27〔U福祉会事件〕）。

　パワハラは放置すると被害が深刻化することが多いため、会社としては、相談窓口の設置や定期的な匿名アンケートの実施などにより事案の把握に努めるとともに、悪質な事案については厳正に対処することが必要となります。

▶▶▷ One Point Advice

　パワハラについては、「自分だって昔はもっとひどいことを言われたけれど我慢してきたんだ」という話をしばしば耳にします。このようにかつては受忍されてきた注意・指導のやり方が、社会通念の変化に伴い、パワハラとされてしまうこともあります。

　しかし、業務上の注意・指導の一切を「パワハラ」という言葉で片付けることには違和感を覚えます。職務遂行能力や社会人としての資質の向上のために、ときには厳しい指導が必要な場合もありますし、上司としてもそのような場合にはこれを躊躇すべきではありません。

　このような注意・指導についてまでパワハラといわれないようにするためには、管理職研修等を通じて、より効果的でリスクの少ない注意・指導の方法を考えていくことが大切であるように思います。

（内田　靖人）

I 社内のトラブル

# Question 13 上司から不正取引を命じられた場合の対処法

私は資材販売会社の営業課長ですが、上司の営業部長が、在庫商品の横流しにより代金を着服していることがわかりました。今回、部長から、この取引に関する虚偽の在庫処理を命じられたのですが、応じなければならないのでしょうか。

☞ Check

・上司の業務命令権も無制約ではなく、違法行為を命じるものは権利濫用として無効となるので、不正取引を命じる業務命令は拒絶すべきである。
・会社は従業員から不正取引の申告があった場合、速やかに事実調査を行い、事実が確認された場合は行為者に対する処分を行う必要がある。
・申告を行った従業員に対する不利益取扱いは、公益通報者保護法により無効とされる可能性があります。

# Answer

## 1 業務命令権の限界

労働契約においては、使用人は使用者の指揮命令の下で労務を提供する義務を負っており、原則として使用者の業務命令に従う義務があります。正当な理由なく業務命令に従わない場合は、懲戒処分の対象にもなりえます。

しかし、使用者の業務命令権も無制限に認められるものではなく、違法行為を命じるものや、業務上の必要性に乏しいもの、労働者に無用の精神的・身体的苦痛を与える内容のものは、権利濫用（労働契約法3条5項）として

無効となる場合があります。

　設問では、上司である営業部長が在庫商品の横流しによって代金を着服しており、これは、窃盗ないし業務上横領に該当する行為です。

　したがって、これに関連する虚偽の在庫処理を命じる上司の命令は違法なものであり、権利濫用として無効になりますので、当該上司の命令に応じるべきではありません。仮に、営業課長がこれに協力した場合、窃盗ないし業務上横領の共犯として刑事責任を負わされることにもなりかねません。

## 2　会社の内部窓口等への相談

　では、上司からかかる不正取引を命じられた社員はどのように対応すべきでしょうか。

　まず、当該上司の上長、担当役員等に相談するか、公益通報窓口やコンプライアンス窓口がある場合はこれらに相談するという方法が考えられます。

　なお、内部統制システムの一環として、会社法上の大会社については、使用人の職務の執行が法令・定款に適合することを確保するための体制を整備しなければならないとされています（会社法348条3項4号・4項、会社法施行規則98条1項4号）。したがって、従業員の不正行為は一個人の問題にとどまらず、役員の個人責任や会社の損害賠償責任にもつながる可能性があります。

　相談を受けた場合、会社は、迅速に事実調査を開始し、行為者に対する適切な処分を行う必要があります。

## 3　懲戒処分

　従業員からの相談を受けた場合、会社は、対象事実の調査を行い、事実であると確認した場合は、当該上司に対する懲戒処分を行うことになります。不正取引の内容・程度にもよりますが、設問のように犯罪行為に該当する重大な非違行為の場合は、懲戒解雇を検討することになるでしょう。

　他方、上司からの命令を拒絶した部下について、業務命令違反を理由に懲戒することは可能でしょうか。そもそも前述のとおり業務命令そのものが無

効とされる場合、それに従わないこと自体が業務命令違反に問われることはありません。また、申告（通報）そのものを処分の対象とすることについては、公益通報者保護法において、公益通報を行った従業員に対する解雇等の不利益取扱いが禁止されています（同法3条～5条）。

企業内部における通報が保護されるための要件は、①不正の利益を得る目的、他人に損害を加える目的、その他不正の目的でないこと、②通報対象事実が生じ、またはまさに生じようとしていると思料したことです（公益通報者保護法2条・3条1号）。また、②の通報対象事実とは、個人の生命または身体の保護、消費者の利益の擁護、環境の保全、公正な競争の確保その他の国民の生命、身体、財産その他の利益の保護にかかわる法律に規定する犯罪行為の事実または犯罪行為となりうる規制違反をいいます（同法2条3項）。

設問のように、窃盗ないし業務上横領に該当する行為を申告した者は、上記①、②の要件を満たすことになりますので、この者に対する懲戒処分は、公益通報保護法5条にいう「不利益な取扱い」に該当し、無効となります。

▶▶▷ One Point Advice

従業員の不正取引が発覚した場合は迅速な対処が必要です。メディア等に公表されてしまった場合には、会社の信用や社会的評価は失墜し、これを回復することは極めて困難となります。

事前予防策としては、コンプライアンス窓口等の設置とともに、従業員に対する研修等を通じて法令遵守の意識を徹底させることが必要です。

（内田　靖人）

## Question 14 過大なノルマを課す、閑職へ追いやる上司への対処法

当社の営業部長は、部下の営業社員に対し、とても達成できないような過大なノルマを課したり、自分の意に沿わない部下を閑職に追いやったりしているため、せっかく採用した営業社員が次々と辞めてしまい定着してくれません。
会社としてはどのように対処すればよいでしょうか。

☞ Check
- 会社の利益のためにも部下の利益のためにも、ノルマは適正な水準にする必要がある。
- 営業部長が自分の意に沿わない部下を閑職に追いやることは権限逸脱行為であり到底、容認することはできない。
- まずは十分な事情聴取等の事実調査を行い、問題がある場合は注意指導教育をしてから、軽めの懲戒処分に処したり、人事権を行使して営業部長から外したりして対処するのが原則。

## Answer

### 1 過大なノルマの問題点

営業社員に対し一定のノルマを課すこと自体は合理的なことであり、営業部長にしてみれば、ノルマを達成できるだけの高い能力とやる気のある社員だけ残ればよいという発想なのかもしれません。
しかし、とても達成できないような過大なノルマを部下に課すことに経営上の合理性はなく、部下のモチベーションが上がらず営業成績を高めること

ができなかったり、せっかく費用をかけて採用し、育成した部下が次から次に辞めてしまったりする可能性が高くなります。これは、効率的な会社運営のみならず、部下のキャリア形成にとっても大きなマイナスとなります。

また、ノルマを達成するために恒常的な長時間労働に従事していた部下の営業社員が精神疾患や脳・心臓疾患を発症した場合には、業務と疾患発症との間の相当因果関係（業務起因性）が肯定されて労働災害（労災）となり、さらには会社が安全配慮義務違反や使用者責任を問われて損害賠償請求を受ける可能性もあります。

部下の営業社員が自腹で商品を買い取らないとノルマを達成することができないような場合は、「自爆営業」を強要するブラック企業といった悪評が立てられて企業イメージが悪化し、顧客の獲得や新規採用活動に支障を来すことになりかねません。

さらに、過大なノルマを達成するために営業社員が長時間労働を余儀なくされれば、当該業務を遂行するためには通常所定労働時間を超えて労働することが必要となる（労働基準法38条の2第1項ただし書）と評価されて、事業場外労働みなし労働時間制を採用している場合であっても、時間外割増賃金の支払いが必要となる可能性が高くなります。

会社の利益のためにも、部下の利益のためにも、ノルマは適正な水準にする必要があるのです。

## 2　閑職に追いやることの問題点

営業部長が自分の意に沿わない部下を閑職に追いやるのを会社として容認することができないのはいうまでもありません。会社は営業部長の私物ではありませんので、営業部長が自分の意に沿わない部下を合理的理由なく閑職に追いやることは権限逸脱行為であり、これを放置していたのでは、一体、誰の会社なのかわからなくなってしまいます。最悪の場合、営業社員は、営業社員として会社に残ろうと思った場合、会社の利益のために働くのではなく、営業部長の意に沿った形で働くことを優先することになりかねません。

また、部下を閑職に追いやることは、当該部下のキャリア形成を阻害することになります。当該措置に合理的理由がないのであれば不法行為が成立し、会社も安全配慮義務違反や使用者責任を問われて損害賠償義務を負う可能性があります。

## 3 具体的対処方法

### (1) 情報収集の重要性

部下の離職率が高いなどの問題がある場合には、何らかの問題が生じている可能性が高いですので、営業部長から十分に事情を聴取する必要があります。情報を収集しないことには、的確に対処することはできませんので、事情聴取を躊躇してはいけません。

設問のような問題は、部下の営業社員からの申告がなければ問題の存在自体把握できず、対応が遅れることになりかねませんので、社内の相談窓口や社外の弁護士窓口を設置するとともに、社員が安心して相談できる雰囲気をつくっておくとよいでしょう。

### (2) 事情聴取と注意指導

過度のノルマを課しているのではないかという点については、ノルマの達成率、ノルマとして設定した数値の具体的根拠、離職率が高い理由、離職率を下げる方法として考えられること等を、意に沿わない部下を閑職に追いやっているのではないかという点については、部下を閑職に追いやった事実の有無、その具体的理由等を聴取することになります。営業部長の説明に不合理な点がみつかった場合には、注意指導して是正を促します。あわせて、営業社員からも、ノルマの達成率、業務遂行のため通常必要となる労働時間、自爆営業の有無、離職率が高い理由、離職率を下げる方法として考えられること、営業部長が意に沿わない部下を閑職に追いやっているのかどうか等を聴取し、営業部長の説明と営業社員の説明の整合性をチェックします。

注意指導した結果、営業部長の言動が大きな問題はない程度に改善された場合には、通常の注意指導教育をその後も継続していけば足りるでしょう。

営業部長のしていたことが悪質な場合は懲戒処分に処することも考えられますが、会社が営業部長を放置していて十分な注意指導教育をしてこなかったというような経緯がある場合には、重い懲戒処分は懲戒権濫用により無効（労働契約法15条）となる可能性がありますので、懲戒処分に処するにしても軽めのものにとどめるべきことが多いのではないかと思います。

### (3) 注意指導しても営業部長の言動が改まらない場合の対応

営業部長の理解不足、マネジメント能力不足が原因で注意指導しても営業部長の言動が改まらない場合は、十分に注意指導するだけでなく、管理職研修を受けさせるなどして教育していきます。いくら注意指導教育しても問題点を理解できないようであれば、管理職としての適格性が欠如していると考えられますので、人事権を行使して営業部長から外すなどの措置が必要となります。入社当初から営業部長として地位を特定して高給で採用したような場合は、人事権を行使して営業部長から外し、他の職位に降格するあるいは異動するという対応では地位を特定して採用した意味がなくなりますので、退職勧奨や解雇で対処することを検討してもよいかもしれません。

注意指導しても営業部長の言動が改まらない原因が営業部長の思い上がりによるものであり、「現場に口を出さないでください」等と言って、経営者に対しても反抗的・挑戦的態度をとり続けるような場合は、懲戒処分に処するとともに、人事権を行使して営業部長から外すなどの措置が必要となります。それでも態度が改まらない場合は、そのつど、懲戒処分に処してから退職勧奨または解雇を検討することになります。入社当初から営業部長として地位を特定して高給で採用したような場合は、上記のように退職勧奨や解雇での対応を中心に検討する必要もあるでしょう。

## 4 事前の予防方法

部下の営業社員に対し、とても達成できないような過大なノルマを課したり、自分の意に沿わない部下を閑職に追いやったりしている営業部長がいる会社は、当該営業部長の上司が営業部長に営業部門を任せきりにして、十分

なチェック機能を果たしていない傾向にあります。確かに、上司が何もしなくても特定の人物が特定の部門をうまく取り仕切ってくれるのであれば楽かもしれませんが、上司として当然行うべき職務を怠っているといわざるを得ません。

「いちいち管理せずに、現場のことは現場の自主性に任せたほうがうまくいく」等と言って、特定の管理職に特定の部門を任せきりにしていたところ、当該管理職の縄張り意識や自分のお陰で会社が儲かっているという意識が強くなり、上司の言うことを聞かなくなったり、情報を上司に隠したり、顧客に対し上司の悪口を言ったり、横領等の不正行為を行ったり、新入社員に仕事を教えず何人も虐めて辞めさせてしまったりして困っているといった事案が発生することは珍しくありません。設問のような営業部長が出てこないようにするためには、当該営業部長の上司が営業部長をしっかり監督し、問題があれば丁寧に注意指導して改めさせることが必要不可欠です。

上級管理職の立場にある者は、部下の管理職により新入社員が仕事を教えてもらうことができないまま虐められて何人も辞めさせられてしまうといった事態にならないようにする責任を負っているのだという意識を強くもつ必要があります。

▶▶▷ One Point Advice

特定の部門の管理職が部下にとても達成できないような過大なノルマを課したり、自分の意に沿わない部下を閑職に追いやったりする事態は、当該管理職の上司が十分なチェック機能を果たしていれば、そう簡単に生じるものではありません。部下の管理職を信頼して仕事を任せるということと、上司が部下の管理職のチェックを怠り放置するということとは、全く違うことなのだという認識が重要なように思います。

（藤田　進太郎）

I 社内のトラブル

## Question 15 社長から部下を解雇するように言われた場合の対処法

社長から、管理職である私に対し、部下を解雇するように指示されましたが、解雇できるだけの理由が見当たりません。このような場合、どのように対処すればよいでしょうか。

☞ Check

・解雇が有効となるためには、解雇に客観的に合理的な理由があり社会通念上相当なものであることが必要となる。
・中小企業にとって訴訟で解雇が無効と判断された場合の負担は大きい。
・解雇できるだけの理由がない場合に辞めてもらうためには、退職勧奨して合意により退職してもらう。

## Answer

### 1 解雇の有効要件

　解雇が有効となるためには、解雇に客観的に合理的な理由があり社会通念上相当なものであることが必要となります。
　これは解雇権濫用法理といわれるもので、従来から判例法理として認められてきましたが、現在では労働契約法16条において、「解雇は、客観的に合理的な理由を欠き、社会通念上相当であると認められない場合は、その権利を濫用したものとして、無効とする」と明文で規定されています。解雇に客観的に合理的な理由がない場合は、解雇事由に該当しない、または、解雇権を濫用しているものとして、解雇は無効となります。
　客観的に合理的な理由があるというためには、労働契約を終了させなけれ

ばならないほど能力不足、勤務態度不良、業務命令違反等の程度が甚だしく、業務の遂行や企業秩序の維持に重大な支障が生じていることが必要であり、会社経営者が主観的に解雇する必要があると判断しただけでは足りません。また、解雇事由として主張する事実は、いつ、どこで、誰が、何を、どのようにしたのかをできる限り特定して主張立証できるようにしておく必要があります。

客観的に合理的な理由の存在を証明するためには、客観的証拠が必要となるのが通常です。会社関係者の証言、陳述書も証拠となりますが、証明力が低く評価される傾向にありますので、過大評価しないようにする必要があります。

## 2　解雇が無効と判断された場合の法律関係

解雇が無効と判断された場合、労働者が労働契約上の権利を有する地位にあること（在職中であること）が確認されるのが通常です。

また、使用者は賃金支払義務を免れず（民法536条2項）、労働者が実際には働いていない期間についての賃金についても、支払わなければならなくなるのが原則です。説明のため概要を単純化して説明しますと、たとえば、月給30万円の従業員について、解雇の1年後に解雇が無効と判断された場合、すでに発生している過去の賃金だけで、30万円×12カ月＝360万円の支払義務を使用者が負担するリスクを負っており、その後も毎月30万円ずつ支払額が増額されていくリスクがあることになります。ノーワーク・ノーペイが適用される場面ではありません。

解雇が無効と判断された場合に解雇期間中の賃金として使用者が負担しなければならない金額は、当該社員が解雇されなかったならば労働契約上確実に支給されたであろう賃金の合計額です。基本給や毎月定額で支払われている手当のほとんどは支払わなければならないと考える必要があります。

## 3 解雇できるだけの理由がない場合に辞めてもらう方法

### (1) 退職勧奨と合意退職の成立時期

　解雇できるだけの理由がない場合であるにもかかわらず部下に辞めてもらいたい場合は、退職勧奨して合意により退職してもらうことになります。

　退職勧奨とは、一般に、使用者が労働者に対し合意退職の申込みを促す行為（申込みの誘引）をいいます。退職勧奨が合意退職申込みの誘因と評価できる場合には、部下が退職勧奨に応じて退職を申し込み、使用者が部下の退職を承諾した時点で退職の合意が成立することになります。

　退職勧奨を合意退職の申込みと評価できる場合もあり、この場合には基本的に部下が退職届を提出するなどして退職を承諾した時点で合意退職が成立することになります。なお、参考までに実務上の傾向をお話ししますと、労働者側が退職の効力を争っている場合には、裁判所は、労働者に有利に解釈し、合意退職の成立時期を遅らせる傾向にあります。

### (2) 合意退職申込みの撤回

　退職勧奨が合意退職申込みの誘因と評価された場合には、退職勧奨を受けた部下が退職届を提出して合意退職を申し込んだとしても、部下の退職に関する決裁権限のある人事部長や経営者が退職を承諾するまでの間は退職の合意が成立していないことになりますので、部下の退職に関する決裁権限のある人事部長や経営者が退職を承諾するまでの間は、信義則に反するような特段の事情がない限り、合意退職の申込みの撤回が認められます。部下が退職勧奨に応じた場合は、退職届を提出させ、直ちに決済を得たうえで、退職届受理通知を交付してください。

### (3) 錯誤無効・強迫取消し等

　退職した労働者から錯誤無効（民法95条）や強迫取消し（同法96条）等の主張がなされることがありますが、退職届が提出されていれば、合意退職の効力が否定されるリスクはそれほど高くありません。退職届が提出されているにもかかわらず退職の効力が否定される典型的事例は、「このままだと懲

戒解雇は避けられず、懲戒解雇だと退職金は出ない。ただ、退職届を提出するのであれば、温情で受理し、退職金も支給する」等と労働者に告知して退職届を提出させたところ、退職時の会話が無断録音されていて、懲戒解雇できる事案であることを訴訟で立証できなかったケースです。人事担当者らから「職を辞して懲戒解雇を避けたいのか、手続を進めるのか」等と言われて自主退職しなければ懲戒解雇されると信じてした退職の意思表示が錯誤により無効とされた裁判例として、富士ゼロックス事件（東京地判平成23・3・30）があります。また、懲戒解雇に相当する事由が何ら存しないにもかかわらず、懲戒解雇のあり得ることやその場合の不利益を告知して退職願いを提出させた事案において、退職の意思表示は違法な害悪の告知の結果であって、強迫による意思表示として取り消し得るとした裁判例として、澤井商店事件（大阪地決平成元・3・27）があります。有効に解雇できるような事案でない限り、退職勧奨するにあたり、「解雇」という言葉は使うべきではありません。

(4) 無断録音

退職勧奨のやりとりは、無断録音されていることが多く、録音記録が訴訟で証拠として提出された場合は、証拠として認められてしまうのが通常です。退職勧奨を行う場合は、録音されている可能性があることを肝に銘じ、決して感情的にならないよう普段以上に心掛け、無断録音されていても不都合がないようにしてください。

(5) 退職勧奨の違法性

退職勧奨を行うことは、不当労働行為に該当する場合や、不当な差別に該当する場合などを除き、労働者の任意の意思を尊重し、社会通念上相当と認められる範囲内で行われる限りにおいて違法性を有するものではありませんが、その説得のための手段、方法がその範囲を逸脱するような場合には違法性を有し、使用者は当該労働者に対し、不法行為等に基づく損害賠償義務を負うことがあります。

Ⅰ　社内のトラブル

### (6) 退職勧奨のポイント

　解雇できるだけの理由がない場合であるにもかかわらず部下に辞めてもらいたい場合は、部下が合意退職に応じなければ辞めさせることができませんから、合意退職を断られて手詰まりとなったり、退職にあたり支払う解決金の金額が高額になったりしやすい傾向にあります。また、強引な手段により退職させようとしがちで、退職の申込みの撤回が認められたり、錯誤無効、強迫取消しが認められて退職の効力が否定されたり、退職勧奨が違法と評価されて損害賠償義務を負うことになる可能性も高くなります。したがって、退職勧奨で辞めてもらう場合であっても、十分な注意指導、懲戒処分を積み重ね、解雇するときと同様の手順を踏み、できる限り有効に解雇することができる状況をつくっていくべきです。

　なお、部下を解雇できるだけの理由がない場合であっても、まずは部下を解雇して解雇の効力が争われたら金銭で解決するという方法が結果としてうまくいくこともありますが、乱暴なやり方のうえ、部下が金銭解決に応じず、最後まで職場復帰を求め続けた場合には退職させることができませんので、このような方法はできる限り避けたいところです。

## 4　管理職の具体的対処方法

　管理職の立場としては、以上のような内容を経営者に伝えたうえで、経営者の判断に従った対応をするのが基本となると思います。

　社内の人間の言うことでは社長が聞く耳をもたない場合は、会社経営者側で労働問題を多く取り扱っている弁護士にアドバイスを求め、弁護士からのアドバイスを社長に伝えるとよいでしょう。

▶▶▷ One Point Advice

　有効に解雇を行うためには、いつ、どこで、誰が、何を、どのようにしたのかといった解雇事由に該当すべき客観的事実を客観的証拠により主張立証できるようにしておく必要があります。また、解雇が無効と判断された場合

の会社の負担は、中小企業にとっては思いのほか大きなものとなります。したがって、部下を解雇できるだけの理由がないと思われる場合に解雇に踏み切ることは、原則としておすすめできません。

　経営者、上司、同僚、部下、取引先等の証言の証明力は低く評価されることが多いので、部下の問題点を証言してもらえるというだけでは、解雇に合理的な理由があることを主張立証するのは困難なケースが多いというのが実情です。会社関係者が証言を過大評価していることがありますので、注意が必要です。

　有効に解雇することができなくても退職勧奨して辞めさせることができることがあるのは事実ですが、有効に部下を解雇することができない事案では退職勧奨に応じてもらえる可能性が低くなり、解決金の額も高額になりやすいことに留意する必要があります。

（藤田　進太郎）

Ⅰ 社内のトラブル

## Question 16 上司から飲み会で飲酒を強要された場合の対処法

飲み会で部下が飲酒を断っているにもかかわらず、執拗にお酒を飲ませようとする上司に対し、会社や部下はどのように対処すればいいのでしょうか。

☞ Check

・飲酒強要は部下の勤労意欲を低下させ、離職率を高める。
・飲酒強要禁止は「建前」ではなく、社員として当然守らなければならないルールであることがわかるよう、会社社長や役員が社内に向けて繰り返しメッセージを発信する必要がある。
・部下は飲酒を断って構わないが、可能な限り折り合いをつける努力をするのが大人の対応。

## Answer

### 1 飲酒強要の問題点

(1) 人間関係の悪化

上司と部下が酒食をともにすることは、普段の仕事とは違った打ち解けた雰囲気での親密なコミュニケーションを促し、円滑な人間関係の形成に資する面がありますが、体質上、お酒を全く飲めない人もいますし、お酒が弱いだけである程度は飲める人であっても、体調や気分次第では飲酒したくないこともあり、いっしょにお酒を飲みさえすれば人間関係がよくなるというものではありません。お酒の最低限のマナーを守れない飲み方、飲ませ方をすれば、かえって人間関係が悪化してしまうこともあります。

勤務時間外の飲み会で部下が飲酒しなければならない労働契約上の義務がないことは明らかですから、部下が飲酒を断っているにもかかわらず、上司が執拗にお酒を飲ませようとすることは、部下の意向を無視して義務のないことを行わせようとしているに過ぎず、何らの法的根拠もありません。

　部下が業務として上司の指揮命令の下、接待などに従事しているような場合には、部下も飲酒することが業務遂行上望ましい場合もあり得ますが、飲酒というものの性質上、通常は上司が部下に対して強要できる性質のものではないのではないかと思われます。

　上司が部下に対して飲酒を強要すれば、上司、職場環境、さらには会社そのものに対する部下の評価や就労意欲が低下し、他によい職場があるのであれば転職しようという気持ちにさせかねません。

　(2)　法的リスクとレピュテーションリスク

　また、飲み会で上司が部下に飲酒を強要した結果、部下が体調を崩したり精神的にダメージを受けたりすれば、その程度にもよりますが、使用者責任（民法715条）や安全配慮義務違反（同法415条）に基づく損害賠償義務を負う可能性があります。東京高判平成25・2・27〔ザ・ウィンザー・ホテルズインターナショナル（自然退職）事件〕は、上司が極めてアルコールに弱い体質の部下に対し執拗に飲酒を強要したことなどについて会社の使用者責任を認め、慰謝料150万円の支払いを命じています。東京地判平成24・3・9〔同事件〕では飲酒強要の点については不法行為とは認めなかったのですが、東京高裁での判決は、部下が少量の酒を飲んだだけでも嘔吐しており、上司は、部下がアルコールに弱いことに容易に気づいたはずであるにもかかわらず、「酒は吐けば飲めるんだ」などと言い、部下の体調の悪化を気にかけることもなく、再び部下のコップに酒を注ぐなどしており、これは、単なる迷惑行為にとどまらず、違法というべきであるとして不法行為による損害賠償責任を認めています。上司が部下に飲酒を強要することに合理的理由は元々ありませんが、上司としては、最低限、部下がアルコールに弱いことに気づいたら飲酒をすすめるのをやめるといった程度の配慮は必要となってくるものと

思われます。

　さらに、飲酒強要により部下が体調を崩したり、精神疾患を発症したりして損害賠償請求訴訟が提起され、判決において会社の責任が認められた場合は、社内で飲酒強要がなされた事実が世間一般に知られるところとなり、新規採用や顧客獲得に支障を来すなどのレピュテーションリスク（悪評による損失発生の危険）を負うことにもなります。

　飲み会の席での飲酒強要であっても、上司と部下との間の個人的問題では済まないことは珍しくなく、会社が紛争の当事者とされて、訴訟では被告として防御活動を展開しなければならないリスクを負っていることに留意する必要があります。

## 2　会社の具体的対処法

　飲酒強要が部下に嫌がられているわけでないとか、部下は「社会人」「会社員」として自分のしている程度の飲酒強要は我慢するのが当然だと勘違いしている管理職の考えを改めさせる必要があります。

　その具体的方法としては、まずは定期的にパワハラ・セクハラ研修を受講させ、その中で飲酒強要をしてはいけないことだということを理解させることが考えられます。飲酒強要を禁止する旨、就業規則の服務規律に明記してもいいでしょう。

　もっとも、会社の実態が研修内容等と大きく異なれば、それは「建前」にすぎず守らなくてもよいのだと受け止められかねません。会社社長や役員が自らの言動を律するのは当然のこととして、上司の部下に対する飲酒強要は部下の勤労意欲を低下させるものであり、あってはならないものなのだというメッセージを、社内に向けて繰り返し発信するようにすべきでしょう。飲酒を断っている社員に対し執拗にお酒を飲ませようとしている社員がいることに気づいた場合には、そのつど注意指導して是正させることは最低限必要です。実際に飲酒強要がなされた場合に情報を会社が早期かつ的確に把握できるようにするための方法としては、社内の相談窓口や外部の弁護士窓口を

設置し、相談しやすい雰囲気をつくっておくとよいと思います。

　会社がしっかり対応すれば、飲酒強要問題がそう頻繁に起こるとは思えませんが、従来、飲酒強要が容認されてきた企業風土の会社において、飲酒強要を改めさせようとしたような場合には、上司が反発してなかなか言うことを聞かないことになりがちです。自分が上司にされてきたことを、今度は自分が部下にして何が悪いといった発想をもつ管理職もいるかもしれません。

　いくら注意指導しても部下に対する飲酒強要を改めようとしない管理職については、厳重注意書を交付したり、懲戒処分に処したりせざるを得ません。管理職としての適格性が欠如していると判断されるような場合は、人事権を行使して管理職から外す必要があります。単に部下との相性の問題に過ぎない場合は、他部署に配転することによって対処できるかもしれません。

　懲戒処分を何度積み重ねても飲酒強要が改まらず、上司が会社に対して反抗的・挑戦的態度をとってくるような場合は、最終的には退職勧奨または解雇せざるを得ません。

## 3　飲酒を勧められた際の具体的対処法

　上司からのすすめとはいえ、飲み会の席で部下が飲みたくもないお酒を飲まなければならない義務はありません。したがって、体質的にお酒が飲めない場合はもちろん、体調が悪くてお酒を飲みたくない場合、お酒が弱くてあまり飲めない場合、あるいは単にお酒を飲みたい気分にはなれない場合を問わず、理屈のうえでは飲酒を断ってかまわないということになります。もっとも、相手は上司ですから、上手に断らないと場の雰囲気を悪くしてしまい、仕事がしにくくなったり、職場にいにくくなったりするかもしれません。上司のお酒のすすめ方が強要とまではいえず、お酒を飲めない合理的理由を説明したり、うまく折り合いをつけられればお酒を飲ませようとするのをやめてもらえそうな場合は、それなりの努力はすべきでしょう。体質上、お酒が全く飲めない場合は、明確にその事実を伝えれば足ります。それでもなお、飲酒を強要しようとする上司はまずいないでしょう。ウーロン茶のようなお

酒にも見える色のソフトドリンクを注文したり、最初の乾杯のときだけビール等を注いでもらい、乾杯後は全く口をつけずに、別途ウーロン茶などを飲んだりするといった努力ができれば、申し分ありません。悩ましいのが、体質的にお酒を全く飲めないわけではないが、体調が悪くてお酒を飲みたくない場合、お酒が弱くてあまり飲めない場合、あるいは単にお酒を飲みたい気分にはなれないような場合です。飲もうと思えば、ある程度は飲めるだけに、かえって対応が難しくなります。

体調が悪くて、医師から飲酒を控えるよう指示されているのであれば、その旨、明確に伝えるべきでしょう。その他、お酒に付き合えないもっともな理由があれば、できるだけ伝えるようにするのが望ましいと思います。

部下が体質的にお酒を飲めないのに上司が飲酒を強要する場合や、部下が周囲と折り合いをつけようと努力しているにもかかわらず上司が飲酒を強要する場合は、場の雰囲気が悪くなることを覚悟のうえで飲酒を断るのもやむを得ないものと思われます。上司の飲酒強要が度を超している場合は、そのまま店を出ることもやむを得ないケースもあるかもしれません。

飲酒を断ったところ、上司が報復的な態度をとるようになった場合は、一人で思い悩まずに、信頼できる別の上司や同僚、社内の相談窓口、外部の弁護士窓口、人事担当者等に相談することをおすすめします。

▶ ▶ ▷ One Point Advice

上司の部下に対する飲酒強要の有無、程度は、企業風土を色濃く反映しているという印象があります。上司に研修を受けさせたりすることはもちろん重要なことなのですが、会社社長や役員が自らの言動を律したうえで、上司の部下に対する飲酒強要は部下の勤労意欲を低下させるものであり、あってはならないものなのだというメッセージを、社内に向けて繰り返し発信するとともに、部下等の他の社員に対し執拗にお酒を飲ませようとしている社員がいることに気付いた場合には、そのつど注意指導して是正させることが、何より重要となってくるものと思われます。

(藤田　進太郎)

## Question 17 インターネット掲示板での上司の誹謗中傷への対処法

　インターネット上の掲示板に、当社の社員が上司を誹謗中傷する書き込みを見つけました。書き込まれている記事の内容から、どの社員が書き込んだのかおおよその見当はついています。
　ネット掲示板での社員による上司の誹謗中傷に対し、当社はどのように対処すればよいでしょうか。

☞ Check

・インターネット上の情報は拡散しやすいため、誹謗中傷への対応は、事前の対策を中心に考えていく必要がある。
・インターネット上の掲示板に誹謗中傷記事がみつかった場合、まずは証拠を確保し、書き込みをした社員と話し合って誹謗中傷記事を削除させる。
・誹謗中傷記事を書き込んだ社員から事情聴取して事実関係を確定し、事案に応じた懲戒処分、損害賠償請求等を検討する。
・誹謗中傷記事を書き込んだ社員が記事の削除を拒んでいる場合は、掲示板の運営者に対する誹謗中傷記事の削除請求等を検討する。

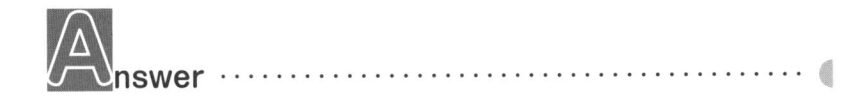

## Answer

### 1　インターネット上の掲示板に誹謗中傷する書き込みを見つけた場合の初動

　インターネット上の掲示板に特定の誰かを誹謗中傷する書き込みを見つけた場合、まずはその記事をプリントアウトしたり、PDFの形式で保存した

りして、証拠を確保します。証拠を確保していない状態で記事を削除されると、事実関係の確定が困難となることがあります。

　次に、掲示板に書き込まれた記事が上司や会社にとって好ましくない内容がどうかを検討し、好ましくない内容のものであれば、書き込んだと思われる社員と話し合って削除させるべきでしょう。当該社員が在職中であれば最終的には記事の削除に応じてくれる可能性が高いのではないかと思います。記事の内容が単に好ましくないというにとどまらず、誹謗中傷の程度が甚だしい場合は、当該社員の懲戒処分や損害賠償請求等の対応を検討する必要があります。

　当該社員が記事の削除を拒んでいるような場合は、掲示板の運営者に対する記事の削除請求等を検討する必要もあるでしょう。

## 2　誹謗中傷を書き込んだ社員への対応

### (1)　事実関係の調査

　懲戒処分や損害賠償請求等を行う前提として、事実関係を十分に調査する必要があります。事実関係の調査としては、本人からの事情聴取が中心となります。当該社員が書き込みを行ったということで間違いがないか、動機・目的、会社が発見した記事以外の誹謗中傷記事の書き込みの有無等を聴取して書面にまとめます。聴取書は、当該社員に内容を確認させてから、その内容に間違いない旨記載させます。

　本人に事情説明書・始末書等を作成させて提出させるという方法も考えられますが、重要な事実関係の確認については、十分な事情聴取を行い、漏れがないようにしておく必要があります。書き込みを行った社員が作成・提出した事情説明書・始末書等の内容が不合理・不十分だったとしても、突き返して書き直させたりせず、受領して会社で保管してください。事実関係の解明に役立つこともありますし、本人が不合理な弁解をしている証拠にもなります。不合理・不十分な点については、別途、追加説明を求めれば足ります。

### (2) 懲戒処分

　誹謗中傷の悪質性の程度に応じて、懲戒処分を検討します。労働契約法15条では「使用者が労働者を懲戒することができる場合において、当該懲戒が、当該懲戒に係る労働者の行為の性質及び態様その他の事情に照らして、客観的に合理的な理由を欠き、社会通念上相当であると認められない場合は、その権利を濫用したものとして、当該懲戒は、無効とする」と定められており、懲戒事由に該当する場合であっても、懲戒処分が有効となるとは限らないことに注意が必要です。

　軽度の懲戒処分であれば使用者の裁量の幅が広く、有効と判断されるケースが多いですし、訴訟等で争われるリスクも低いですが、退職の効果を伴う懲戒解雇・諭旨解雇・諭旨退職等の処分については、訴訟等で争われて無効と判断されるリスクが高まりますので、慎重に検討する必要があります。本人が自主退職を求めてきた場合には、あえて懲戒解雇等の処分まではせずに、自主退職を認めるべきケースもあるのではないかと思います。

### (3) 損害賠償

　誹謗中傷の書き込みにより会社が損害を被った場合は、書き込みを行った社員やその身元保証人に対し、損害賠償請求をすることも考えられますが、損害の性質上、損害額の立証が困難なことが多いところです。裁判所は、口頭弁論の全趣旨および証拠調べの結果に基づき、相当な損害額を認定することができる（民事訴訟法248条）ため、損害額の立証ができない場合であっても、損害が生じていることの立証ができれば、相当な損害額は認定してもらえる可能性もありますが、認定してもらっても思ったほどの金額にならないケースも十分に想定されます。労働契約の不履行について違約金を定め、損害賠償額を予定する契約をすることは禁止されているため（労働基準法16条）、社員がインターネット上で誹謗中傷記事を書き込んだような場合に賠償すべき損害額をあらかじめ定めても無効となります。

　誹謗中傷記事により上司または会社の社会的評価が低下させられたのであれば、名誉毀損を理由として刑事告訴することも考えられます。直接的に誹

Ⅰ　社内のトラブル

誹中傷されたのが上司であれば、会社ではなく、上司が刑事告訴するのが通常でしょう。一般に、捜査機関は民事紛争を自己に有利に運ぶために利用されることを嫌う傾向にありますが（民事不介入）、誹謗中傷の程度が甚だしい場合には名誉毀損罪が成立し起訴に至る可能性が高くなりますので、示談交渉の中で誹謗中傷された上司がある程度の金額の示談金を取得できることも珍しくありません。

## 3　掲示板の運営者への対応

　誹謗中傷記事を書き込んだ社員が記事の削除を拒んでいる場合は、掲示板の運営者に対し、誹謗中傷記事の削除を請求すべきでしょう。掲示板の運営者は、一定の場合には、誹謗中傷記事を削除する条理上の義務を負うものと考えられます（東京高判平成13・9・5〔ニフティサーブ事件〕、第一審の東京地判平成9・5・26〔同事件〕等参照）。

　プロバイダ責任法3条1項は、権利を侵害した情報の不特定の者に対する送信を防止する措置を講ずることが技術的に可能な場合であって、かつ、運営者が当該書き込みによって他人の権利が侵害されることを知っていたか、知ることができたと認めるに足りる相当の理由があるときでなければ、関係役務提供者は損害賠償責任を負わない旨規定していますので、掲示板の運営者に対し誹謗中傷記事の削除を請求するにあたっては、削除すべき誹謗中傷記事を明示するとともに、誹謗中傷記事により上司または会社の社会的評価が低下させられていることを具体的に説明すべきでしょう。

　掲示板の運営者が誹謗中傷記事を削除する条理上の義務を負うと考えられるような事案において、削除すべき誹謗中傷記事を明示するとともに、誹謗中傷記事により上司または会社の社会的評価が低下させられていることを具体的に説明して記事の削除を請求したにもかかわらず、掲示板の運営者が誹謗中傷記事を削除しない場合には、誹謗中傷記事を書き込んだ社員と掲示板の運営者を共同被告として訴訟を提起し、誹謗中傷記事の削除を請求したり、損害賠償請求したりすることも検討せざるを得ないものと思われます。

▶ ▶ ▷ One Point Advice

　インターネット上の情報は拡散しやすいため、元の記事を削除しても、インターネット上の情報を完全に消去することはできなくなることがあります。したがって、インターネット上の誹謗中傷の対応としては、事前の対策を中心に考えていく必要があります。具体的には、ソーシャルメディアの利用に関するガイドラインを作成し、ガイドラインの遵守義務を就業規則で定めて周知させ、繰り返しガイドライン遵守の重要性を伝えること等が考えられます。

（藤田　進太郎）

I 社内のトラブル

## Question 18 ホウレンソウをしない部下への対処法

報告・連絡・相談ができない部下に対して、会社はどのように対処すべきでしょうか。

☞ Check
- ホウレンソウ（報・連・相）が適切に行われていない組織においては、十分なリスク管理ができずに会社が大きな損害を被ったり、仕事の効率が悪くなったり、成果が上がりにくくなったりしやすくなる。
- まずは部下とよくコミュニケーションを取って認識を共有する努力をする。

## Answer

### 1 ホウレンソウ（報・連・相）の重要性

いわゆるホウレンソウ（報・連・相）は、「報告・連絡・相談」の略語です。一般的には、部下が仕事を遂行するうえで上司との間でとる必要のあるコミュニケーションの手段を表す言葉として、ホウレンソウ（報・連・相）が用いられることが多いようです。

報・連・相が適切に行われれば、仕事の進捗状況や会社の問題点についての情報を共有することができるようになります。その結果、個々の社員としてではなく、組織として問題点に対処することができますので、リスクを管理したり、仕事を効率的に処理したりしやすくなります。

逆に、報・連・相が適切に行われていない組織においては、問題点が上司等に伝わらない結果、十分なリスク管理ができずに会社が大きな損害を被る

174

ことになりかねません。また、仕事の処理能力が不十分な社員が孤立した状態で仕事をすることになりがちのため、仕事の効率が悪くなったり、成果が上がりにくくなったりしやすくなります。

　現在、報・連・相が適切に行われることの重要性は、ますます高まっているといえるでしょう。

## 2　適切な報・連・相とは

　もっとも、部下が上司に対して報・連・相すべき対象を吟味せずに何でも報・連・相すればいいというものではありませんし、効率的に報・連・相ができるよう工夫する必要もあります。何でも報・連・相しなければならないとしたのではあまりに業務効率が悪くなりますし、部下が自主的に判断して仕事を進める能力が鍛えられにくくなってしまいます。また、報・連・相の仕方について工夫しないと、部下が上司に報・連・相したいことがうまく伝わらなかったり、余計な時間がかかってしまったりしがちになります。

　何を報・連・相すべきかは、ケース・バイ・ケースの判断が求められることが多いですが、上司から部下に対して何らかの指標を示してやらないと、適切な報・連・相ができるかどうかは、部下個人の資質により大きく左右されてしまいます。上司と部下でよくコミュニケーションをとって認識を共有し、何を報・連・相すべきなのかについて部下が判断しやすくなるよう努力すべきでしょう。たとえば、部下からの報・連・相を待つだけでなく、定期的に報・連・相のための時間をとり、部下が報・連・相しやすくするといった工夫も考えられます。可能であれば、必ず報・連・相すべき事項や、どのような方法で報・連・相すべきかについてのルールを整備しておきたいところです。また、報・連・相に用いる書式を作成し、効率的に報・連・相できるようにするといった工夫も考えられます。

　一般論としては、会社にとって都合の悪い情報ほど、直ちに報・連・相する必要性が高くなります。会社にとって大きな問題とならないような情報であれば、定期的に直属の上司に対して報・連・相させれば足りますが、会社

にとって大きな問題となりそうな悪い情報の場合は、緊急に上司ひいては経営者が把握できるようにしておく必要があります。

　部下の上司に対する報・連・相の具体的なやり方について少しお話ししますと、まずは結論を簡潔に伝えたうえで、具体的経過等の説明を行ったほうが、上司は情報を把握しやすいのが通常です。「事実」と「意見」を明確に区別して報告等を行うことも重要で、自分の意見や感想をあたかも客観的事実であるかのように報告すると、上司が正確な判断をすることができなくなってしまいます。単純な内容のものや急いで報告しなければならないことはまずは口頭で報告すべきですし、重要で記録に残しておく必要性が高いものや複雑で書面に記載しないとわかりにくいものは、口頭で説明するだけでなく、できる限り書面も作成して説明する必要があります。電子メールは有用なツールですが、頼りすぎるとコミュニケーション不足に陥るなどして、かえって効率が悪くなることがありますので、重要なものや緊急のものについては、対面または電話での報・連・相とあわせて電子メールを利用すべきでしょう。

## 3　報・連・相ができない社員の対処法

　上司と部下でよくコミュニケーションをとって認識を共有する努力をしていれば、部下が最低限の報・連・相もできないということは、仕事に不慣れな新入社員のケースでもない限り、そう多くはありません。部下が報・連・相しようとしない場合、まずは上司である自己の言動が、部下の報・連・相を抑制させる結果になっていないか、よく考えてみるべきでしょう。部下が当然、報・連・相すべきときに報・連・相したのに対し、上司として当然行うべき対応を怠ることが度重なれば、部下も上司に対して報・連・相しなくなります。

　部下が報・連・相できない場合、上司が当該部下とよくコミュニケーションをとって、報・連・相すべき事項について繰り返し指導教育する必要があります。それでもなお、部下が報・連・相しない場合には、部下に報・連・

相する意思がないのか、いくら教育しても理解できない程度の能力しか有していないのかを見極める必要があります。

　部下に報・連・相する意思がない場合は、厳重注意書を交付したり、懲戒処分に処したりして対応します。懲戒処分を繰り返しても態度が改まらない場合は、退職勧奨や解雇も検討せざるを得ないでしょう。部下の理解能力不足が原因の場合は対応が少々やっかいです。本人は精一杯、報・連・相しようとしてもする能力がないわけですから、賞与等の査定において低く評価することはできても、懲戒処分に処することはできません。また、裁判所は、一般的には、地位や能力を特定して高い賃金で採用した場合を除き、能力不足を理由とした正社員の解雇をなかなか認めない傾向にありますので、本人が退職に同意しない限り、辞めさせることも困難なケースが多いというのが実情です。

▶ ▶ ▷ One Point Advice

　上司と部下でよくコミュニケーションをとって認識を共有する努力をしていれば、部下が最低限の報・連・相もできないということは、仕事に不慣れな新入社員のケースでもない限り、そう多くはありません。部下とよくコミュニケーションをとって認識を共有する努力をするようにしてください。

（藤田　進太郎）

I 社内のトラブル

## Question 19 命令したことしかしない、あるいはしようとしない部下への対処法

命令したことしかしない、あるいはしようとしない部下に対し、どのように対応すればよいでしょうか。

☞ Check
- 「指示待ち人間」を減らす最も有効な方法は、部下がとるべき行動規範を明示すること。部下の従うべき行動規範が明確であればあるほど、部下は自律的に論理的な判断がしやすくなる。
- 部下がとるべき行動規範を明示する具体的方法としては、上司が部下に対し繰り返し指導教育していくのが基本となる。部下の提案が採用できない場合は、論理的な理由を明示したうえで、不採用とする。
- 定型的な事項については、マニュアルを作成する。

## Answer

### 1 「指示待ち人間」とは

今から30年以上前の1981年にも、言われたことはこなすが言われるまでは何もしない新入社員を表現する造語として、「指示待ち世代」「指示待ち族」といった言葉が流行したことがあります。当時から30年以上経った現在においても、命令したことしかしない、あるいはしようとしない若者の対応に頭を悩ませる管理職は多く、そういった若者は「指示待ち人間」等と呼ばれることがあるようです。

新人社員が、上司から言われたことしかできないといった程度の話であれば、昔からよくあることで、大きな問題ではありません。今後、経験を積ん

でいく中で、社員としてあるべき心構えを身につけ、仕事を覚えてもらえばいいだけの話です。

しかし、新入社員でもないのに、いつまでたっても上司が指示しないと行動しないような部下は、戦力として多くを期待することはできません。このような社員が増えてしまったのでは、会社が競争を勝ち抜いていくことは困難でしょう。会社としては、自律的に自分の頭で考え、行動することができる社員を育成していかなければなりません。

## 2 「指示待ち人間」への具体的対応

「指示待ち人間」を減らす最も有効な方法は、部下がとるべき行動規範を明示することです。部下の従うべき行動規範が明確であればあるほど、部下は自律的に論理的な判断がしやすくなります。他方で、部下が従うべき行動規範が不明確であればあるほど、部下が論理的な判断をすることは困難となり、そのつど、上司の指示を仰がざるを得なくなってしまいます。

部下がとるべき行動規範を明示する具体的方法としては、上司が部下に対し、繰り返し指導教育していくのが基本となります。部下の提案が採用できない場合は、論理的な理由を明示したうえで、不採用としてください。不採用の理由を明示してあげられれば、そこから部下は論理的に考えて、上司に採用してもらえる内容の提案をしやすくなります。上司が、部下の提案の採用不採用の理由を論理的に説明することができず、上司の判断がブラックボックスのようになっていると、部下に判断基準が伝わりませんから、いつまでたっても部下は自律的に判断することができないことになってしまいがちです。

定型的な事項については、マニュアルを作成するとよいでしょう。マニュアルは何か融通が利かず役に立たないものであるかのように思われがちですが、そうではありません。マニュアルが存在することにより、定型的な事項の判断に迷うことがなくなり、大幅に時間や労力を節約することができます。定型的な事項について時間や労力を節約することができれば、実質的判断が

必要な難しい重要問題に時間や労力を集中させることができるようにもなります。マニュアルを作成する過程で議論することにより、よりよい結論を導くこともしやすくなりますし、マニュアルを紙に書いて文書化することにより、マニュアルの内容の妥当性を検証しやすくもなります。

　自律的な判断ができる部下を育てるためには、部下に自律的に判断して仕事をする経験を積ませる必要があります。会社が明示した行動規範から結論を論理的に導くことができるような社内システムができているのであれば、自律的に考えて行動することがしやすくなります。もちろん、最初はちぐはぐな対応になってしまうこともあるとは思いますが、人は間違えながら憶えていくものです。部下の相談に乗りつつも、できるだけ部下が自分の力で仕事をこなせるよう導いてあげてください。

▶ ▶ ▷ One Point Advice

　部下が指示された仕事しかしようとしないという管理職の愚痴は、ずいぶん前からありました。いちいち指示しなくても、部下が自分の頭で考えて仕事をできるようになってほしいという上司の思いは、いつの時代も変わらないようです。

　他方で、部下が自律的に判断できるようにする管理職の努力が十分であるかというと、必ずしも十分ではないように思えます。部下が自律的判断をすることができるよう導いてあげることも上司の仕事、責任だということを再確認する必要があります。

（藤田　進太郎）

## Question 20 行方不明である部下への対処法

部下が行方不明になってしまい、全く連絡がとれません。どのように対応すればよいでしょうか。

☞ Check

・行方不明になった部下を退職させる方法としては、就業規則に無断欠勤が一定期間続き、会社に行方が知れないときには当然に退職する旨、退職事由として規定しておき、適用することにより対処するのが一般的。
・解雇は意思表示が行方不明の部下に到達しないと効力が生じない。
・行方不明の部下が退職の効力を争うことは稀なので、厳密な退職の要件を満たさなくても、リスクを覚悟のうえで退職処理してしまうという方法も考えられる。

## Answer

### 1　部下の行方を捜す努力

部下が行方不明になった場合、まずは、電話、電子メール、自宅訪問、家族・身元保証人等への問合せ等により、部下の行方を捜す努力をしてください。警察に行方不明者届を提出する場合は、親族が提出するのが通常と思われますが、勤務先からの行方不明者届も受理される扱いとなっていることも覚えておくとよいでしょう。

それなりの期間努力しても部下の行方がわからないときは、いつまでも労働契約を継続させるわけにもいきませんので、労働契約を終了させる方法を検討することになります。

Ⅰ　社内のトラブル

## 2　労働契約を終了させる方法

### (1)　合意退職・辞職

　行方不明になった部下が、退職の挨拶をしてからいなくなった場合や、退職する旨の書き置きを残しているような場合であれば、合意退職の申込みないしは辞職の意思表示があったと評価する余地があります。決裁権限がある上司が退職を承諾している場合には承諾を通知した時点で、承諾の事実がない場合には、辞職の効果が発生する期間として就業規則に定められた期間または14日のいずれか短いほうの期間を経過した時点で、退職の効力が発生したものとして扱えば足りるでしょう。

　他方、何の前触れもなく部下が突然行方不明になったような場合には、合意退職の申込みないしは辞職の意思表示があったと評価することは困難ですので、別の対応が必要となります。

### (2)　無断欠勤が一定期間続き、会社に行方が知れないとき

　行方不明になった部下を退職させる方法としては、就業規則に無断欠勤が一定期間続き、会社に行方が知れないときには当然に退職する旨、退職事由として規定しておき、適用することにより対処するのが一般的です。このような規定は、行方不明期間があまりにも短い場合には合理性を欠くものとして無効となる可能性がありますが、30日〜50日程度の期間をおいているのであれば、通常は合理性を有する規定として有効となるものと考えられます。要件を満たす場合には、行方不明の部下に対する意思表示なくして当然に退職の効力が生じることになりますので、行方不明になった部下に対する通知は不要です。解雇予告や解雇予告手当の支払いも不要です。

### (3)　解　雇

　長期間の無断欠勤は、普通解雇事由および懲戒解雇事由に該当するのが通常です。最判平成15・10・10〔フジ興産事件〕は、使用者が労働者を懲戒するには、あらかじめ就業規則において懲戒の種類および事由を定めておくことを要し、就業規則が法的規範としての性質を有するものとして、拘束力を

*182*

生ずるためには、その内容の適用を受ける事業場の労働者に周知させる手続がとられていることを要するとしていますので、就業規則がない会社や就業規則の内容を周知させていない事業場については、労働協約に懲戒の種類および事由の定めがあるといった特段の事情のない限り懲戒解雇することはできませんが、民法627条に基づき普通解雇することはできます。

　部下が無断欠勤して行方不明になった場合であっても、解雇が客観的に合理的な理由を欠き、社会通念上相当であると認められない場合は、その権利を濫用したものとして無効となります（労働契約法15条・16条）。最低限、会社は、部下の行方を捜す努力をして、記録に残しておく必要があります。慎重を期すのであれば、解雇に踏み切るまでの無断欠勤期間についても、やや長め（たとえば、30日～50日程度）に考えたほうが無難かと思われます。

　原則として解雇予告や解雇予告手当の支払いが必要なことは通常の解雇と変わりありません。部下は無断欠勤したうえに行方不明になっているわけですから、「労働者の責に帰すべき事由」（労働基準法20条1項ただし書）が存在し、労働基準監督署長の解雇予告除外認定を得て、解雇予告または解雇予告手当の支払いなしに解雇することができるケースが多いものと思われます。しかし、労働基準監督署長の解雇予告除外認定を得るためには、それなりの準備が必要ですし、ある程度の時間がかかりますので、事案によっては解雇予告または解雇予告手当の支払いをして解雇してもよいかもしれません。

　行方不明の部下の居場所がわかった場合は、以上の点を考慮して解雇通知すれば足ります。しかし、いくら捜しても部下が行方不明の場合は、別途、検討が必要となります。すなわち、解雇の意思表示は、解雇通知が相手方に到達して初めてその効力を生じるため（民法97条1項）、有効無効以前の問題として、解雇通知が行方不明の部下に到達しなければ解雇の効力を生じる余地はありません。部下が自宅で生活しており、単に出社を拒否しているに過ぎないような事案であれば、部下の自宅に解雇通知が届けば部下の支配圏支配圏内におかれたことになりますから、実際に部下が解雇通知を読んでいなくても、解雇の意思表示が到達したことになります。しかし、会社が把握し

*183*

ている自宅が引き払われているなど本当の意味での行方不明でどこに住んでいるのか皆目見当がつかない場合は解雇通知を発送すべきあて先がわかりません。会社が把握している部下の自宅が引き払われてはいなくても、長期間にわたり部下が自宅に戻っている形跡が全くないような場合は、部下の自宅に解雇通知が到達したとしても部下の支配圏内におかれたと評価することはできませんので、解雇の意思表示が部下に到達したことにはならず、解雇の意思表示は効力を生じません。

　電子メールによる解雇通知は、行方不明の部下からの返信があれば、通常は解雇の意思表示が当該部下に到達し、解雇の効力が生じていると考えることができるでしょう。ただし、電子メールに返信があるような事案の場合、そもそも行方不明といえるのか問題となる余地がありますので、懲戒または解雇権を濫用したものとして無効（労働契約法15条・16条）とされないよう、解雇に先立ち、行方不明の部下と連絡をとる努力を尽くす必要があります。他方、行方不明の部下からメール返信がない場合は、解雇の意思表示が到達したと考えることにはリスクが伴いますが、連絡をとる努力を尽くしたうえで、リスク覚悟で退職処理してしまうということも考えられます。

　行方不明の部下の家族や身元保証人に対し、行方不明の部下を解雇する旨の解雇通知を送付しても、解雇の意思表示が到達したとは評価することができず、解雇の効力は生じないのが原則です。最判平成11・7・15〔兵庫県社土木事務所事件〕では、行方不明の職員と同居していた家族に対し人事発令通知書を交付するとともにその内容を兵庫県公報に掲載するという方法でなされた懲戒免職処分の効力の発生を認めていますが、特殊な事案であり、射程を広く考えることはできません。通常、家族に解雇通知書を交付し社内報に掲載したといった程度で、解雇の意思表示が到達したと考えるのは困難です。

　完全に行方不明の部下に対し、解雇を通知する場合は、簡易裁判所において公示による意思表示（民法98条）の手続をとる必要があります。公示による意思表示の要件を満たせば、解雇の意思表示が行方不明の部下に到達した

ものとみなしてもらうことができます。

### (4) リスク覚悟のうえでの退職処理

　行方不明の部下が退職の効力を争うことは稀ですから、厳密な退職の要件を満たさなくても、リスク覚悟のうえで退職処理してしまうという方法も考えられます。家族や身元保証人等とよく話し合い、家族等の了承をとってから退職扱いにすれば、リスクを格段に下げることができます。もっとも、あくまで家族等の了承にすぎず、本人からの退職の意思表示があったわけではありませんので、後日、行方不明だった部下から連絡があり、部下が復職を強く希望したような場合には、その時点で復職の可否を検討する必要が生じるリスクがあることは覚悟しておく必要があります。

▶▶▷ One Point Advice

　行方不明になった部下を退職させる方法としては、就業規則に無断欠勤が一定期間（30日～50日程度）続き、会社に行方が知れないときには当然に退職する旨、退職事由として規定しておき、適用することにより対処するのが一般的ですと説明しましたが、解雇は、解雇の意思表示が行方不明の部下に到達しなければ解雇の効果が発生しないため、思いのほか、手続が煩雑となることがあります。就業規則の退職事由に関する規定を事前に整備しておくことをおすすめします。

（藤田　進太郎）

I　社内のトラブル

## Question 21　営業中にサボっている部下への対処法

　私は営業部の課長です。私の部下の1人の営業成績があまりにも悪いので調べてみたところ、どうやら営業中にパチンコしたりゲームセンターでゲームしたりしてサボっているようです。会社はどのように対応すればよろしいでしょうか。

☞ Check

- 営業中に部下が会社として容認できない程度にサボっている情報を入手した場合は、部下から事情を聴取する必要がある。放置してはならない。
- 事業場外労働のみなし労働時間制（労働基準法38条の2）を適用している営業社員については使用者の具体的な指揮監督が及ばないので、営業中にサボっているのかどうかを厳密にチェックすることは困難。
- 営業中にサボっているのかどうかを厳密にチェックする場合は、営業社員を事業場外労働のみなし労働時間制の適用対象から外し、使用者の具体的な指揮監督が及ぶようにする必要がある。
- 毎日、営業の時間、場所、面会者、面談内容等を具体的に日報に書かせる。日報には毎日目をとおし、疑問点がみつかった場合には、そのつど部下に問い合わせて、疑問点を解消するようにする。

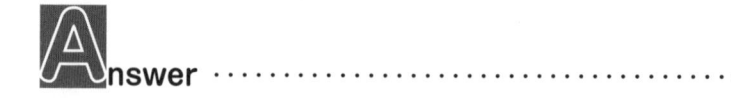

## Answer

### 1　営業中に部下がサボっている情報を入手した場合の対応

営業中に部下がサボっている情報を入手した場合、まずは部下がいつどこ

でどのようにサボっていたのかといった事実関係をできるだけ整理するとともに裏づけ証拠を収集します。それが会社として容認できない程度のものである場合は、部下から事情を聴取する必要があります。事情を聴取するのは気まずいとか、職場の雰囲気が悪くなるとかいった理由で、部下から事情も聞かずに放置してはいけません。

　部下がサボっていることを認め、反省の態度を示した場合は、基本的には勤務時間中は仕事に集中するよう注意指導して改善を促せば足りるでしょう。もっとも、何度注意指導してもサボり癖が直らない場合は、本気で反省しているとは考えられませんので、懲戒処分も検討せざるを得ません。

　他方、部下がサボっていることを認めなかった場合は、より慎重な対応が必要となります。日報の記載内容について部下に質問したり、部下が担当している顧客から情報収集したりして、部下の説明に矛盾や不自然な点がないかをチェックします。部下がサボっていることを証拠により立証できない場合には、部下に対して強い注意指導や懲戒処分をすることはできませんが、部下がサボっていることを証拠により立証できる場合には、部下が正直に事実を説明した場合よりも厳しく注意指導していく必要がありますし、懲戒処分に処さざるを得ないケースも多くなるのではないかと思います。

　懲戒処分を繰り返してもサボり癖が改まらない場合は、最終的には退職勧奨または解雇して辞めてもらうことも検討せざるを得ません。

## 2　営業中に部下がサボるのを防止する方法

　まずは、新規採用時によく選んで営業社員を採用することが重要です。履歴書や職務経歴書の書き方がルーズで、短期間で転職を繰り返しており、採用面接時にだらしない印象を受けた応募者を採用すれば、仕事中にサボる可能性が高いことは容易に予測できることです。

　事業場外労働のみなし労働時間性（労働基準法38条の2）を適用している営業社員については使用者の具体的な指揮監督が及びませんので、営業中にサボっているのかどうかを厳密にチェックすることは困難です。営業中にサ

ボっているのかどうかを厳密にチェックする場合は、営業社員を事業場外労働のみなし労働時間性の適用対象から外し、使用者の具体的な指揮監督が及ぶようにする必要があります。

場合によっては、営業社員を事業場内の部署に配転してサボれないようにするといったやり方も考えられなくはありませんが、営業社員以外の人員はすでに足りていて事業場内の配転先がないことも多いものと思われます。また、部下の職種が限定されていないとしても、主に営業に従事させる目的で採用した営業社員を営業以外の仕事に就けるのは、社員の適正配置の観点から現実的でない場合もあります。

一概にいえることではありませんが、営業中にサボっている部下は営業成績も悪い傾向にあります。営業成績の悪い部下については、営業中にサボっていないかのチェックを特にしっかり行う必要があります。

毎日、営業の時間、場所、面会者、面談内容等を具体的に日報に書かせてください。日報には毎日目をとおし、疑問点がみつかった場合には、そのつど部下に問い合わせて、疑問点を解消するようにしてください。サボっていることが疑われる部下については、部下の説明をそのつど、記録に残しておいたほうがいいかもしれません。

毎日数回、部下からどこで何をしているのか電話で報告させ、報告内容をメモに残しておいてもいいかもしれません。自分がどこで何をしているのか、何度も会社に報告しなければならないことを意識していれば、仕事をサボりにくくなるのではないかと思います。

ときには上司が自ら、部下が担当している顧客のところへ営業に赴くというのも、虚偽報告を予防するうえで有効なやり方です。上司が顧客と直接話して部下の営業状況を確認する可能性があるとなれば、部下は虚偽の報告をしにくくなります。顧客に電話で問い合わせるほうが楽かもしれませんが、実際に顧客と会って話したほうが実態をつかみやすいと思います。信頼できる部下がいるのであれば、その部下に同様のことをさせることも考えられます。

営業車やスマートフォンにGPSをつけて部下の位置情報を管理するという方法も、サボり防止には有効なのではないかと思われます。日報や電話等であれば、部下は自分の行動を虚偽報告することもできますが、GPSでは会社は客観的に部下の位置情報を把握することができます。GPSの記録から日報等の内容が虚偽であることが判明することもあるかもしれません。

　サボり防止に直結するわけではありませんが、賃金に占める歩合給の比率を高めることで、営業成績を向上させることに対する部下のモチベーションを高めることができます。仕事をサボっていたのでは営業成績を向上させることはできませんから、結果としてサボり防止に役立つことがあります。もっとも、このやり方はすべての営業社員について有効なわけではありませんし、営業成績向上に直結しない仕事を怠る風潮を助長しかねないといった問題点もあります。

▶▶▷ One Point Advice

　営業社員の中には、結果が出せるかどうかが問題なのであって、どこでどれだけ息抜きするかは大きな問題ではない、仕事をサボった結果は最終的には自分に跳ね返ってくる、といった発想をもつ人がいます。このようなタイプの人は、サボって結果を出せなければ高い給料は稼げないということについては納得してくれやすいのですが、営業社員の行動に対する管理を強めようとすると強く反発することがあります。

　会社としては、個々の営業社員が結果を出すことを最も重視するのか、それとも、営業社員がサボらずに誠心誠意会社のために仕事をすることを最も重視するのか、営業社員に求める優先順位をよく検討し、優先順位に合致したやり方で営業社員の管理を行っていくとよいでしょう。

（藤田　進太郎）

I 社内のトラブル

## 3 家庭環境をめぐるトラブル

**Question 1** 離婚や家庭環境の悪化を理由にパフォーマンスが落ちる部下への対処法

妻や子どもとの関係がうまくいっていない従業員がいます。前日家庭で問題があると翌日暗い顔で出社し、勤務時間中もため息ばかりで明らかに仕事のパフォーマンスが落ちています。管理職としてどのように対処すればよいでしょうか。

☞ Check

・従業員には職務専念義務があり勤務中は仕事に集中すべき。
・家庭環境や私生活上の問題はパフォーマンス低下の理由にならない。
・あまりにも目に余る場合には懲戒処分も検討せざるを得ない。
・管理職としては可能な限り部下の私生活上の問題解決にあたるべき。

**Answer**

### 1 部下従業員の職務専念義務の内容

部下従業員をはじめ、会社から雇用されている従業員には、職務専念義務という法律上の義務があります。職務専念義務というのは、わかりやすくいえば自分の仕事に集中して取り組まなければならないという義務です。

会社と従業員の関係は、雇用契約という法律上の契約関係にありますが、この雇用契約という関係では、雇われている従業員が会社に対して「労働」という価値を提供して、会社がその「労働」という価値に対して「賃金」という対価を支払います。この「労働」と「賃金」の交換が雇用契約において

は重要な要素となります。

このように従業員が提供する「労働」は、雇用契約の中心となる重要な要素ですから、従業員は賃金の対価として価値のある「労働」を提供する必要があります。そのためには、いい加減な「労働」ではなく、職務に集中して取り組んだ結果の「労働」を提供する必要があります。そのためには、職務に専念して取り組む必要があり、従業員の職務専念義務は、雇用契約上当然に発生する従業員の義務とされています。

管理職自身が職務専念義務を負うことは当然ですが、部下である従業員も当然に職務専念義務を負うことになるのです。この職務専念義務は、労働時間中は当然に発生することになります。

## 2 私生活上の問題は職務専念義務違反の理由になるか

設問では部下従業員が家庭問題に悩みパフォーマンスが低下している状態にあります。パフォーマンス低下の具体的な状況としては、やる気が起きず業務に集中していない、物思いにふけり仕事をしていない、仕事が進まないなどの状況が考えられます。これらのパフォーマンス低下は、状況にもよりますが、従業員が職務に集中して取り組んでいないことを意味しており、職務専念義務に違反する行為といってよいでしょう。

それでは、職務専念義務違反行為の理由が私生活上の問題であった場合、従業員は責任を免れることはできるのでしょうか。

一般的な感覚からわかるかもしれませんが、私生活上に問題を抱えていたとしても、従業員が職務専念義務を免れることはできません。このような家庭の事情で仕事を休んだり、仕事をしなくなるのを認めてしまえば会社は成り立ちません。管理職としては、部下が私生活上の問題を理由としてパフォーマンス低下を起こしている場合には、理由にならないことを示して指導をする必要があります。

I 社内のトラブル

## 3　一向に改善されない場合の対応

　それでは管理職として、私生活上の問題でパフォーマンス低下を起こしている部下従業員を指導したにもかかわらず、部下従業員の対応が改善されない場合にはどのような対応をすればよいのでしょうか。

　指導注意にあたっては段階を踏んで行うことが必要です。まず、部下従業員にそのようなパフォーマンス低下が認められた場合、個別に呼び出しての口頭による指導注意を行うことが必要です。その際注意すべきことは、部下の悩みの理由が家庭問題にあることがわかっている場合には、他の従業員がいる場所では指導注意することを控え、個室などで個別に面談して指導注意を行うという点です。私生活上のトラブルはいうまでもなく高度にプライベートにかかわる問題であり、従業員としてはなるべく秘密にしておきたい内容です。他の従業員に広く知られると、仕事がやりにくくなったり、面子を失うなどの可能性があり、かえって逆効果です。

　口頭による個別指導でも改善されない場合には、文書による指導、そしてさらに継続する場合には、戒告などの懲戒処分を検討することになります。

　ただし、パフォーマンス低下と一言でいってもその内容や程度はさまざまです。売上金額の増減などでパフォーマンス低下が数字化できる営業社員などであれば「パフォーマンスが低下した」と判断しやすいですが、経理や総務などの業種の場合、パフォーマンス低下が視覚化しにくいといえます。重い懲戒処分をする場合には、それなりの根拠が必要となりますので、口頭や文書による指導注意を越えた懲戒処分をする場合には、客観的な根拠が存在しているかどうかに気をつけてください。

## 4　管理職としてどこまで問題解決に関与すべきか

　部下が私生活上のトラブルを抱えている場合にもっとも難しいことは、管理職としてどこまで問題解決にかかわるべきかという点です。

　法律的な観点からいえば、部下には職務専念義務があり私生活上の理由で

この義務が免除されることはありませんから、自分で問題を解決すべきであって、会社や管理職が問題解決に尽力する必要はありません。とはいっても、会社としてその状態を放置しておくのもプラスにならないことは明らかです。

　管理職として必要な対応は、まずは頭ごなしに否定せず部下従業員の話を聞き、トラブルの内容や大変さを理解することです。人は共感してもらいたい生き物ですから、管理職が理解してくれたという思いだけでも精神的な不安定さは多少解消されます。そのうえで、私生活上のトラブルは会社業務のパフォーマンス低下の理由にならないことを示せば、部下従業員としては単に指導注意されるより、管理職からの指導注意を受け入れやすくなるでしょう。

　最低限そのような対応をした後に、部下従業員との対話の中で管理職としてできうる限りの助力ができれば十分であるといえます。私生活上のトラブル解決の助力を通じて部下の管理職に対する信頼が強化されることは多々ありますので、管理職としては適度な距離感をもってできうる限りの対応をしましょう。

（間川　清）

Ⅰ 社内のトラブル

## Question 2 破産をした部下への対処法

部下従業員から、私生活上の理由で多額の借金を重ね、もはや自身の給与だけでは返済できないので、自己破産を考えているという相談を受けました。会社に督促の電話もきています。どのように対処するべきでしょうか。

☞ Check

・借金があることや自己破産をしたこと自体を理由に解雇することはできない。
・業務上の必要性があれば配転等の措置をとることは考えられる。
・違法高利業者等から借金の肩代わりを求められても毅然として対応するべき。

## Answer

### 1 管理職の初期対応

従業員から設問のような相談をもちかけられた場合、管理職としては、どのような初期対応をすべきでしょうか。

このような場面で大切なことは、まず当該従業員に借金の全体像を正確に把握させることです。借金の全体像がわからなければ、その後の適切な対応の選択を誤ってしまうこともあるためです。多重債務に陥ってしまう人の中には、金銭の管理意識が甘く、自身の借金の総額や内訳すら把握できていない人も少なくありませんので、客観的な資料などを参照させ、借入先の一覧表などを作成させるとよいでしょう。

こうして借金の全体像を把握させたところで、当該従業員が弁護士や司法

書士などに相談していない場合には、早めに相談に行くようすすめてみてください。多重債務の問題に関しては、各地の弁護士会や司法書士会が無料相談所を設置していることもあります。

　また、従業員の了解を得たうえで、上司への報告もしておくべきといえるでしょう。

　なお、多額の借金を抱え自己破産まで考えている従業員は、通常、精神的にかなり追い詰められた状態となっていることが多いと思われます。管理職としては、従業員がそのような精神状態にあることを念頭において、事情を聞く際にもむやみに借金のことを非難したりせず、できる限り親身になって丁寧な対応を心がけるべきです。

## 2　破産を理由とする解雇は可能か

　従業員が多額の借金を重ね、そのために自己破産をしたことを理由にして、会社はその従業員を解雇することができるでしょうか。

　従業員は会社に対して労務を提供する義務を負っていますが、従業員の借金や自己破産はあくまで私生活上の問題です。そのような事情があるからといって直ちに会社に対する上記の義務が果たせなくなるということはありません。

　このため、会社が、従業員に借金があることや自己破産をしたこと自体を理由として、その従業員を解雇することは原則として許されないと考えられます。就業規則に自己破産を解雇理由として明記している場合で、会社の事業の内容や、破産に至る経緯、当該従業員の職務上の地位等を考慮して解雇が認められることがないとはいえませんが、ごく例外的なケースであると考えるべきです。

　もっとも、借金の悩みから職務があまりに疎かになり、会社に対する労務提供義務に違反しているというような場合には、もはや私生活上の問題の範囲を越えることになりますので、懲戒処分や解雇の検討対象となるでしょう。

## 3　配転はできるか

　破産した従業員に対する解雇が難しいという場合に、当該従業員について配転をすることは可能でしょうか。

　これは、とりわけ、当該従業員が経理部などの金銭を直接的に扱う部署に所属している場合に問題となることが多いと思われます。

　この点については、まず、労働契約によって当該従業員に対する配転命令が制限されていないかどうかを確認する必要があります。労働契約上、職種や職務内容、勤務場所が限定されているような場合には、使用者が一方的に配転を命ずることはできません。そのような契約上の制限がある場合、会社としては、従業員に対する配転の必要性を説明し、その同意を得ることが不可欠となります。

　また、上記のような労働契約上の制限がない場合であっても、会社による配転命令は無制限になしうるというものではなく、一定の場合には権利の濫用として無効とされることがありますので注意してください。配転命令が権利の濫用となるかどうかは、一般的には、配転を命ずるための業務上の必要性と、配転により労働者に与える不利益の程度のバランスや、配転を命ずる動機あるいは目的などを考慮して判断すべきものと考えられています。もっとも、この場合の業務上の必要性は、判例上、企業の合理的な運営に寄与する点が認められる限りは肯定されるものとされています（最判昭和61・7・14〔東亜ペイント事件〕）ので、比較的広く認められる傾向にあるといえるでしょう（第2章Ⅲ1(1)(20頁)参照）。

　このことからすると、上記のように、従業員に多額の借金や自己破産という事情があり、当該従業員を業務の適正化という観点から金銭を直接的に扱わない部署へ異動させるという場合には、ここでいう業務上の必要性は認められるものと考えられます。したがって、あとは、配転命令によって当該従業員に著しい不利益を与えぬよう適切な配転先を検討すべきこととなるでしょう。

## 4　高利違法業者（ヤミ金）への対応

　いわゆるヤミ金と呼ばれる高利違法貸金業者（その多くは貸金業の登録すら経ていません）は、「トイチ（10日で1割）」、「トサン（10日で3割）」などといった暴利で貸付を行ったうえ、借主の返済が滞るとその勤務先に電話を頻繁にかけるなどし、さまざまな嫌がらせをするほか、勤務先の関係者（上司、同僚など）に対して借金の肩代わりを求めてくることがあります。従業員がこのような違法業者から借入れをしていた場合、会社としてはどのような対応をするべきでしょうか。

　この点、こうした違法業者の1件あたりの貸付額は少額であることも多いため、その対応に不慣れな場合、目先の騒ぎを収めるために借金を肩代わりしてしまおうという考えに陥りがちです。しかし、このような不当な要求を受けた会社側としては、少額だからといって決してそのような安易な対応をしてはいけません。

　借金をした従業員以外の者がこれを返済する義務を負わないのはもちろんのこと、そもそも、ヤミ金は犯罪ですので、安易に従業員の借金の肩代わりをすることは犯罪行為を助長することにもなりかねません。また、このような違法業者は同業者間で情報を共有していることも多く、肩代わりの要求に簡単に応じる会社だという情報が広まれば、従業員が借入れをしていた別の違法業者からの新たな不当要求のきっかけにもなる可能性もあります。

　こうした観点からすると、違法業者からの不当な要求に対しては毅然とした態度でこれを断り、それでも嫌がらせや不当要求が継続する場合には、威力業務妨害や恐喝の被害を受けたとして警察等に相談をするほうが、事態を収束させるためには最も適切な手段であるということができます。

▶▶▷ One Point Advice

　わが国では利息制限法という法律によって、貸金に課すことのできる利息には一定の制限が加えられています。しかし、消費者金融業者の中には、こ

の制限を上回る利率を課してきた会社も多く、借主が本来支払う必要のない利息を長年にわたり支払い続けていたというケースもあります。このような場合には、専門家に相談することによって、借金を大幅に減額したり、自己破産を回避できる可能性もありますので、従業員が専門家への相談をしていない場合には、ひとまず弁護士や司法書士等への相談をすすめてみることが適切でしょう。

（宮嶋　太郎）

3 家庭環境をめぐるトラブル

## Question 3　育児休業・介護休業の申出への対処法

当社の男性従業員が、先日誕生した子の育児を行うため、育児休業を取得したいという申出をしてきました。しかし、そもそも就業規則に育児休業制度は記載されていません。会社の業務の都合を理由として、申出を断ることは可能でしょうか。

また、寝たきりの父親を介護するための介護休業の申出であった場合にはどうしたらよいでしょうか。

☞ Check
・育児休業・介護休業は一定の要件を満たす限り、就業規則に制度が記載されていなくとも、性別に関係なく取得可能である。
・会社は、一定の例外を除き、申出を拒否できず、不利益取扱いも禁止される。
・そのほかにも、育児・介護中の従業員を保護するための制度がある。

## Answer

### 1　育児・介護休業制度の概要

育児・介護休業法は、労働者が子の育児や家族の介護をするために休業を取得できる制度を定めています。

(1) 育児休業制度

育児・介護休業法によれば、労働者は、その事業主に申し出ることにより、子の養育のための育児休業を取得することができるものとされています。

ただし、この場合の「労働者」とは、①期間を定めずに雇用された者か、②期間を定めて雇用された者のうち、雇用期間が1年以上かつ子が1歳に達

する日を超えて引き続き雇用されることが見込まれる者であり、日々雇用される者は対象になりません（育児・介護休業法5条1項）。

休業期間は、原則として、子の出生後1歳に達する日まで（ただし、父母がともに育児休業を取得する場合には、子が1歳2カ月に達する日まで）のうち、労働者が希望して申し出た上限1年以内の期間となります。もっとも、その労働者または配偶者が子の1歳到達日において育児休業をしている場合で、特別な事情（保育所の入所を希望しているが入所できない、1歳以降養育を行う予定であった配偶者が病気になった場合など）がある場合には、例外的に、労働者は子が1歳6カ月に達するまでの期間も育児休業を取得することができるものとされています（育児・介護休業法5条3項）。

なお、育児休業の回数は、原則として連続した1回のみですが、平成21年の法改正により、夫が妻の出産後8週間以内に1回目の育児休業を取得した場合には、2回に分けて取得することが可能となりました（育児・介護休業法5条2項）。

(2) 介護休業制度

育児・介護休業法によれば、労働者は、その事業主に申し出ることにより、介護休業を取得することができるものとされています。

ただし、この場合の「労働者」とは、①期間を定めずに雇用された者か、②期間を定めて雇用された者のうち、雇用期間が1年以上かつ介護休業開始予定日から93日を経過する日を超えて引き続き雇用されることが見込まれる者であり、日々雇用される者は対象になりません（育児・介護休業法11条1項）。

また、介護対象者は家族（配偶者、父母、子、配偶者の父母並びに労働者が同居しかつ扶養している祖父母、兄弟姉妹および孫）であり、その家族が要介護状態（負傷、疾病または身体上もしくは精神上の障害により、2週間以上の期間にわたり常時介護を必要とする状態）にある必要があります。

休業期間は、対象家族一人につき、要介護状態に至るごとに1回、通算93日までの間で労働者が希望して申し出た期間となります。いったん要介護状

態から回復した後に2回目の介護休暇を取得することはできますが、要介護状態が継続している間に、2回に分けて介護休暇を取得することは認められません（育児・介護休業法11条3項）。

### (3) 就業規則の有無・性別との関係

育児休業・介護休業を取得する権利は、育児・介護休業法という法律に基づいて認められるものですから、たとえ就業規則に育児休業や介護休業についての制度が定められていなくとも、労働者は育児・介護休業を取得することが可能となります。また、育児・介護休業については、産前・産後休業（労働基準法65条）とは異なり、男女の性別に関係なく認められます。

## 2 会社としてなすべき対応

労働者が育児・介護休業の申出を行った場合、会社は、原則として、労働者からの申出を拒否することはできません（育児・介護休業法6条1項本文・12条1項）。したがって、設問でも、会社の業務に都合が悪いという理由だけで育児・介護休業を許さないという対応は認められないことになります。

また、会社が育児・介護休業を申し出た従業員に対して、そのことを理由として解雇その他不利益な取扱いをすることも禁止されています（育児・介護休業法10条・16条）。労働契約の更新拒絶や、契約内容の変更の強要、降格、自宅待機命令、減給や賞与における不利益算定などは上記の不利益取扱いに含まれると考えられます。

ただし、以上の例外として、会社は、その労働者が雇用される事業所の労働者の過半数で組織する労働組合、または、その事業所の労働者の過半数を代表する者との書面による協定を結んでいる場合には、以下の者については育児・介護休業の申出を拒むことができます（育児・介護休業法6条1項ただし書・12条2項）。

① 会社に引き続き雇用された期間が1年に満たない者
② 育児休業申出の日から1年以内（6カ月の延長申請の場合は6カ月以内）に雇用関係が終了することが明らかな労働者、1週間の労働日数が

2日以下の者など

なお、平成21年の法改正以前は、いわゆる専業主婦が子を養育することが可能な場合にはその夫の育児休業取得を不可とする労使協定を締結することが可能でしたが、法改正以後はそのような労使協定を認める規定が廃止されましたのでご注意ください。

## 3 育児・介護中の従業員に関する制度

育児・介護休業法は、育児・介護休業制度のみならず、子の養育や家族の介護をする従業員に関して、以下のような制度を定めています。

(1) 子の看護休暇制度

小学校入学までの子を養育する労働者は、申出により、小学校就学前の子が一人であれば年5日（二人以上なら年10日）まで、病気等をした子の看護のための休暇を取得できます（育児・介護休業法16条の2）。

(2) 介護休暇制度

要介護状態にある家族を介護する労働者は、申出により、要介護状態にある家族が一人であれば年5日（二人以上なら年10日）まで、介護のための休暇を取得できます（育児・介護休業法16条の5）。

(3) 短時間勤務等の措置

会社は、3歳未満の子の養育あるいは常時介護を必要とする家族の介護をする労働者で、育児・介護休業を取得していない者について、労働者の申出により、短時間勤務制度などの一定の措置を講ずる義務を負います（育児・介護休業法23条1項）。

(4) 所定外労働の免除

会社は、3歳未満の子を養育する労働者が請求した場合には、所定労働時間を超えて労働させてはならない義務を負います（育児・介護休業法16条の8）。

(5) 時間外労働・深夜労働の制限

会社は、小学校入学までの子を養育し、または常時介護を必要とする家族

を介護をする労働者が請求した場合には、月24時間、年150時間を超えた時間外労働や、深夜労働をさせてはならない義務を負います（育児・介護休業法17条1項・18条1項・19条1項・20条1項）。

(6) 転勤についての配慮

会社は、労働者の転勤については、その育児や介護の状況に配慮しなくてはならないとさています（育児・介護休業法26条）。

（宮嶋　太郎）

# Question 4 給料の現金支給を求める部下への対処法

当社では、給与を各従業員の銀行口座に振り込んで支払っています。しかし、先日、ある従業員から給与の支払方法を来月より現金払いにしてほしいとの申出を受けました。事情を聞くと、妻との仲が険悪となり別居しているが、現在の振込先口座は事実上妻に管理されているため、現金で受け取り、自分で給与を管理したいとのことでした。どのように対応するべきでしょうか。

☞ Check

・賃金の支払方法は現金払いが原則であり、会社の都合で口座振込みを強制することはできない。
・妻が口座振込みを継続するように要請してきたとしても、本人の意思を優先するほかない。
・差押えの通知が届いた場合には、それに従って対応する。

# Answer

## 1 賃金の支払いに関する原則

労働基準法24条1項本文は「賃金は、通貨で、直接労働者に、その全額を支払わなければならない」と定めています。この規定によれば、賃金は「通貨」すなわち現金で支払うものとされており、銀行口座への振込みによる支払方法は原則として認められないこととなります。

ただし、労働基準法24条1項ただし書における「厚生労働省令で定める賃金について確実な支払の方法で厚生労働省令で定めるものによる場合」とし

て、各従業員の同意がある場合には、口座振込みの方法が例外的に認められるということになっています。

このように、現在多くの会社が行っている給料の口座振込みによる支払いは、法律上はあくまで、各従業員の同意がある場合の例外的な支払方法ということになります。

そうすると、設問のように、従業員が現金払いの方法への変更を申し出た場合には、口座振込みの方法への同意は撤回されていると考えるほかありませんので、会社としては、当該従業員については、賃金の支払方法を現金払いに変更するという対応をすべきということになります。もっとも、会社の事務手続上、なるべく口座振込みでの支払いを継続したいという場合には、当該従業員が自分で管理できる別の銀行口座への振込みなどの方法を提案し、従業員の同意を得られないかを確認してみるとよいでしょう。

## 2　妻からの要請があった場合の対応

会社が当該従業員の申出に応じて給料の支払いを現金払いの方法に変更したところ、その直後に、別居している当該従業員の妻から「給料の支払いを元の口座への振込みの方法に戻してほしい。夫が生活費を支払ってくれないのでこのままでは生活できない」といった申入れがあった場合はどうするべきでしょうか。

この点、当該従業員とその妻の関係をみると、法律的には、妻が当該従業員に対して生活費の支払いを求めることができる場合が多いと思われます。しかし、そのような法律関係はあくまで夫婦間での問題であり、会社と労働契約を締結しているのは当該従業員本人のみであって、その妻と会社とは何の法律的な関係もありません。このことから、会社としては、当該従業員が現金払いの方法を希望する限り、妻の要請を受け入れて給料の支払いを元の口座への振込みの方法に戻すことはできません。

では、当該従業員の妻が、夫の同意を得たと言って現金払いになっている給料を会社まで直接受け取りにきた場合はどのように対応するべきでしょう

Ⅰ 社内のトラブル

か。

　この点、労働基準法24条1項本文によれば、賃金は、「直接」すなわち労働者本人に対して支払うものとされており、たとえその妻であっても、原則として給料の受け取りはできないということになります。しかし、その例外として、妻が夫の委託を受けて「使者」として給料の受け取りにきたような場合には、「使者」に対して支払うことも差し支えないとも理解されています。そこで、会社としては、まず、当該従業員に対して、本当に妻に対して給料受け取りの委託をしたのかどうかということを確認し、その確認がとれた段階で、支払いに応じるという対応が適切でしょう。当該従業員から妻との別居の事実を聞いている以上、直ちに妻の言い分だけを信じて支払いに応じることは、会社が夫婦間のトラブルに巻き込まれる可能性を生みますので慎重な対応が必要です。

## 3　賃金の差押えに関する対応

　別居中の夫がその妻に生活費を支払わないという場合、その妻が夫に対する生活費の支払いを命ずる審判を取得するなどしたうえで、夫の給料を差し押さえるという方法をとるケースがあります。このような場合、裁判所から会社に対して夫の給料を差し押さえる旨の差押命令が届くことになりますが、会社としてはどのような対応をとることになるでしょうか。

　こうした差押えがなされた場合、会社は、原則として、差押えの範囲にかかる給料の支払いをやめ、差押命令と同封されてくる陳述書に回答を記入したうえ、弁済を拒否する事由がない場合には、差押債権者である妻に対して差押えにかかる給料を支払うことになります（ただし、他の債権者からの差押えが競合するような場合には別の対応が必要となります）。

　もちろん、このような差押えの結果として給料を従業員本人以外の者に支払ったという場合には、労働基準法24条1項本文の違反となることはありません。

　なお、婚姻費用や養育費等の場合には、通常の債権を回収するための差押

えの場合と異なり、給与額から税金と社会保険料を引いた残額の2分の1（「残額の2分の1」が33万円を超えるときは33万円を超える部分）までを差し押さえることができるとされています。

▶▶▷ One Point Advice

　労働基準法24条は、労働の対価である賃金が労働者の手にしっかりと渡るようにするため、賃金の支払いに関して、五つの原則を規定しています。本文でみた「通貨払いの原則」「直接払いの原則」のほか、「全額払いの原則」（賃金の全額を労働者に支払わなければならない）、「毎月1回以上払いの原則」（毎月1回以上支払わなくてはならない）、「一定期日払いの原則」（毎月一定期日に支払わなければならない）があります。

（宮嶋　太郎）

I 社内のトラブル

## Question 5 家族から頻繁に電話がかかってくる部下への対処法

　最近、当社のある従業員の家族から当該従業員のところに、電話が頻繁にかかってきています。電話の内容は、緊急を要するものではなく、当然会社の業務とも無関係なもののようです。それにもかかわらず、毎回長話をされて業務に支障が出ています。どのように対処したらよいでしょうか。

☞ Check

・職務専念義務や会社財産の管理権の観点から、必要性のない私用電話は慎むよう指導すべき。
・指導に従わない場合には懲戒処分や解雇もありうるが、処分内容の選択は慎重に行うべきである。

## Answer

### 1 私用電話を制限する根拠

　従業員が、業務に支障を来すほどの私用電話を行っている場合、これを制限するためには、どのような考え方を根拠とすることができるでしょうか。
　この点、従業員は、労働契約によって自己の職務を誠実に履行し、これに専念する義務（職務専念義務）を負うものとされています。したがって、労働者が就業時間内にその業務とは無関係な私用に時間を費やすことは、原則として、この職務専念義務に違反する行為となるものと考えられます。
　また、会社に設置された電話は、業務遂行のための会社財産であり、会社の施設管理権の対象となるものです。したがって、このような会社財産を私

的に利用することは、会社の施設管理権の侵害にもなり得ます。

　会社は、原則としては、これらの考え方を根拠として、従業員による私用電話を制限できることになります。もっとも、従業員は個人として社会生活を送っている以上、就業時間中に外部と連絡をとることが一切許されないわけではありません。電子メールの例ですが、就業規則等に特段の定めがない限り、職務遂行の支障とならず、使用者に過度の経済的負担をかけないなど社会通念上相当と認められる限度で使用者のパソコン等を利用して私用メールを送受信するような場合には、上記の職務専念義務に違反しないとする裁判例もあります（東京地判平成15・9・22〔グレイワールドワイド事件〕）ので、上記の原則が絶対的なものではないことには注意を要します。

## 2　会社としてどう対処すべきか

　設問のように、私用電話を繰り返す従業員に対しては、会社としてどのような対処をしていくことが適切でしょうか。

　まず、設問では、家族からの電話の内容は、緊急を要するものではなく、会社の業務とも無関係であって、会社の業務に支障を来しているとのことですから、このような電話に応じて長話を繰り返す行為が、職務専念義務違反となりうるものであることは明らかといえます。

　また、従業員が会社の電話機を利用して私的な電話をしているのであれば、それは、会社財産の私的利用という観点からも問題となりうる行為といえます（なお、一般的な就業規則には、会社財産の私的利用を禁止する旨の規定が含まれていることが多いと思われますが、法的には会社が私的利用を積極的に許容していない限り、従業員による会社財産の規定は会社の施設管理権の侵害となりうるものと考えられます）。

　そこで、会社としては、当該従業員に対し、まずは家族との長電話が前記のような観点で問題となる行為であることを注意し、これをとりやめるように指導をするべきです。具体的には、家族との電話連絡は、休憩時間中に、自己の携帯電話で行うように指導するべきでしょう。

## 3　懲戒処分や解雇

次に、このような指導をしているにもかかわらず、当該従業員が全く態度を改めないような場合には、当該従業員に対する懲戒処分や解雇を検討すべきこととなります。

もっとも、懲戒処分や解雇を行う場合には、職務専念義務違反や会社の施設管理権侵害が形式的に認められるというだけでは足りず、そのような処分をするに値する実質を備えた違反行為が存在することが必要です。あまりにバランスを欠いた処分をすると、のちに裁判で無効と判断される可能性もありますので注意しなければなりません。

この意味で、会社としては、少なくとも2～3回程度上記の指導を繰り返したうえで、それでも当該従業員に改善がみられないという場合において、初めて処分を検討することが適切でしょう（指導の経過は記録に残しておくことが肝要です）。

また、処分の内容についても、従業員の私的電話によって会社に重大な損害が具体的に生じたというような場合でない限り、まずは譴責程度の軽いものを選択するのが妥当と思われます。

▶▶▷ One Point Advice

設問では従業員による私用電話について検討しましたが、近年は、従業員が会社のパソコンから私用メールを送受信する場合について同様の問題となるケースが増加しています。基本的には電話の場合と同様の対応となりますが、特に電子メールの場合は、電話の場合と比べても、会社の重要情報が漏えいしてしまうリスク等が大きいといえますので、あらかじめ詳細な私的利用禁止規程を設けるなどして、事前対策をとることが重要です。もっとも、従業員の送受信する私用電子メールを会社が常時監視することについては、プライバシーとの関連で、必要性・合理性の観点から一定の制約があるものと考えられていることには注意してください。

（宮嶋　太郎）

## Question 6 家族や親戚に反社会的勢力に属する人物がいる従業員への対処法

当社のある従業員の家族が、反社会的勢力に属していることが発覚しました。本人自身は特に反社会的勢力の活動に関与していないと言っていますが、心配なので解雇したいと思っています。そのような対応に問題はありますでしょうか。

☞ Check
・暴力団排除条例が全国的に制定されており、反社会的勢力の排除は今日の社会の流れとなっている。
・反社会的勢力に属する者の入社を排除するには、労働契約にいわゆる暴力団排除条項（以下、「暴排条項」という）の導入が適切である。
・家族や親戚に反社会勢力に属する人物がいるということのみから解雇することは困難である。

## Answer

### 1 反社会的勢力排除の流れ

暴力団による資金獲得活動が巧妙化しつつあることに鑑み、2007年6月19日に法務省より犯罪対策閣僚会議幹事会申合せの形で「企業が反社会的勢力による被害を防止するための指針」が公表されました。

また、これに続いて、2010年4月施行の福岡県を皮切りに、全国各地で暴力団排除条例が制定され、現在ではすべての都道府県で暴力団排除条例が制定されるに至っています。

これらにより、わが国における反社会的勢力への対応については、それま

*211*

での「不当要求の排除」から、「一切の関係遮断」という一歩進んだ対応が求められることとなったと理解されています。

なお、詳しくは立ち入りませんが、ここでいう「反社会的勢力」とは、暴力、威力と詐欺的手法を駆使して経済的利益を追求する集団または個人のことと定義されています。また、その認定に際しては、暴力団、暴力団関係企業、総会屋、社会運動標ぼうゴロ、政治活動標ぼうゴロ、特殊知能暴力集団等といった属性要件に着目するとともに、暴力的な要求行為、法的な責任を超えた不当な要求といった行為要件にも着目することが重要であるとされています。

## 2　反社会的勢力排除のための事前対策

このような社会的状況の下で、会社は、その取引先との関係のみならず、自ら雇用する従業員との関係でも、反社会的勢力対策が求められているものということができます。具体的にはどのようなものが考えられるでしょうか。

この点、会社にとって最も現実的な対応策としては、いわゆる「暴排条項」を導入することがあげられるでしょう。これは「当該従業員が暴力団関係者である場合には会社は雇用契約を解除できる」ということを労働契約の内容として規定しておく、というものです。ただし、就業規則で定める基準に達しない労働条件を定める労働契約は、その部分については無効されますので（労働契約法12条）、このような条項は就業規則に明記しておくことが適切でしょう。

また、従業員の採用段階においては、自身が暴力団関係者ではない旨の確認書を作成させ、会社に差し入れてもらうという方法も併用するとよいでしょう。このような書面を作成しておきながら、実は暴力団関係者であったということが入社後に判明した場合には、当該従業員は上記の暴排条項に反する詐称を行っていたということになりますので、この点を根拠に解雇等を行っていくことが考えられます。

もっとも、解雇の効力を訴訟等で争われた場合には、当該従業員が暴力団

関係者に該当することの主張立証責任は会社側に課せられることになります。もし会社が敗訴した場合には、会社に多額の金銭的負担が生じる場合もあります。この点からすると、解雇の前提となる事実調査と証拠収集については入念に行っておく必要があるといえます。

## 3　家族等が反社会的勢力に属する場合

では、設問のように、従業員本人ではなく、その家族や親戚に反社会的勢力に属する人物がいる場合、当該従業員を解雇することは可能でしょうか。

この点、労働基準法3条は、「使用者は、労働者の国籍、信条又は社会的身分を理由として、賃金、労働時間その他の労働条件について、差別的取扱をしてはならない」との規定をおいています。さらに、憲法14条1項は「すべて国民は、法の下に平等であつて、人種、信条、性別、社会的身分又は門地により、政治的、経済的又は社会的関係において、差別されない」と定めています。

これらの規定からすると、従業員本人ではなく、その家族が暴力団関係者であるということのみを理由とする解雇は、たとえ就業規則等に記載があったとしても困難であるといわざるを得ません。こうした就業規則の規定自体が、差別的内容であるとして無効とされてしまう可能性が高いからです。したがって、このような場合に会社がなしうる対応は、原則として、当該従業員に対し、暴力団の活動を助長するような行動を一切回避するように指導するという限度にとどまるものと思われます。

もっとも、当該従業員が、家族である暴力団員に対して銀行口座の名義貸しを行うなど暴力団の維持運営に協力しているという場合や、親族に暴力団員がいることを示唆して会社の取引先に契約を強要するような行為があったと認められるような場合には、もはや当該従業員が暴力団関係者と判断される余地もありますので、その場合にはあらためて解雇等の対応を検討してください。

（宮嶋　太郎）

## Question 7　副業をしている部下への対処法

当社は就業規則で兼業を禁止しているのですが、先日、当社の従業員が、3カ月前より、勤務時間外にアルバイトをしていることが発覚しました。そのせいか、最近、この従業員は以前よりもかなり疲れているようで心配です。どのように対処したらよいでしょうか。

☞ Check

・兼業を禁止する法律はないが、就業規則等により従業員の兼業を禁止する規定があれば、制限が可能となりうる。
・もっとも、本業の労務提供に支障が生ずる場合などに限って、兼業禁止規定違反と判断される傾向が強い。
・兼業禁止規定違反とされた場合でも、懲戒処分の内容によっては、権利の濫用と判断される場合がありうる。

## Answer

### 1　兼業禁止規定の有効性

近年、終身雇用や年功序列の賃金制度が崩壊しつつあることにより、本業以外で収入を得ようとする者が増加しています。このような傾向に伴い、会社が兼業を行っている従業員に対してどう対応すべきかという問題は、実務上も発生しやすくなってきているといえます。

わが国には、法律上、労働者の兼業を禁止する規定はありません。労働者は雇用契約を通じて一定の時間のみ労務を提供するものである以上、勤務時間外にどのような活動をするかは本来労働者の自由であり、その時間を別の

仕事にあてるということも、労働者の自由であるというのが原則です。

他方で、就業規則により従業員の副業を禁止（ないしは許可制）にしている企業は多くあります。そこでまず、このような規定が労働者の自由を制限するものとして無効となるのではないかが問題となります。

この点、裁判例の傾向としては、労働者の兼業が会社の利益に影響する場合もあることを考慮して、兼業禁止規定が一律に無効となるとすることはほとんどありません。しかし、このような規定が労働者の自由を制限するものであるということとのバランスから、裁判例の多くは、企業への労務提供への支障が生じる、あるいは企業の秩序を害するような兼業に限って、兼業禁止規定違反に該当するという限定的な解釈を行っています。

## 2　兼業禁止規定が存在する場合

では、設問ではどのような対応をするべきことになるでしょうか。

この点、設問では、たしかに形式上兼業禁止規定に違反する二重就職の事実があるようですが、上記のような裁判例の考え方に従うとすれば、これを直ちに兼業禁止規定違反として扱うことはできません。

そこで、会社としては、まずは当該従業員に対する聴取りをするなどして、当該従業員の行っている副業に関する事実を調査する必要があります。具体的には、以下のような事情を確認するとよいでしょう。

### (1)　副業を行う時間や頻度

副業を行う時間が長く、あるいはその頻度が多い場合には、労働者の心身への疲労が大きくなりやすいものといえます。また、短時間であっても、副業先での勤務時間帯が深夜に及ぶような場合には、日中の仕事への影響は大きくなりやすいと考えられます。

### (2)　副業先の事業内容

副業先の事業内容が、本業の事業と競合するような場合には、機密事項が持ち出されるなどして、会社への悪影響が生ずる可能性があることから、兼業禁止規定違反が認められやすくなるといえます（もっとも、当該従業員がお

よそ機密事項とかかわりのない立場にいる場合には、このような考慮は働きにくいと考えられます）。

また、本業が高度の社会的信用を要求される事業内容である一方で、副業先で勤務していること自体が本業の勤務先の信用を低下させるような場合には、企業秩序維持の観点から兼業禁止規定違反が認められやすくなるといえるでしょう。

(3) 副業先における本人の作業内容

副業先における本人の具体的な作業の内容が、肉体的・精神的に重度の負荷を強いる者であるような場合には、本業における労務提供に支障を生ずるおそれが多くなるという観点から、兼業禁止規定違反が認められやすくなると考えられます。

以上のような事実確認を行ったうえで、当該従業員による兼業が、会社への労務提供への支障が生じさせ、あるいは企業の秩序を害するようなものであると判断される場合には、懲戒処分や解雇等の措置を行うということになりましょう。ただし、これらの措置を行うにしても、まずは当該従業員に対して二重就業の解消を求めたうえで、従業員がそれに従わない場合に行うなどの段階を踏むことで、事後的に権利の濫用であるなどという反論をされないようにするべきでしょう。

## 3 兼業禁止規定が存在しない場合

以上の場合と異なり、会社に兼業禁止規定が存在しないという場合はどのように考えればよいでしょうか。

この点、前述のとおり、従業員が勤務時間外にどのような活動をするかということは、原則としてその従業員の自由に委ねられていると考えられますので、兼業禁止規定が存在しない場合には原則として従業員による副業を制限することはできません。

もっとも、副業を継続した結果として当該従業員の本業における労務提供が疎かになっている場合や、当該従業員が本業の勤務時間内に副業に関係す

る作業を行っていたような場合には、それ自体が職務専念義務違反に当たると考えられますので、副業を行っていることを理由とするのではなく、そのような職務専念義務違反を直接の理由として何らかの処分をすることは当然にありうることです。

なお、本稿の兼業禁止については、第3章Ⅱ2(3)（59頁）も参照してください。

▶▶▷ One Point Advice

労働基準法38条1項は、「労働時間は、事業場を異にする場合においても、労働時間に関する規定の適用については通算する」と定めています。これによれば、たとえばある従業員が早朝3時間アルバイトを行ったあとで、本業の勤務先で8時間の労働を行った場合、本業の勤務先で3時間の法定時間外労働を行ったことになります。この3時間部分については本業の使用者が割増賃金を負担しなくてはなりませんので、この点にも注意しておく必要があります。

（宮嶋　太郎）

## 4　元役員・元社員とのトラブル

### Question 1　退職した元社員による秘密開示と競業行為への対処法

成績優秀であった営業社員が、退職後、当社と同種の事業を行う会社に就職しました。そして、転職先において、当社から持ち出した顧客名簿を利用して、当社の顧客先に営業行為をかけています。この元社員は退職の際に、「退職後1年間は同業他社に就職し、同業種の事業を営んではならない。また、会社、顧客並びに取引先等の機密事項および業務上知り得た秘密情報を許可無く他に漏らしてはならない」旨記載された誓約書を提出しています。このような場合、会社としてはどのように対処するべきでしょうか。

☞ Check

・退職後の社員に、特約等により競業避止義務を課しても、これが常に有効になるわけではない。
・会社としては、元社員が競業避止義務の合意に違反した場合、損害賠償請求と当該競業行為の差止請求が可能である。

### Answer

#### 1　基本的な考え方

会社としては、元社員が同業他社へ転職することは、会社の機密情報（営業上のノウハウや技術、顧客リスト等）が漏れたり顧客が奪われる危険がある

ので、できるだけ避けたいものです。そこで、会社としては、社員が退職した後も、機密情報をほかに漏らさないよう、秘密保持のための対策をとることが重要になります。このような考えから、会社は、社員に対し、退職後に同業他社に就職しないよう、競業避止契約を締結させたり、これに関する誓約書を提出させるのが通常です。

　一方、社員の立場からすれば、新しい会社でもこれまで培った知識や技術を活用したいのが通常であり、同業他社への就職を望む場合が多いでしょう。そもそも、社員には、職業選択の自由（憲法22条1項）があり、そこには転職の自由も含まれます。そのため、退職後について、社員の同業他社への就職を禁じたり一切の競業行為を禁じることは、職業選択の自由を侵害することから制限的に解されています。

　したがって、会社が、特約等により、退職後の社員に競業の禁止を約束させても、当該合意がどのような場合も有効になるわけではありません。

## 2　競業避止義務に関する合意の有効性判断

　この点、退職後の競業避止義務に関する合意の有効性について争いになった裁判例においては、①守るべき企業の利益があるかどうか（①を前提として競業避止義務に関する合意の内容が目的に照らして合理的な範囲にとどまっているかという観点から）、②社員の地位が、競業避止義務を課す必要性が認められる立場にあるものといえるか、③地域的な限定があるか、④競業避止義務の存続期間や、⑤禁止される競業行為の範囲について必要な制限がかけられているか、⑥代償措置が講じられているかといったさまざまな要素を考慮のうえ、当該合意の有効性判断を行っています（奈良地判昭和45・10・23〔フォセコ・ジャパン・リミテッド事件〕等）。

　同種の裁判例をみると、退職後の競業避止義務に関する合意については、競業が禁止される期間が短く、代償措置が講じられている場合には、有効と判断されやすいようです。

## 3 保護されるべき秘密情報

　会社としては、普段から、流出しては困る営業上の秘密を厳重に管理し、秘密情報に接触できる人を限定することで、秘密情報が外部に流出しないようにあらかじめの対抗策を講じておく必要があります。そして、退職する社員に対しては、設問のように誓約書等を提出させることで、退職後に外部に秘密情報を漏洩することを禁じる場合（退職後の守秘義務）が通常です。

　この場合の秘密情報とはどのようなものを指すかについては、不正競争防止法上の「営業秘密」の概念が参考になります（不正競争防止法2条1項7号、同条6項）。同法が保護の対象とする「営業秘密」というためには、①秘密管理性、②有用性、③非公知性といった要件を満たす必要があります。もっとも、会社にとって秘密保持の必要がある情報は「営業秘密」そのものに限られないため、会社は社員に対し、これよりも広い範囲で退職後の守秘義務を課すことになります。この点、裁判例において、退職後の守秘義務の対象となる情報は、少なくとも、秘密管理性と非公知性の要件が必要であると判示したものがあります（東京地判平成24・3・13〔関東工業事件〕）。

## 4 会社としてとるべき手段

　会社としては、元社員が競業避止義務の合意に違反したことで損害を被った場合、損害賠償請求と当該競業行為の差止請求をすることが考えられます。

　設問の場合でみれば、優秀な営業の元社員が、同業他社に転職したうえに、会社から持ち出した顧客名簿を利用して営業行為まで行っているので、競業避止義務の合意に違反しています。上記のとおり、誓約書自体の有効性（競業避止義務の合意の有効性）が問題となりますが、対象とされているのが成績優秀な営業社員（この社員が営業行為をかけた場合、顧客を奪われる可能性が大きい）で、競業が禁止される期間も1年間と比較的短いので、何らかの代償措置が講じられていれば、設問の誓約書は有効となり得ます。また、設問の場合、元社員は、会社から顧客名簿を持ち出し利用しており、これが秘密情

報に当たるかも問題となりますが、当該名簿が会社内において明確な形で秘密として管理されている場合は、秘密情報に当たるといい得るでしょう。

したがって、設問の場合、会社の元社員に対する、損害賠償請求および競業行為の差止請求が認められる可能性があります。

なお、本稿の競業避止義務および秘密保持については第3章Ⅱ(3)(59頁)同(4)(61頁)も参照してください。

▶▶▷ One Point Advice

設問のような秘密情報の漏えいを含む競業行為を防ぐためには、会社としては、秘密情報について第三者に漏洩しないことが当然であるということを日頃から社員に意識づけしておく必要があります。すなわち、退職するときにだけ誓約書等を書かせるのではなく、入社時、管理職等一定の責任ある立場に就いたとき、特定のプロジェクトに参加するときなど、ことあるごとに誓約書等を提出してもらい、社員の情報漏えい防止への意識を高めておくことが重要といえます。また、秘密情報の管理にあたっては、何を秘密情報とするかについて十分に検討し、そのうえで秘密と判断した情報を厳重に保護する体制を整えることが重要といえます。

(横山　聡)

I　社内のトラブル

## Question 2　元社員による引き抜き行為への対処法

ライバル会社に転職した元社員が、成績が優秀な当社の営業社員10名（全社員300名）をライバル会社に転職させました。その後も、この元社員は当社の社員と接触して引き抜き行為を行っています。この引き抜き行為をやめさせるには、会社としてどのように対処すればよいでしょうか。

☞ Check
・元社員の引き抜き行為が、転職の勧誘や情報提供と評価できる程度のものであれば、適法といえる。
・しかし、元社員の引き抜き行為が、社会的相当性を逸脱している場合には違法となり、法的な対抗措置も認められる。

## Answer

### 1　引き抜き行為の問題点とこれに対する対抗措置の可否

ライバル会社へ転職した元社員による社員の引き抜き行為は、会社にとっては、優秀な人材を失ったり、営業秘密の流出のおそれや顧客が奪われるおそれなどもあり、大きな損失を被る可能性があります。また、このような引き抜き行為は、会社全体の士気へも大きな影響を与えるものです。そのため、会社としては、なんとかしてこのような行為をすぐにでもやめさせたいところです。

そこで、そもそも、引き抜き行為に対する法的な対抗措置は認められるのかが問題となります。

社員の引き抜き行為の是非の問題は、個人の職業選択の自由（憲法22条1

項）の保障と会社の利益の保護という二つの利益をどのように調整するかという点から検討することになります。

すなわち、社員個人には、憲法上、職業選択の自由の一つとして転職の自由が保障されています。そのため、元社員の引き抜き行為が、転職の勧誘や情報提供と評価できる程度のものであれば、当該行為は会社の利益を害するというよりは、社員の転職の自由に資するものと考えられるため、適法といえることになります。したがって、この場合、会社は、元社員の引き抜き行為に対する差止請求や、損害賠償請求等の法的措置をとることができません。

とはいえ、法的対抗措置をとれない場合でも、現実の状況をみれば、会社としては、元社員の引き抜き行為をそのまま放置することはできない場合があるでしょう。そこで、会社としては、法的な対抗措置はとれないとしても、引き抜き行為を行う元社員と継続的に話し合い、引き抜き行為をやめるように説得するなど事実上の手段をとるべきでしょう。そして、元社員（もしくは、元社員が現在勤務する会社）との間で、引き抜き行為を行わないことに関する何らかの合意を締結することをめざすべきでしょう。

## 2　社員の引き抜き行為が違法となる場合

もっとも、元社員の引き抜き行為は、いかなる場合も適法といえるのではなく、当該行為が、単なる転職の勧誘や情報提供にとどまらず、社会的相当性を逸脱している場合には違法となり法的な対抗措置が認められます。

裁判例においては、社会的相当性を逸脱した引き抜き行為であるか否かは、「転職する従業員のその会社に占める地位、会社内部における待遇及び人数、従業員の転職が会社に及ぼす影響、転職の勧誘に用いた方法（退職時期の予告の有無、秘密性、計画性等）等諸般の事情を総合考慮して判断すべき」とされています（東京地判平成3・2・25）。

たとえば、退職時期を考慮せず（事前の予告等を一切行わないなど会社の利益に配慮をみせず）、幹部および営業社員を組織的・計画的に、一斉かつ大量に引き抜いた場合等は、悪質性が高く、社会的相当性を逸脱した引き抜き行

為であると判断される可能性が高いです。

## 3　設問の場合

　設問の場合、引き抜きの対象者が優秀な営業社員であり、人数も10人と全体の社員数と比較しても多いので、これが短期間のうちに秘密裏に行われたのであれば、違法となる可能性があります。しかも、現在も、引き抜き行為が継続して行われていることから、この点も引き抜き行為として相当性を逸脱することを基礎づける事情といい得るでしょう。

　この場合、会社がとりうる手段としては、引き抜き行為の差止請求を行う、不法行為に基づく損害賠償請求を行う、元社員の退職金の不支給処分や退職金の返還請求を行う（もっとも、これを行うには一定の要件を満たす必要があります）などが考えられます。

　なお、どの手段をとるべきか（そもそも、その手段をとることが可能か）については、具体的な事案によって変わってきます。そこで、会社としては、まず、どのような手段を選択するべきかについて弁護士等に相談をし、慎重な検討を重ねることが重要でしょう。

（横山　聡）

## Question 3　在職中の懲戒事案が発覚した場合の退職金請求への対処法

　元社員が在職中に会社のお金を横領していた事実が発覚しました。退職を取り消して懲戒解雇とすることはできますか。また、退職金を支給しないことはできますか。退職金をすでに支給している場合は返還を求めることができますか。

☞ Check
・元社員に対して会社が懲戒処分を行うことは原則できない。
・退職金の不支給処分や返還請求を行うには、①就業規則や退職金規程等にそのような処分をとる場合があることについて明記してあること、②懲戒事由に該当する事実が信義に反する行為といえることが必要。

## Answer

### 1　退職後の懲戒処分の可否

　懲戒処分は、労働契約を前提として、会社の秩序や利益を維持するために、会社が社員に対して行う不利益処分です。そのため、すでに会社との労働契約関係から離脱している元社員に対して、会社が懲戒処分を行うことはできません。

　なお、元社員の退職が労働契約の合意解約（合意退職）という方法による場合は、詐欺を理由に退職に関する会社の承諾を取り消したり（民法96条1項）、錯誤によりこれを無効とすれば（同法95条）、あらためて懲戒解雇処分を行うことも法的には可能となりますが、あまり現実的な手段とはいえないでしょう。

## 2　退職金を不支給とすることの可否

　懲戒事由に該当する事実が確認されたことによって、退職金を不支給とするには、一定の要件が必要とされています。

　まず、①懲戒事由が確認された場合、退職金を不支給とする場合があることについて、就業規則や退職金規程等に明記してあることが必要です。これらに明記してあることで、労働契約の内容となり、不支給処分をとることが可能となります。

　次に、②退職金における賃金の後払い的性格を考慮し、懲戒事由に該当する事実が、従業員のこれまでの勤続の功績を打ち消すほどの信義に反する行為（背信性が高い行為）といえることが必要となります。裁判例においても、在職中の懲戒解雇事由が退職後に判明したケース等で、社員の行為の著しい背信性等を理由に、退職金を不支給とした例がみられます。たとえば、大阪地判平成11・1・29〔大器事件〕は、あえて見積価格の1割高の価格で商品を仕入れた行為について、重大で悪質な非違行為であるなどとして、退職金の不支給を認めています。

　ほかには、懲戒解雇された従業員のケースではありますが、名古屋地判平成15・9・30〔トヨタ車体事件〕は、課長職という地位とこれに伴う発注権限等を濫用して1800万円以上の多額のリベートを受領した行為について、悪質な行為であるなどとして、退職金の不支給を認めています。

　設問についてみれば、元社員が横領行為を行っていたのですから、横領した額が極めて少ない場合以外は、基本的に、退職金不支給とすることに合理的な理由があるといえるでしょう。したがって、設問の場合、退職金不支給処分の規定が存在すれば、当該処分をとることは可能といえます。

## 3　退職金の返還請求の可否

　また、会社が退職金を支払った後に懲戒事由に該当する事実が発覚した場合は、会社から元社員に対して支払った退職金の返還を請求できます。

この点、裁判例においても、本問と事案は異なりますが、退職金規定中の退職金不支給事由に該当する事実が存在する場合、会社から退職した元社員に対する、すでに支払った退職金の全額返還請求を認めたものがあります（福井地判昭和62・6・19〔福井新聞社事件〕）。

　もっとも、退職金の返還請求の場合も、前記2の場合と同様に、要件として、①懲戒事由が確認された場合、退職金の返還を請求する場合があることについて、就業規則や退職金規程等に明記してあること、②当該懲戒事由に該当する事実が信義に反する行為といえることが必要と考えられます。

　なお、懲戒解雇処分を行うことなく労働者が退職し、退職金請求権が発生した場合でも、後に在職中に背信行為を行っていたことが判明し、その背信性が重大な場合、退職金請求権の行使そのものが権利の濫用に当たり、請求が認められない場合がある（東京地判平成12・12・18〔アイビ・プロテック事件〕、大阪地判平成21・3・30〔ピアス事件〕）。この背信性が重大な場合とは、懲戒解雇における退職金の不支給の場合と同様、過去の勤続の功を抹消する程度にまで著しく信義に反する行為をいうものがあります（前掲ピアス事件）。

▶▶▷ One Point Advice

　前記のとおり、退職金の（全額）不支給や返還請求は、懲戒事実の内容や程度によって認められるか否かが異なってきます。

　このことから考えれば、就業規則や退職金規定には、懲戒事実があった場合について、「退職金を全額不支給とする」など断定的・固定的に定めておくのではなく、「退職金の全部または一部を支給しないことがある」など、事案に応じて柔軟な対応ができる定めをおくことが望ましいでしょう。

（横山　聡）

I　社内のトラブル

## Question 4　雇止めをした社員から労働審判手続申立書が届いた場合の対処法

　１年契約の社員の契約期間が満了したため、契約更新を拒絶しました。この雇止めの理由は、当該社員の勤務態度や成績が不良であったことです。それから約２カ月たった頃、雇止めをした社員を申立人とする労働審判手続申立書が、裁判所から届きました。その書面の中身を見ると、元社員は雇止めの無効、未払賃金（バックペイ）の支払い、残業代の支払いを求めているようです。会社として、どのように対処したらよいでしょうか。

☞ Check

・労働審判には迅速な対応が求められるため、まずは、労働審判手続の申立書が届いたら、すぐに弁護士のもとに相談に行くことが大事である。
・労働審判に対応するには、弁護士と相談したうえでの早期の証拠収集、事前準備が不可欠である。

## Answer

### 1　労働審判制度

　労働審判制度は、労使間の個別紛争を迅速かつ柔軟に解決するために、労働審判法により創設された制度で、原則として審理を行うのは３回に限定されており（労働審判法15条2項）、期日と期日との間は長くても１カ月程度しかとられないため、約３カ月で全体の手続が終了します。手続の流れとしては、通常、第１回期日において、労働者側と会社側がそれぞれ言い分をすべ

て主張し、証拠も提出し、第2回期日において、調停（和解）ができるかどうかの検討を行い、調停ができない場合には第3回期日において審判という形の判断が労働審判委員会（裁判官および労働問題に関する有識者2名の計3名で構成）から下されることになります（審判の結果に不服があれば、異議を出すことが可能です。この場合、通常訴訟に移行します）。

## 2　弁護士への相談の必要性、および相談後の対応

　以上のように、労働審判は迅速性を重視しているため、通常の裁判と異なり、原則として第1回期日までに事実関係についての主張・立証を尽くさなくてはなりません。そのため、第1回期日までに会社側としては、申立て内容をよく検討し、それに対する反論・証拠を十分に準備する必要があります。労働審判における第1回期日は、原則、申立てをしてから40日以内に指定されます（労働審判規則13条）。事案の内容にもよりますが、その期間内に反論・証拠を準備するのは、非常に大変な作業となります。

　したがって、労働審判手続申立書を受け取った会社の対応としては、早急に社内で協議を行い、顧問弁護士や知り合いの弁護士に相談をする必要があります。第1回期日の直前に弁護士に相談したりすると、十分な準備ができないため、会社にとって不利な調停案や審判が出される可能性が高くなります。なお、弁護士への相談の際には、労働審判手続申立書を持参することはもちろん、関係すると考えられる資料をすべて持参するべきです。

　そして、弁護士に相談後、会社としては、弁護士のアドバイスや指示を受けつつ、ポイントとなる事実関係を明らかにする書面を作成したり（できれば、弁護士に相談する段階で、問題となっている事実関係の時系列表等を作成するとよいでしょう）、そこに記載された事実を裏づける証拠を収集することになります。なお、労働審判の期日には申立ての内容に詳しい当事者が出席することが想定されていますので、会社としては、社内のどの人物を出席させるのかについても並行して検討しておかなくてはなりません。そして、その人物が、期日において労働審判委員から事実関係について質問された際に

Ⅰ 社内のトラブル

（代理人弁護士ではなく、その当事者が直接話す必要があります）、ある程度整理して話せるような準備もしておくべきでしょう。

## 3 設問の場合の対応

　設問では、雇止めの有効性、未払いの残業代の有無が問題となります。
　雇止めに関しては、まず、雇用期間の定めのない解雇の場合と同様に考えてよいのかが問題となります（この点については第2章Ⅲ1(3)(24頁)でも説明しているので参照してください）。この際に、メルクマールとなるのが、①雇用の臨時性・常用性（業務内容が補助的なものに過ぎなかったかどうか）、②更新の回数、③雇用の通算期間、④契約期間管理の状況（更新手続が形骸化していたかどうか）、⑤雇用継続の期待をもたせる言動や制度の有無（採用面接担当者の発言や、契約書に定年の記載があるかどうかなど）、⑥労働者の雇用継続に対する期待の相当性（他の有期雇用者は更新拒絶されているかどうか）等です。そのため、会社としては、これらに関連する資料として、雇用契約書、更新時の契約書、採用を通知する際に送った電子メール、その他社員に交付した書面等を集めたうえで、雇止めをした社員の業務内容、更新時にとられた手続、採用担当者が行った説明や他の有期雇用者の更新状況等の事実関係について確認することになります。これらを考慮した結果、雇止めをすることが、期間の定めのない労働契約を締結している労働者を解雇することと社会通念上同視できると認められる場合、または、雇用期間満了時に有期労働契約が更新されるものと期待することについて合理的な理由があると認められる場合は、雇止めに客観的に合理的な理由があるか、社会的相当性があるかについて判断されることになります（労働契約法19条）。設問の場合、雇い止めの理由は、当該社員の勤務態度や成績が不良であったことになります。そのため、会社としては、当該社員の勤務成績資料や出退勤記録、当該社員に対して出した電子メールや注意勧告書、その他当該社員に交付した書面等を集め、上記事実の存在を立証するための準備もするべきです。
　また、未払いの残業代に関しては、まずは、雇止めをした社員が、時間外

労働を行っていたのかを確認する必要がありますので、タイムカードやパソコン内に記録されている出退勤時刻、これらがないのであれば、業務日報や電子メールの送受信時刻等により、労働時間を特定するべきでしょう。そして、未払いの残業代があるのかを計算し（定額の残業手当が支払われている場合は、これを差し引きます）、仮に未払いがあるのであれば、上記資料等に記録されている労働時間が正確なものかどうかについて、当該社員の直属の上司や同僚から事情聴取するなどして、確認することになります。なお、雇止めをした社員が、労働時間等に関する適用除外者、もしくはみなし時間制の適用者といえるような場合は、そもそも、この者に対して残業代の支払義務が生じない可能性があることから、仮にこれらの主張をするのであれば、根拠となる資料を持参のうえ、弁護士に相談してみるとよいでしょう。

▶▶▷ One Point Advice

　労働審判は、調停による解決を想定した制度でもあります。そのため、会社側の言い分がある程度認められるとしても、一定の金銭の支払いを行うことによって事件を解決することが多いです。会社としては、労働審判が始まる前に、話合いで解決する意思があるのか、あるとしてその具体的な条件等について、弁護士とあらかじめ相談・検討しておくべきでしょう。

（横山　聡）

I　社内のトラブル

# Question 5　退職した元社員がインターネット上で会社や上司を誹謗中傷している場合の対処法

　インターネット上の有名な掲示板に、会社や部長職の社員を一方的に誹謗中傷する記事が書き込まれていました。その書き込まれた内容から調査したところ、書き込んだのは最近退職した部長の部下であった社員であることが、判明しました。書き込まれた内容は、全くの事実無根で、会社の対外的信用を著しく傷つけるものです。このような場合、会社としてはどのように対処するべきでしょうか。

☞ Check
・まずは、掲示板の運営者に対し、記事の削除を求めるべきである。
・元社員に対しては損害の賠償を求めることが可能であり、悪質な場合は刑事告訴も可能となる。

# Answer

## 1　インターネット上の掲示板の運営者に対する削除請求

　まず、会社として最初に検討すべきことは、掲示板の運営者（もしくは、サーバー管理者）に対して、書き込みの削除を求めることです。
　この点、サイトの運営者等が問題視されている書き込みの削除を行わなかった場合について、プロバイダ責任法が、掲示板の運営者等の法的責任（損害賠償責任）を制限する規定を設けています（プロバイダ責任法3条1項）。これによると、書き込みの削除が技術的に可能であり、かつ、当該書き込みによって他人の権利が侵害されていることを知っていたか、あるいは、知るこ

とができたと認めるに足りる相当な理由があるときでなければ、掲示板の運営者等は問題のある書き込みの削除をしない場合でも法的責任を負わないとされています。

したがって、掲示板の運営者等に対して書き込みの削除を求める場合は、上記要件を満たすように、問題としている書き込みが会社の権利を侵害している、設問でいえば、書き込まれた内容が明らかに事実無根であり、かつ、会社の対外的信用を毀損するものであること（名誉毀損や侮辱行為による人格権侵害に当たること等）を具体的かつ明確に説明する必要があります。

また、書き込みの削除は必要な範囲にとどめなければなりませんので、書き込みのどの部分が権利を侵害するものであるのかについて具体的かつ明確に特定する必要があります（書き込みの客観的証拠を残す場合も、そのようなことを意識して保全すべきです）。

## 2　掲示板運営者が任意に削除をしない場合

会社が削除を求めても、掲示板運営者が削除に応じない場合も十分に考えられます。これは、掲示板運営者としては、安易に削除に応じると、今度は書き込みをした側から表現の自由の侵害であるなどの理由によって法的責任（損害賠償責任）を追及されかねないからです。この点について、プロバイダ責任法3条2項は、掲示板運営者等が削除を行った場合の、発信者（書き込みをした者）に対する損害賠償責任を規定しています。これによると、原則として、掲示板運営者等は免責されませんが、他人の権利が侵害されていると信じるに足りる相当な理由があるとき、あるいは発信者に対して削除の可否について意見照会をした場合に、発信者が照会を受けた日より7日以内に同意しない旨の回答を行わなかったときは法的責任を負わないとしています。すなわち、プロバイダ責任法は、掲示板運営者等が書き込みを削除しなくても責任を負わない反面、削除した場合には逆に書き込みをした者に対して責任を負うような規定の仕方をしています。このため、掲示板運営者等の立場としては、書き込みを削除することに消極的になりがちです。

Ⅰ　社内のトラブル

　掲示板運営者が任意に削除を行わない場合、会社としてあくまで書き込みの削除を求めるのであれば、法的手続によらざるを得ません。

　掲示板運営者に書き込みの削除を求める法的な方法としては、掲示板運営者を被告とする通常の訴訟（不法行為に基づく投稿記事削除請求）を提起する方法と、掲示板運営者を債務者とする仮処分の方法（投稿記事削除仮処分命令の申立て）が考えられますが、通常は、迅速性や簡便性を考え、訴訟ではなく仮処分手続を選択することが多いでしょう（それに、掲示板運営者に削除を命じる仮処分命令が発令された場合、通常は、掲示板運営者は任意にこれに応じるため、本訴請求まで必要となることは基本的にはありません）。

　ただ、会社として注意したいのは、裁判手続を利用することで、書き込まれた内容が報道やインターネットを通じて公になり、かえって世間の注目を浴びてしまう可能性があるということです。会社としては、この点を検討したうえで、法的な対応を検討すべきでしょう。

## 3　書き込みをした元社員に対する対応

　設問では、書き込みをした人物が元社員であることが特定されています。

　この場合、会社や上司としては、元社員（発信者）に対して、書き込み行為によって被った損害（信用の低下、精神的苦痛、営業損害、調査費用等が考えられます）についての賠償請求が可能となります。再発防止の観点からも、当該請求を行うことは有効な手段といえます。裁判までに至らず、話合いで解決できる場合には、再発防止のために、元社員との間で合意書を交わし、二度と同様の行為を繰り返さないこと、これに違反した場合違約金を支払うこと等について誓約させるべきでしょう。

　また、悪質性（違法性）が強い書き込みに関しては、刑法上の名誉毀損罪や信用毀損罪、業務妨害罪等に当たる可能性もあります。そのような場合、刑事告訴や被害届の提出等を行い、刑事事件としても対処することを検討すべきでしょう。なお、刑事告訴を行うのであれば、事前に警察署に相談をするなどしたうえで、証拠資料の収集に協力することが必要となってきます。

▶▶▷ One Point Advice

　設問では、会社の調査により、発信者が元社員であると特定されたケースを念頭においています。しかし、通常、掲示板等の書き込みは匿名でなされますし、人物の特定に至るような情報はそこに書き込まれないことが多いです。そのような場合、事実上の調査のみでは限界があるため、人物を特定するには、プロバイダ責任法4条1項に基づいて、掲示板運営者、およびアクセスプロバイダに対して発信者情報の開示を請求する必要があります。

〔横山　聡〕

I　社内のトラブル

## 5　社員の違法行為によるトラブル

### Question 1　社員がけんかで相手に怪我をさせてしまったときの対処法

　当社の社員が、休日に社外の人とけんかをして、相手に怪我をさせてしまいました。この社員は今後何か責任を負うのでしょうか。また、会社として何らかの懲戒処分をすることはできるのでしょうか。

☞ Check

・相手に怪我をさせた社員は、民事上と刑事上の責任を負う可能性がある。また、今後、捜査や裁判などのために欠勤する可能性もある。
・会社の業務と全く関係のない理由で懲戒処分をすることはできない。
・懲戒処分をするためには、事件を十分調査し、処分のための手続を遵守する必要がある。

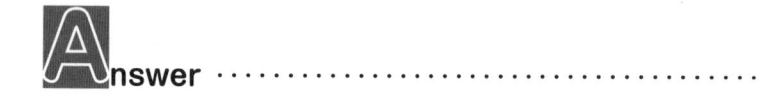

### Answer

#### 1　けんかによって生じる責任と欠勤の可能性

　設問の社員は、暴行の態様が悪質な場合や、被害者に負わせた怪我の程度が重大な場合、けんかに至る事情に重大な落ち度がある場合などには、暴行罪や傷害罪などの刑事上の責任を負う可能性があります。
　刑事上の責任を負うこととなった場合、社員は、警察や検察による取調べや現場検証などの捜査を受け、刑事裁判を受けることとなります。逮捕や勾留をされて長期間身柄を拘束される場合もあり、平日に捜査のためにけんか

の現場や警察署などに呼ばれることもあります。

　暴行の態様が悪質でなく、怪我も重大でないような場合には、刑事上の責任を負わないまま捜査が終了することも考えられますし、仮に起訴をされ有罪となったとしても執行猶予がつくことも十分考えられます。

　一方、民事上の責任としては、社員は、被害者から不法行為による損害賠償請求として、治療費や慰謝料などの請求を受ける可能性があります。

　当初は話し合いや書類のやりとりなどで交渉が行われますが、交渉で解決しない場合には、民事裁判に移行する場合もあります。

　このように、社員は、今後、刑事上の責任や民事上の責任を負う可能性があり、捜査や交渉、裁判などによって、会社を数日間欠勤しなければならなくなることがあります。

　したがって、このような事件が生じた場合には、社員に対して、今後のスケジュールなどを定期的に聞き、業務に影響がないよう調整する必要があります。

## 2　懲戒処分の可能性

　それでは、会社としては、このような事件を起こした社員に対して、懲戒解雇や出勤停止、降格、減給、戒告などの懲戒処分をすることができるのでしょうか。

　そもそも、懲戒処分は企業の秩序維持のために行われるものとされていますが、社員の私生活上の非行は、基本的に企業の秩序維持とは無関係といえます。

　このことから、会社は、社員の私生活上の非行について、「企業の円滑な運営に支障を来すおそれがあるなど企業秩序に関係を有するもの」を懲戒理由とすることはできても、「右のような場合を除き、労働者は、その職場外における職務遂行に関係のない行為について、使用者による規制を受けるべきいわれはない」とされています（最判昭和58・9・8〔関西電力事件〕）。しかし、他方において、企業の対外的信用や企業秩序を乱す場合などについては

懲戒処分の対象となりうるとも解されています（第3章Ⅱ2(2)（58頁））。

したがって、就業規則に懲戒事由として「従業員の不名誉な行為で会社の対面を著しく汚したときとき」や「犯罪を行ったとき」などと記載されていても、その要件に該当するかを判断する際には、十分に事件を調査して、企業の秩序維持との関係性を具体的に判断する必要があるのです。

## 3　懲戒処分の手続

また、懲戒処分を行うに際しては、手続遵守の要請から、処分対象者に対して、事前に告知をし、弁明や防御の機会を与える必要があります。

就業規則などで、手続規定として懲戒委員会の手続を経ることが定められている場合には、委員会を開催して本人を召喚して言い分を聞くなど、規定に従った手続を経る必要があります。

手続規定に反して懲戒委員会を開かなかった場合などには、適正手続をとっていないことから、その懲戒処分が無効となる可能性があります。また、懲戒委員会を開いても、手続規定どおりに手続を行わなかった場合、懲戒処分が無効となる可能性があります。

このような手続規定が就業規則などに定められていない場合にも、懲戒処分の対象者である社員の話を聞いて、その社員に弁明の機会を与える必要があります。この手続を行わなかった場合にも、適正手続がとられていないことを理由に、懲戒処分が無効となる可能性があります。

後に労働紛争が起きたときに証拠とするためにも、このような委員会や本人の弁明の機会の際には、その内容を報告書の形で残しておき、必要なら録音などをすることも考えられます。

設問では、けんかに至った事情や、怪我を負わせるに至った事情などについて、社員に十分聴取りをし、社員の言い分を聞く必要があるといえます。

（渡邉　雅司）

## Question 2 社員が痴漢をして逮捕されたときの対処法

当社の社員が、朝の通勤電車内で痴漢をして、警察に捕まってしまいました。この社員はどうなってしまうのでしょうか。また、当社はこの社員を処分することができるのでしょうか。

☞ Check
- 社員が痴漢を行った場合、逮捕や勾留により長期間の欠勤を余儀なくされるおそれがあるため、引き継ぎ等の対応が必要となる。
- 懲戒処分の内容は、行為の悪質性や会社の社会的評価の低下などの事情などを考慮して検討する。
- えん罪の可能性もあるので、社員に対する聴取りを行うなど事実調査をしたうえで、懲戒処分を行う。

## Answer

### 1 刑事手続の流れ

痴漢行為は、各都道府県等の迷惑防止条例違反や刑法違反（強制わいせつ罪）等の刑事罰に当たる行為ですので、警察や検察による捜査の対象となるとともに、刑事裁判の対象となります。

東京都の迷惑防止条例では、「正当な理由なく、人を著しく羞恥させ、又は人に不安を覚えさせるような行為であって」、「……公共の乗物において、衣服その他の身に着ける物の上から又は直接に人の身体に触れ」る行為を迷惑行為と定め、これに該当する行為を行った者に懲役または罰金の刑に処することとしています。

239

I 社内のトラブル

　刑法では、「13歳以上の男女に対し、暴行又は脅迫を用いてわいせつな行為」を行った場合には、強制わいせつ罪として懲役刑に処することとしています。条例違反に当たる迷惑行為に比べ、強制わいせつ行為のほうが、行為の態様が悪質であり刑も重いものとされています。

　捜査の間、被疑者は、逮捕や勾留により長期の身柄拘束を受ける可能性があります。逮捕を受ける場合は警察の逮捕から72時間以内、さらに勾留を受ける場合は原則として20日間以内の身柄拘束を受けることとなります。

　さらに、刑事裁判が行われると、その裁判期間も勾留を受ける可能性があります。

　このように、痴漢行為によって捜査や裁判を受けるような場合には、短期間または長期間の身柄拘束を受けることがあり、その間、会社に出勤することができなくなる可能性があります。必要に応じて、担当業務の引継ぎ等の対応を行う必要があると考えられます。

## 2　懲戒処分の内容

　では、痴漢を行った社員に対して、どのような懲戒処分をすることができるのでしょうか。懲戒処分は、客観的に合理的な理由を欠き、社会通念上相当であると認められない場合、権利を濫用したものとして無効となります（労働契約法15条）。そのため、懲戒処分を検討する際には、その痴漢行為が会社にどのような影響を与えたのかを、行為の悪質性や、事件による会社の社会的評価の低下の程度などから判断することとなります。

　行為の悪質性としては、その行為の具体的な態様や、判決で言い渡された罪名、刑罰の重さなどを考慮することとなります。会社の社会的評価の低下については、取引先等に痴漢行為が知られたことで信用を失ったことや、マスコミ等で報道されたことで社会的評価が低下したことなどを考慮します（第3章Ⅱ2(2)（58頁）参照）。

　なお、マスコミ等に報道されなかった場合でも、会社の業種や社員がそれまで類似の行為をしていたことなどから、痴漢行為を行った社員の懲戒解雇

を有効とした事件があります。この事件では、「控訴人は、そのような電車内における乗客の迷惑や被害を防止すべき電鉄会社の社員であり、その従事する職務に伴う倫理規範として、そのような行為を決して行ってはならない立場にある」などとして、「本件行為が報道等の形で公になるか否かを問わず、その社内における処分が懲戒解雇という最も厳しいものとなったとしても、それはやむを得ないものというべきである」と判示されています（東京高判平成15・12・11〔小田急電鉄（退職金請求）事件〕）。

## 3　懲戒処分の手続（えん罪による影響）

　電車内の痴漢事件では満員電車などで目撃者がいない場合があり、その場合、被害者の供述を重要な証拠とすることとなります。そのため、被害者の勘違いや虚偽の供述によって、痴漢をしていないのに痴漢の罪が問われる、えん罪事件が生じることがあります。

　報道などでも、女性が、実際は痴漢行為を受けていないにもかかわらず、示談金としてお金を得ることを目的として、虚偽の被害申告をしたという事件が伝えられています。そのため、会社は、痴漢行為を理由として社員を懲戒処分にする場合、えん罪の可能性を考慮して事実の調査をする必要があります。事実調査が不十分なままで懲戒処分を行ってしまうと、えん罪であったことが発覚した際、不当な懲戒処分として労働紛争となる可能性があります。

　事実調査としては、特に、社員から事実を聞き取り、社員が痴漢行為を認めているかを確認することが重要です。

　逮捕や勾留を受けている社員から聴取りを行う場合には、担当者が警察署などに行って接見をすることが考えられます。接見禁止などが付されている場合には、刑事弁護人である弁護士を通じて手紙等をやりとりすることが考えられます。

（渡邉　雅司）

## Question 3 社員が交通事故を起こしたときの対処法

当社の社員が自動車の交通事故を起こし、被害者に怪我をさせてしまいました。この社員は、働きすぎで居眠り運転をしてしまったようです。社員はどのような責任を負うのでしょうか。また、会社や上司である私も責任を負うこともあるのでしょうか。

☞ Check
- 飲酒運転や危険な運転を行った場合、社員の責任は、通常の交通事故に比べて重いものになる。
- 業務中の事故の場合などには、会社や管理職も民事責任を負うことがある。
- 過労運転が認められる状態で業務中に事故を起こした場合などには、会社や管理職が刑事責任を負う可能性がある。

## Answer

### 1 社員の民事責任・刑事責任

交通事故によって被害者に怪我をさせてしまった場合、加害者である社員は、それが業務中の事故でも私生活での事故でも、民事責任として、治療費や逸失利益、慰謝料などの損害賠償責任を負う可能性があります（民法709条、自動車損害賠償保障法3条）。ただし、被害者側にも過失が認められる場合には、過失相殺として、その損害額が減額されることがあります。

刑事責任として、社員は、道路交通法違反のほか、自動車運転過失致傷罪として罰金または懲役などの責任を負う可能性があります（刑法211条2項）。

社員が飲酒や薬物などで正常な運転が困難な状態だった場合や、異常な高速度で走行させていた場合、これによって事故が発生してしまうと、危険運転致傷罪として、罰金の金額や懲役の期間などの刑事責任が加重されることとなります（刑法208条の2）。

## 2　会社・管理職の民事責任

　会社は、社員が会社の所有する自動車を運転して事故を起こした場合、その自動車の運行供用者として、原則として民事上の損害賠償責任を負うこととなります（自動車損害賠償保障法3条）。

　また、社員がタクシーやバスなどの運転業務を行う者や車で営業業務を行う者などで、その事故が会社の業務中に起きたといえる場合などにも、会社は、使用者責任として、民事上の損害賠償責任を負う可能性があります（民法715条1項）。

　会社だけでなく、管理職についても、その管理職が「使用者に代わって事業を監督する者」（代理監督者）といえる場合には、社員が業務中に起こした事故の損害賠償責任を負う可能性があります（民法715条2項）。代理監督者とは、客観的にみて、使用者に代わって現実に事業を監督する地位にある者をいいます（最判昭和42・5・30など）。事業の運営や監督をする権限をもつ代表取締役や事業所所長などのほか、運転手の配車を決める担当者なども、これに含まれることがあります。

　設問では、仮にこの社員が長距離トラックなど会社の車を運転していた場合、会社は、運行供用者責任または使用者責任として、損害賠償責任を負うこととなります。また、社員が業務過多で注意力が散漫となっていたために事故を起こしてしまった場合などには、その配車担当者も、配車を調整して運転手の負担を軽減できたといえますので、代理監督者として、損害賠償責任を負う可能性があると考えられます。

### 3　会社・管理職の刑事責任

　会社や管理職は、社員の交通事故によって刑事責任を問われることもあります。たとえば、設問のように、社員が過労により正常な運転ができないおそれがある場合、その会社および管理職は、その社員に自動車の運転を命じることが禁じられています（過労運転の下命）。これを行うと、道路交通法違反として、懲役や罰金が科される可能性があります（道路交通法117条の2）。

　また、事故がその会社や管理職の業務上の過失で発生したと認められるような場合には、業務上過失致死傷罪が成立する可能性があります。

### 4　過労運転の基準

　このような過労運転が常態化すると、運転手がどんなに注意をして運転しても、交通事故を防ぐことが困難となります。そのため、過労運転を避け、交通事故を防ぐために、厚生労働省は、「自動車運転者の労働時間等の改善のための基準」などを定めています。これらの規定では、トラック運転手やバス運転手、タクシー運転手などの運転業務を行う者の拘束時間や休息時間、運転時間の基準を定めています。

　また、国土交通省では、平成24年4月に社会問題となった高速ツアーバス事故の後、このような事故の再発を防止するため、高速バスや貸切バスといった長距離運行事業について、一定の距離を運転する場合に交替運転手を用意するなどの安全基準を設けています。事故後に会社や管理職の民事責任・刑事責任を調査する場合や、今後の事故の予防策を検討する場合には、これらの基準を参考にするとよいでしょう。

　これらの基準は、各省のホームページで見ることができます。

▶▶▷ One Point Advice

　製造会社の管理職も、製品が原因で発生した事故の刑事責任を問われることがあります。自動車のフロントホイールハブの破損によりタイヤが脱落し

て死傷者が発生した事件では、自動車製造会社で品質保証業務を担当していた者が、その事故以前に類似の事故があったことからリコールなどの措置をとるべきだったなどとして、業務上過失致死傷罪の成立が認められた事案があります（最判平成24・2・8〔車両車輪脱落事件〕）。

（渡邉　雅司）

Ⅰ 社内のトラブル

## Question 4 社員が横領などの不祥事を起こしたときの対処法

当社の社員が、会社のお金を着服したり、取引先からキックバックを受けたりしていたことが発覚しました。本人は、会社がこれらに気づいたことを知りません。このような不祥事に対してどのような手続をすべきでしょうか。

☞ Check

・着服や不正なキックバックは、悪質な場合には犯罪となり、懲戒事由となる。

・企業不祥事として、取引先の信用を失い、メディアから社会的非難を受ける可能性がある。信頼回復のために事件の調査を行う際には、内部調査のほか、会社から独立した第三者委員会の利用も考えられる。

## Answer

### 1 着服・キックバック

設問の社員が会社のお金を着服したことは、自己の占有する会社財産を横領したものといえますので、刑法上の業務上横領罪に当たる可能性があります。また、取引先からキックバックを受け取っています。キックバック（リベート、コミッション）の受領とは、たとえば、取引先から請負代金の請求を受ける際に、取引先担当者に働きかけ、実際には100万円の報酬しか発生しないのに、より高い120万円の請求をさせて、キックバック等の名目で取引先から差額の20万円を受け取ることなどをいいます。

このようなキックバックを受領する行為は、会社を騙して利益を得ている

ことから詐欺罪を構成、あるいは、自己の利益のためにその任務に違背する行為といえることから背任罪に当たる可能性があります。

これらの着服やキックバックなどの行為は、会社に損害を与える強い悪質性を有することから、金額や行為態様などにもよりますが、懲戒解雇や減給等の懲戒をする理由となりうるものとされています。

会社がキックバックを行った社員を懲戒解雇処分とした事案について、裁判所は、キックバックとして「金員を受領しまたは受領しようとした行為は、正に業務に関し、不当に金銭を受領し、または私利を図った行為であり、その性質、態様ならびに被告に与えた損害等からしてこれが被告の企業秩序を著しく害するものであること明らかであるから、それ自体就業規則……所定の懲戒解雇事由に該当するものといわなければならない」として、懲戒解雇を有効としました（東京地判昭和47・12・14〔労働契約関係不存在等確認請求事件〕）。

また、会社は、刑事告発などの手続をとり、刑事事件とすることも考えられます。

なお、横領などの対象となった金銭が会社の得るべきものであり、会社がこの社員の行為によって損害を被ったといえるなら、会社は、その金銭の返還請求や損害賠償請求ができるものと考えられます。

## 2　内部調査委員会による調査

社員の行為によって、会社は、財産的な損害を受けるだけでなく、顧客や取引先の信用を失うこととなる可能性があり、金額が高額なものともなれば、企業不祥事としてメディアなどから社会的非難を受ける可能性すらあります。これらの信用を回復させる手段として、会社は、事件の調査を行い、説明を行う必要がある場合があります。

また、不正行為を行った社員に対して懲戒処分などをする場合にも、会社は、十分に事実関係を調査する必要があります。

調査を行う際には、社内で調査担当者を決め、内部調査委員会を組織する

ことが考えられます。このように会社内部の社員がメンバーとなって構成している委員会を、内部調査委員会といいます。

調査の際に帳簿などの資料を読むことがありますので、会社の経理担当者や会計担当者をメンバーとし、場合によっては、税理士や会計士などの専門家に協力を依頼することも必要となります。このような不正行為を調査するには、証拠の散逸を防ぐため、迅速に書類等を収集する必要があります。本人による言い逃れや証拠隠滅を防ぐ必要性が高い場合には、本人からの事情聴取を行う前に、客観的証拠を十分集める等の措置をとったほうがよいでしょう。

## 3　第三者委員会による調査

メディア等に大々的に事件が報じられ、投資家や取引先、メディアなどに対して説明責任を果たす必要がある場合や、行政官庁や自主規制機関の信頼を回復させる必要があるような場合には、内部調査委員会の調査や報告だけでは、会社の信頼回復に不十分なことがあります。

そのような場合には、弁護士や会計士など会社から独立・中立的なメンバーだけで委員を構成する第三者委員会を利用することが考えられます。第三者委員会は、不祥事に関連する事実の調査・認定・評価を行い、調査報告書の開示などにより株主等のステークホルダーに対する説明責任を果たし、必要に応じて再発防止策等の提言を行うことなどを活動内容としています。

第三者委員会の活動や指針については、日本弁護士連合会が「企業等不祥事における第三者委員会ガイドライン」を作成していますので、参考にしてください。

（渡邉　雅司）

## Question 5 社員が違法薬物にかかわっていたときの対処法

当社の社員が、違法薬物の使用や販売をしていることがわかりました。本人は、「合法ドラッグだから違法ではない」と言っています。この社員を処分することはできるのでしょうか。

☞ Check
・違法薬物の使用は、急性中毒や薬物依存、禁断症状、後遺症などの害を有し、職場に悪影響を与える。
・「合法ドラッグ」という名称でも、その危険性は指定されている違法薬物と同等なものがある。
・違法薬物の使用・販売は、懲戒事由となる可能性がある。

## Answer

### 1 違法薬物の規制

覚せい剤や大麻などの違法薬物は、使用することで身体に急性の悪影響が発生すること（急性中毒）や、その使用を自分でやめられなくなること（薬物依存）、その使用を中断するとイライラしたり気分が落ち込んだりすること（禁断症状）、人格が変化したり無気力になったりすること（後遺症）などの影響を使用者に与えます。

覚せい剤は「覚せい剤取締法」により、大麻は「大麻取締法」により、麻薬や向精神薬は「麻薬及び向精神薬取締法」により、それぞれその取締りが行われています。また、「薬事法」では、中枢神経系の興奮もしくは抑制または幻覚の作用を有する蓋然性が高く、かつ、人の身体に使用された場合に

Ⅰ 社内のトラブル

保健衛生上の危害が発生するおそれがある物を「指定薬物」として定義し、その取締りを行っています。

　これらの法に反して違法薬物を使用したり販売したりした場合、懲役や罰金などの刑事罰を科される可能性があります。

　近年は、インターネットの普及などによって、簡単に違法薬物を入手することができるようになったといわれています。会社としても、社員が違法薬物を使用したり販売したりしている場合には、その社員だけでなくその社員の周辺にも違法薬物が蔓延している可能性がありますので、早急に対処をする必要があります。

## 2　脱法ドラッグ（合法ドラッグ）

　近年、「合法ドラッグ」や「合法ハーブ」などの名称をつけて販売されている薬物があります。

　その名称から、あたかも有害性がなく、依存症もないかのような誤解を与えていますが、それが安全である保証はありません。

　近年、「合法ドラッグ」や「合法ハーブ」などの名称をつけて販売されている薬物があります。その名称から、あたかも有害性がなく、依存症もないかのような誤解を与えていますが、それが安全である保障はありません。規制を回避するために新たに作成された薬物もあり、そのような薬物は、法律で安全性が認められたものではないため、法律で規制された薬物と同様の危険性をもつ可能性があります。

　また、「合法ドラッグ」と称して販売していても、法律で規制されている薬物が含まれている場合もあります。

　なお、厚生労働省は、このように、規制されている薬物に似せて作られこれと同様の薬理作用を有する物や、規制されている薬物ではないと標榜しながらこれを含んでいる物などについて、「合法ドラッグ」や「合法ハーブ」という名称を使わず、「脱法ドラッグ」や「違法ドラッグ」と呼称しています。

そのうえ、脱法ドラッグは、それを人体摂取目的で販売した場合には、「無承認・無許可医薬品の販売」となり、薬事法違反による刑事責任が問われる場合があります。

## 3 違法薬物に関与した社員の処分と対処

会社が社員に対して懲戒解雇や出勤停止などの懲戒処分を行う場合は、対象社員の行為が、就業規則等で決められている懲戒事由に当たるかを具体的に判断する必要があります。その社員の行為が覚せい剤取締法違反や麻薬及び向精神薬取締法違反などに当たる場合、就業規則で「刑罰法規に違反する行為を行ったとき」などといった規定があれば、その規定を適用することが考えられます。

仮にその使用が形式的に法律に反しない場合であっても、薬物の危険性や反社会性、社内への影響などの事情によっては、たとえば「素行不良で社内の秩序及び風紀を乱したとき」といった規定を適用することも考えられます。また、薬物の使用がその社員の勤務態度や業務内容に悪影響を与えているような場合には、「正当な理由なく欠勤、遅刻、早退をしたとき」や「勤務中に職務に専念しないとき」などの規定を適用することも考えられます。

そして、会社内に違法薬物を蔓延させないように対処する必要性が高い場合には、社員を自宅待機等にして出勤させないようにするとともに、その社員の周辺の社員から話を聞き、蔓延の事実がないかを確認することが考えられます。

▶ ▶ ▷ One Point Advice

近年、脱法ドラッグの使用が大きな社会問題となり、脱法ドラッグ使用者と疑われる者が交通事故を起こし被害者を死亡させた事例も報道されています。

これまで、薬事法は、指定薬物の輸入や製造、販売などを規制しており、所持や使用などについては規制していませんでしたが、脱法ドラッグの社会

問題化を受け、平成26年4月から、指定薬物の所持や使用などを禁止することとしました。

　また、厚生労働省と警察庁は、脱法ドラッグの危険性を伝えるためにその呼称変更の意見を募集し、平成26年7月から、新たにこれを「危険ドラッグ」と呼称することとしました。

（渡邉　雅司）

## Question 6 社員が社内のパソコンで違法ダウンロードをしていたときの対処法

　当社の社員が、業務時間中、会社から支給されているパソコンを使って、本来有料で配信されるべき動画を違法に無料ダウンロードしていることが発覚しました。どのように対処すべきでしょうか。また、社員のパソコンを調査することはできるでしょうか。

☞ Check
・違法ダウンロードは刑事罰の対象となる可能性がある。
・会社の施設の私的利用や、職務専念義務違反が疑われる。
・社員が使用しているパソコンを調査することを許される場合がある。

## Answer

### 1　違法ダウンロードの厳罰化

　平成24年に著作権法が一部改正され、違法ダウンロードに刑事罰が科されるようになりました。この著作権法の改正は、インターネットサイトを通じていわゆる「海賊版」が増大したことを受け、これに歯止めをかけることを目的としているとされています。
　この改正により、私的使用の目的であっても、CDやDVDなどで販売されている音楽や映画などを、パソコン等にダウンロード（複製）した場合に、懲役・罰金などの刑事罰に処せられることとなったのです（著作権法119条3項）。
　たとえば、DVDで販売されている映画を、動画投稿サイトから自分のパ

ソコンにダウンロードすることは、刑事罰の対象となります。ただし、動画投稿サイトによっては、データをダウンロードしながら再生するもの（キャッシュ機能）もあります。そのような機能を使用した行為は、著作権侵害には当たらず、刑事罰は適用されません（著作権法47条の8）。

そのため、設問の社員の行為は、著作権法に反し、刑事罰に当たる行為となる可能性があります。

## 2　会社の施設の私的利用・職務専念義務違反

会社は、職務に利用させることを目的として社員にパソコンを支給しているのであり、違法ダウンロードをさせるために支給しているのではありません。したがって、設問の社員の行為は、会社施設の私的利用に当たると考えられます。また、違法ダウンロード行為は業務行為に当たらないので、業務時間中に業務外の行為を行っていたとして、職務専念義務違反に当たるものと考えられます。

これらの事由は、就業規則などで懲戒事由と規定されている場合があります。ただし、懲戒処分は、規律違反の種類や程度に応じて相当なものでなければならず、これを超えるものは懲戒権の濫用として無効となります（労働契約法15条）。そのため、社員の規律違反行為を発見した際には、その違反の程度に応じ、まずは問題行為をやめるよう口頭の指導を行い、それでも繰り返し行うような場合に懲戒処分を検討すべきといえます。

## 3　パソコンの内部調査

違法ダウンロード行為を調査するにあたり、社員が使用しているパソコンの中身を閲覧調査する必要がある場合があります。この場合、そのパソコンは、会社から支給されたものであっても、社員が使用しているものであるため、社員のプライバシーや個人情報との関連で問題となります。この点、事前にパソコンの使用規定などによってパソコン内部の閲覧調査をする場合がある旨を定めておけば、社員のプライバシー等の保護の対象とならず、閲覧

調査を可能にすることができるとされています。また、仮にそのような事前の同意がない場合でも、調査の目的が正当であり、かつ、相当な調査の範囲であれば、閲覧が可能とされています。

　裁判例でも、社員の社内ネットワークシステムを用いた電子メールを上司が閲読したことを理由とする損害賠償請求事件で、その通信内容等がサーバーコンピューターや端末内に記入されるものであることや、社内ネットワークシステムが会社の管理者により監視されながら保守されているのが通常であることなどをあげ、「このような情況のもとで、従業員が社内ネットワークシステムを用いて電子メールを私的に使用する場合に期待し得るプライバシーの保護の範囲は、通常の電話装置における場合よりも相当程度低減されることを甘受すべき」として、プライバシー保護の程度が軽減される場合があることを指摘したものがあります。この裁判例では、上司が部下の社内の電子メールを監視することついて、「監視の目的、手段及びその態様等を総合考慮し、監視される側に生じた不利益とを比較衡量の上、社会通念上相当な範囲を逸脱した監視がなされた場合に限り、プライバシー権の侵害となると解するのが相当である」と判示し、結論として、損害賠償請求を認めませんでした（東京地判平成13・12・3〔F社Z事業部事件〕）。

　このように、社員が使用しているパソコンを調査目的で閲覧することも、場合により許される場合があります。

（渡邉　雅司）

# 6 内部告発をめぐるトラブル

## Question 1 いきなり行政機関へ告発する従業員への対処法

当社の社員が、上司に報告することもなく、いきなり監督行政官庁（行政機関）に「当社が違法行為を行っている」と告発しました。当社としては、その社員に対してどのような措置をとるべきでしょうか。

☞ Check

・公益通報者保護法において保護される行政機関への通報は、不正の目的でなく、「通報対象事実」が生じ、またはまさに生じようとしていると信ずるに足りる相当の理由がある場合である。

・公益通報者保護法による保護要件を満たしている場合には、いきなり行政機関に告発することも許されるため、通報者に対して解雇、降格、減給その他不利益な取扱いをすることはできない。

・社内での違法行為を発見した場合、すぐに上司へ報告を行うよう日頃から従業員を指導することや、企業として社内通報制度を設け、まず社内で解決するという風土を築いておくことが有用である。

## Answer

### 1 公益通報者保護法

企業の不祥事は外部から認識することが難しく、企業内部からの通報（告発）によって初めて明るみに出ることが多いといえます。そのため、企業に

不祥事が存在する場合、国民の生命、身体、財産その他の利益を保護するためには内部通報者の存在が重要となります。

　他方、企業としては、内部の不祥事をいきなり外部機関等に通報された場合、その企業の存続をも揺るがしかねない事態に発展することも想定されます。そのような背景もあり、かつては、不祥事を明らかにされた一部の企業が、通報者への報復として、解雇や降格、減給等の不利益な取扱いを行ったりすることがしばしば見受けられました。

　そこで、企業の法令違反行為を通報した労働者を当該企業から守るため、公益通報者保護法が制定され、平成18年4月1日から施行されています。同法については第2章Ⅰ2(2)（14頁）でも説明しているので参照してください。

## 2　公益通報者の保護要件と効果

　公益通報者保護法における「公益通報」の要旨は、①労働者（公務員を含む）が、②不正の目的ではなく、③労務提供先について、④「通報対象事実」が生じ、または生じようとしている旨を、⑤「通報先」に通報する、ということです（公益通報者保護法2条参照）。

　そして、通報先が当該通報対象事実について処分または勧告等の権限を有する「行政機関」である場合には、「通報対象事実が生じ、又は生じようとしていると信ずるに足りる相当の理由」があれば、公益通報者保護法によって保護されることになります。

　つまり、これらの要件を満たす場合、企業は、通報者に対して、当該通報を理由とした解雇、降格、減給その他の不利益な取扱いをすることはできません（公益通報者保護法3条・5条）。そして、この不利益処分には懲戒処分も含まれると解されています。

　反対に、企業内部の通報者が公益通報者保護法によって保護されない場合、すなわち、①会社に損害を与える目的等、不正の目的を有する場合や、②通報対象事実（対象とされている法令違背）が生じ、または生じようとしていると信ずるに足りる相当の理由がなかった場合（告発が全くの事実無根であった

ような場合等）には、企業が、通報者に対して、適正な内容の不利益処分を課すことも許されるといえます。

## 3 設問の検討

設問では、社員が上司に報告をすることもなく、いきなり行政機関に告発を行ったことが問題となっています。

この点、公益通報者保護法では、通報者が行政機関に通報する前に企業内部で報告等をすることは要件となっておりません。そのため、当該通報（告発）が公益通報者保護法の要件を満たしている以上、会社は、当該従業員が上司への報告をせずに、いきなり行政機関に告発を行った場合であっても、そのことのみを理由として不利益な取扱いをすることはできません。

しかし、上司に報告をしないということに合理的な理由がない場合には、そのこと自体、通報者において何か不正の目的を有していたことが推測される一つの事情になるかもしれません。企業によってはコンプライアンス部門が設置されている場合もありますが、そのような部署への報告を行わずに、いきなり行政機関に通報する場合も同様です。

そのため、設問の社員が、会社に損害を与える等の不正の目的があったと認められる場合には、公益通報者保護法による保護の対象とはならず、企業秩序違反、あるいは、会社に対する名誉毀損等により懲戒の対象となり得る場合もあるでしょう。

▶▶▷ One Point Advice

社員による社外通報は、公益通報者保護法の保護要件を満たす場合適法な行為ですから、企業がこれを止めることはできません。そこで、日頃から、社内の問題についてはまず上司に相談するような風土をつくり、また、社内にコンプライアンス部門を設置する等して、違法行為に疑問をもった社員が、いきなり社外に通報しようとは考えがたい仕組みづくりをしておくことが有用だと思われます。

（吉村　実）

## Question 2　部下が事実と異なる告発行為をした場合への対処法

当社の社員が、当社で違法な行為が行われているとして告発を行ったのですが、そのような事実は存在しません。当社としては、今後、どのように対応していけばいいのでしょうか。この社員に対する対応も含めて教えて下さい。

☞ Check
・告発された内容が事実ではないことの証拠を収集・確保し、告発先からの調査等に対応できるだけの準備をしておくことが適当である。
・告発が公益通報者保護法による保護要件を欠く場合には、当該社員を企業秩序違反、あるいは、会社に対する名誉毀損等により懲戒処分の対象とし得る場合がある。

## Answer

### 1　告発された内容の調査

従業員から外部機関等に対して告発が行われた場合、会社としては、告発内容（非違行為）の存否をすぐに社内調査する必要があります。従業員の逆恨み等によって、明らかに虚偽の告発が行われる可能性も否定はできませんが、告発された内容（非違行為）が事実である場合には、会社として、その内容を是正する必要があるのですから、まず事実関係の調査が急務であることは多言を要しません。

社内調査の結果、会社に非違行為が存在せず、告発された内容が事実でないことが明らかになったとしても、告発を受けた外部機関等にはそのことは

わかりません。ですから、会社としては、外部機関等による調査や問合せ等に備えて、告発の内容が事実無根であることの証拠（資料）を収集・確保しておくことが適当です。外部機関等に対する説明は、客観的な証拠を示しながら行えるか否かで説得力に大きな差が生じるといえます。なお、このような証拠の収集は、後に述べるとおり、不当な告発を行った従業員に対する処分を決定する際にも役に立つものといえます。

## 2 通報対象事実に関連する保護要件

すでに第2章Ⅰ2(2)（14頁）でも説明したとおり、公益通報者保護法では、労働者（公務員を含む）が、①不正の目的ではなく、②労務提供先について、通報対象事実が生じ、またはまさに生じようとしている旨を通報することが通報者保護の要件となっています（公益通報者保護法2条）。この要件を満たす限りにおいて、企業は、通報者に対し、当該通報を理由とした解雇、降格、減給その他の不利益な取扱いをすることはできません（同法3条・5条）。そして、この不利益処分には懲戒処分も含まれると解されています。反対に、当該通報が公益通報者保護法によって保護されない場合には、企業が、通報者に対して、（適正な内容の）不利益処分を課すことも許される場合があります。

ところで、通報対象事実に関する保護要件ですが、これは、当該通報の通報先がどこであるのかによっても異なります。すなわち、①通報先が労務提供先である場合には、通報者が「通報対象事実が生じ、又はまさに生じようとしていると思料」していれば足ります。これに対し、②通報先が行政機関である場合には、通報者が「通報対象事実が生じ、又はまさに生じようとしていると信ずるに足りる相当の理由」が必要です。また、③通報先が行政機関を除く第三者であって、その者に対し当該通報対象事実を通報することがその発生またはこれによる被害の拡大を防止するために必要であると認められる場合には、「通報対象事実が生じ、又はまさに生じようとしていると信ずるに足りる相当の理由」があり、かつ、「内部通報や行政機関への通報を

行えば不利益な取扱いを受けると信ずるに足りる相当の理由」等が必要です（詳細は公益通報者保護法3条・5条等をご参照ください。）。

このように、公益通報者保護法の保護要件は通報先によって異なりますが、いずれにしても、この要件を満たさない通報については、企業から通報者に対する不利益処分がなされる可能性があります。

## 3　設問の検討

設問では、会社の社員が事実と異なることを告発していますが、会社にとって事実と異なることが明らかであったとしても、告発を受けた外部機関等にとっては必ずしも明らかとはいえません。そこで、会社が不本意な不利益を被らないようにするためにも、当該告発の内容が事実ではないことの「証拠固め」を行ったうえで、調査や問合せ等に対しては客観的な証拠に基づいて告発内容が事実ではないことを説明していくべきでしょう。

また、事実と異なる告発をして会社を窮地に陥れた本問の社員に対し、会社としては処分を検討したいところです。この点、当該社員が、通報内容が存在しないことを認識しつつ、あえてそのような通報していたとすれば、通報先がどこであるかにかかわらず公益通報者保護法による保護の対象とはなりませんので、適正な内容の懲戒処分等を検討することができます。

他方、告発した内容（非違行為）が実際には存在していないが、設問の社員にとってはそれが存在すると認識されていた場合、以下のような事情があれば処分の対象となり得ます。すなわち、社員が事実と異なる事情を行政機関に通報した場合、通報した事実が生じ、またはまさに生じようとしていると信ずるに足りる相当の理由を調査し、相当の理由が存在しない場合には、懲戒処分等を検討することができます。また、社員の通報先が行政機関以外の第三者であった場合には、上記のほかに、内部通報や行政機関への通報を行えば不利益な取扱いを受けると信ずるに足りる相当の理由等を調査し、それらが存在しない場合にも、会社としては、しかるべき懲戒処分等を検討することができます。

I 社内のトラブル

▶ ▶ ▷ One Point Advice

　従業員に告発された内容が事実ではない場合には、会社として自社の名誉を守るためにも、告発内容が事実ではないことを積極的に公表すればいいでしょう。これに対し、告発者たる従業員への処分については、告発された内容が事実ではないということだけで決定することはできません。会社としては、告発者において、告発した事実が存在すると信じた理由等を慎重に調査、吟味する必要があります。この点をおろそかにしたまま、告発者に対して不利益な取扱いをしてしまうと、後で会社自身が違法行為（公益通報者保護法違反）を行ったとされてしまうおそれもありますので十分注意が必要です。

（吉村　実）

## Question 3 外部機関等へ内部告発をしたいという部下への対処法

私の部下から、他の社員が違法行為を行っており、そのことを外部機関等に告発したいという相談がありました。私としては、どのような対応をとればよいのでしょうか。

☞ Check
・部下が報告してきた違法行為が実際に存在するのか否かを調査する必要がある。その際、違法行為を行っている本人に直接確認をするのではなく、まず客観的な資料の収集を行った後で本人に確認すべきである。
・事実調査によって違法行為が確認できた場合、その行為の重大性等から相当な範囲の懲戒処分等を行うとともに、必要に応じて刑事告訴も検討すべきである。

## Answer

### 1 事実調査の必要性

違法行為等の内部告発をしたいという社員がいる場合、会社として、まず最初に行うべきことは、その社員が主張する違法行為等が実際に行われているのか否かという事実調査です。違法行為等が存在しない場合には、そもそも、その社員の「内部告発」は意味のないものですから（場合によっては違法なものとなり得ます（第2章Ⅰ2〔表1〕（15頁））を参照してください）、社員に対してその旨を説明し、「内部告発」を思いとどまらせる必要があります。

他方、違法行為等が実際に存在する場合には、会社としても、その後にと

I 社内のトラブル

るべき方針が大きく異なってきます。会社としては、すぐに違法行為等を中止させるとともに、違法行為を行っていた者に対する懲戒処分の検討や刑事告訴等も検討しなければなりません。また、事情によっては、会社自らが外部に公表する必要が生じることもあるでしょう。当該違法行為等が存在しているか否か、さらには違法行為等の具体的な内容を正確に把握することが、今後の方針を決めるうえでも重要なことだといえます。

## 2 事実調査の方法

事実調査を行う場合には、違法行為等を行っている本人に直接事情聴取をする前に、まず客観的な証拠を集めておくことが重要です。いきなり事情聴取を行った場合、本人が証拠隠滅等を行うおそれも生じるからです。客観的な証拠としては、たとえば、ある社員の横領行為が疑われる場合、注文書や領収書等の入出金を明らかにする書類関係等がこれに当たります。これらの証拠を本人の事情聴取よりも先に確保しておくべきです。違法行為等が疑われた場合の事実調査は、まず本人の周りを客観的な証拠で固めておいてから（ただし、本人には気づかれないように注意する必要があります）、本人に事情聴取を行うことが相当な方法であると考えられます。

なお、このような事実調査を行うにあたっては、会社内部のしかるべき部署に相談を行い、会社全体の総意として事実調査を行うようにしておくほうが無難であると思われます。

## 3 設問の検討

部下が報告をしてきた違法行為が、調査の結果、実際には存在していなかったという場合には、そもそもそのような内部告発自体、違法な行為になる可能性があること等を説明して、部下に告発を思いとどまらせる必要があるでしょう。

他方、実際に違法行為が存在している場合、部下の内部告発をしたいという真意がどのようなものであるのかにもよりますが、部下としては、違法行

*264*

為の放置が会社にとって不利益なことであるため、それを是正したいと願う気持ちから内部告発の相談をもちかけたことが考えられます。その場合、会社として、必要な追加調査等をした後にしかるべき措置（懲戒処分、刑事告訴等）をとること等を伝え、この件に関する対応は会社に一任してもらえるように説明し、納得してもらうことが適当でしょう。

　しかし、そのような説明にもかかわらず、部下が自ら外部への告発を強行しようとする場合、公益通報者保護法の保護要件を満たす限りで、部下の通報を止めさせることや部下に対して不利益な取扱いをすることはできません。

　もっとも、会社が適切な措置をとろうとしているにもかかわらず、あえて部下自身が告発をしたいと主張し続ける場合には、部下が何か不正の目的で告発をしようとしている可能性も否定できません。そのような場合には、公益通報者保護法による保護の対象とはならないこと等をあらためて説明し、翻意を促すことも必要だと思われます。

▶▶▷ One Point Advice

　会社内で違法行為の存在が確認できた場合、会社としては、当該違法行為を行っている当事者に対して、速やかに適切な処分（懲戒処分や刑事告訴等）を行い、事案によっては会社自ら外部へ公表することも検討する必要があるでしょう。それと同時に、違法行為の再発防止に向けた組織づくりをしていくことも重要です。

　また、手続の問題として、会社内部で通報窓口を設置し、通報の手続を定めておくことも有用だと思われます。このような手続が定められている場合には、社員も基本的にその手続に則って違法行為を告発するでしょうから、会社の知らないところで外部に告発がなされる可能性は事実上小さくなるものと思われます。

（吉村　実）

I 社内のトラブル

## Question 4　内部告発を受けた外部機関等から確認の問合せがあった場合の対処法

当社の社員が労働基準監督署に内部告発をしたところ、当局から確認の問合せがありました。この場合、当社としては、どのような対応をすればよいのでしょうか。また、問合せをしてきた相手方が、告発を受けたマスメディアだった場合はどうでしょうか。

☞ Check

・会社が内部告発を受けた事実（非違行為）の存在を確認していない場合には、速やかにその存否を調査する。
・会社が、内部告発を受けた事実（非違行為）を確認した場合、その問題の再発防止に向けた取組みを早急に行い、真摯に対応していることを明らかにする。

## Answer

### 1　会社の情報収集

社員が外部機関に内部告発をする場合には、会社に対して事前に相談や通報をせずに行うことも少なくないでしょう。このようなケースでは、会社は、そもそも告発された事実関係（非違行為）が実際に社内に存在していることを把握しておらず、問題意識さえ有していないことも考えられます。そこで、会社としては、まず正確な事実関係（非違行為）を把握するために、証拠の収集や関係者からの聴取り調査等しかるべき手段で情報収集を行うことが必要となります。

そして、会社が情報収集をした結果、告発されたような事実関係（非違行為）は存在しないことが明らかとなった場合、会社は対外的にその旨を明確にすればよいこととなります。

## 2 非違行為が存在する場合

会社が告発された事実関係（非違行為）の存在を認識していた場合はもとより、情報収集の結果その存在を認識した場合には、会社として再発防止に向けた取組みを速やかに行う必要があります。たとえば、組織の見直し、監査の充実、非違行為に関与していた従業員の処分等の再発防止に向けた取組みは急務です。会社内で違法な行為が行われているにもかかわらず、何らの措置もとらずに漫然と放置しておいた場合、今日のコンプライアンス（法令遵守）経営および内部統制の観点から、経営者の法的責任追及や社会的非難の対象となるおそれがあることは十分に認識する必要があります。ましてや、非違行為について内部告発がなされた後であれば、なおさらのことでしょう。

## 3 問合せへの対応

内部告発された事実関係（非違行為）が実際に会社内に存在している場合、そのことを隠そうとして虚偽の報告を行ったりすることは適切ではありません。行政機関やマスコミ等の調査能力は決して低いものではありませんから、一時的に誤魔化すことができたとしても、結局は問題が露呈し、かえって傷を大きくするだけでしょう。コンプライアンス経営の観点からしましても、「わからなければそれでよい」という対応は決しておすすめできません。誤りは誤りとして認めて反省し、速やかに誤りを改善する取組みを行っていくことこそが、長い目でみれば企業の利益に適っているものと思われます。

そして、告発された事実関係（非違行為）についての問合せに対しては、できる限り正確にその原因や事実経過を把握して報告するとともに、再発防止に向けた会社としての取組みも明らかにしていくことが重要です。なお、ここで報告した事情が、後に二転三転するようなことがありますと、そのこ

と自体によっても会社の信用が傷つけられてしまうおそれがあります。問合せに対する回答は慎重を期すようにし、不正確な回答は避けるべきです。回答する時点で曖昧な情報しか得られていない場合には、さらなる調査を行ったうえで正確な事実関係を回答する旨の報告にとどめたほうがよい場合もあるでしょう。

## 4 設問の検討

　告発された事実関係（非違行為）が実際に存在していない場合には、その旨を回答することになります。問合せをしてきたのが労働基準監督署であるかマスコミであるかによる違いはありません。

　また、告発された事実関係（非違行為）が実際に存在していた場合にも、告発先が労働基準監督署かマスコミかで、基本的には回答内容に差は生じないと思われます。会社としては、事実関係（非違行為）の存在を認めたうえで、その原因や事実経過、また、その改善策への取組み等を報告することになるでしょう。もっとも、労働基準監督署のような行政機関とは異なり、マスコミに対しては国民への情報提供という側面がありますから、必要最小限の情報提供にとどまらず、企業としての謝罪や責任のとり方等も含め、より多くの情報を提供すべき場合があることも否定できません。その意味では、労働基準監督署への回答とマスコミへの回答は必ずしも一致するものではないといえます。

▶▶▷ One Point Advice

　内部告発された事実関係（非違行為）が実際に存在している場合、企業は少なからずダメージを負うことになります。しかし、内部告発を機に会社をより健全化させることができるのもまた事実です。内部告発を会社発展のために必要なものであったと前向きに捉えられるようにするためにも、原因の除去と再発防止に力を入れることが重要です。

（吉村　実）

# 7 メンタルヘルストラブル

## Question 1 精神疾患が会社の責任だと主張する部下への対処法

最近、配転された部下がいるのですが、その部下がうつ病を発症しました。その部下いわく、うつ病を発症したのは慣れない業務のせいで夜遅くまで残業が続いたからであり、会社の責任だというのです。この部下に対しては、どのように対応すればよいのでしょうか。

☞ Check
・会社（使用者）は労働者が心身の健康を損なうことがないように注意する義務（いわゆる安全配慮義務）を負っている。
・会社が安全配慮義務に違反した場合には会社のみならず管理職も損害賠償責任を負うことがある。

## Answer

### 1 安全配慮義務

労働契約法 5 条は、「使用者は、労働契約に伴い、労働者がその生命、身体等の安全を確保しつつ労働することができるよう、必要な配慮をするものとする」と、安全配慮義務を正面から規定しています（なお、最判昭和50・2・25〔陸上自衛隊事件〕や最判昭和59・4・10〔川義事件〕等の判例を参照）。そこで、使用者が、安全配慮義務に違反して、労働者の心身の健康を害してしまった場合には、使用者は当該労働者に対して損害賠償責任（債務不履行

（民法415条）、不法行為（同法709条・715条等））を負うこととなります。

　なお、使用者（会社）が安全配慮義務を負うといっても、現実にその義務を果たすべき立場にあるのは、使用者（会社）に代わって業務上の指揮監督権限を有する管理職です。それゆえ、管理職が安全配慮義務に違反した場合には、当該管理職自身も損害賠償責任を負う場合があることには留意する必要があります。

## 2　会社に求められる必要な措置

　上記のとおり、使用者（会社）は安全配慮義務を負っているわけですから、これに反しないように必要な措置をとらなければなりません。

　この点、最判平成12・3・24〔電通事件〕は、「使用者は、その雇用する労働者に従事させる業務を定めてこれを管理するに際し、業務の遂行に伴う疲労や心理的負荷等が過度に蓄積して労働者の心身の健康を損なうことがないよう注意する義務を負うと解するのが相当であ」ると判示していますから、会社としても、このような義務を果たせるよう具体的な措置をとることが必要です。たとえば、従業員が業務の遂行に伴う疲労感から心身の健康を害さないように、各従業員の日常の勤務状況や業務の負担の軽重、職場環境等について、適切・適宜に把握し、必要に応じて従業員の負担を軽減させる措置を講じるべきでしょう（第2章Ⅲ4（37頁）参照）。

## 3　設問の検討

　設問においては、部下のうつ病の原因を特定するものは、部下の自己申告しかありません。そのため、実際にうつ病発症の原因が配置転換後の業務の過重性にのみあるのかは、必ずしも明らかではありません。そこで、まず会社としては、うつ病の原因を特定する必要があります。その結果、うつ病が業務に起因するものではなかった場合には、この部下は自己に都合のよいように口実をつけているだけですから、会社としては毅然とした対応をとる必要があります。

他方、部下のうつ病の原因が部下の申告どおりであり、しかも、会社として、業務の過重性を除去するための適切な措置等を講じていなかったということでしたら、会社は、この部下に対して、安全配慮義務違反の責任（損害賠償責任）を負う可能性があります。また、当該管理職自身も、損害賠償責任を負う可能性があるといえます。このような状況になってしまった場合、会社としては、次善の策であるとしても、部下の回復に資するようなできる限りの対応を速やかにとるべきでしょう。

なお、設問のような配置転換を原因とするか否かにかかわらず、労働者が過重労働をしたことによって、身体や精神の健康を害し、死に至るケース（いわゆる過労死）や、うつ病等に罹患したことで自殺に至るケース（いわゆる過労自殺）等があることは、一般にも知られているところです。他方で、経営上、従業員の業務量を低減することは容易いものではなく、過重労働に陥っている従業員がいたとしても、現実問題として業務量を減らすことが難しいような会社もあるでしょう。

しかし、過重労働防止に向けた施策は、安全配慮義務という会社全体の責任につながる問題です。従業員の生死にかかわるような事態を放置しておくことは、長い目でみた場合、会社の利益にもなりません。そのため、従業員が過重労働に陥っている状況があるとすれば、業務内容の見直しや業務の効率化等を含め、会社全体の課題として業務量低減に積極的に取り組む必要があると思われます。

▶▶▷ One Point Advice

管理職も使用者に代わって指揮監督を行う権限を有する以上、いわゆる安全配慮義務に従って適切な措置を講じる義務を負っています。そこで、部下の日常の勤務状況や職場環境、業務の負担等については日頃から把握するように心がけ、しかるべき必要な措置を講じるようにしておくことが重要です。ただ、管理職個人の対応では足りないような場合、会社全体の課題として対応すべきこととして積極的に提言することも必要でしょう。　　（吉村　実）

Ⅰ　社内のトラブル

# Question 2　メンタル不全に陥り自傷行為を繰り返す部下への対処法

　私の部下の一人が、心の健康を害し、自傷行為を繰り返しているようなのですが、実際のところはっきりしません。私は、どのように対応すればよいのでしょうか。

☞ Check

・メンタルヘルスケアはラインによるケアが最も重要であり、管理職は日頃から部下の状況を把握しておくべきである。
・ラインによるケアでは手に負えないと判断した場合には、すぐに専門医等への相談等を勧める必要がある。

# Answer

## 1　四つのメンタルヘルスケア

　使用者は、労働者に対して安全配慮義務を負い、職場環境にも配慮する義務を負っていると考えられますが、労働者のいわゆるメンタルヘルスケアについても同様です。そして、使用者がなすべき「配慮」の具体的な内容を検討するにあたっては、厚生労働省が発表している「労働者の心の健康の保持増進のための指針」（平成18年3月31日健康保持増進のための指針公示第3号）が参考となります。この指針ではメンタルヘルス対策を効果的に進めるために必要なケアとして、以下の四つの分類がなされています。すなわち、①「セルフケア」（私たち自身で行うケア。労働者が自らのストレスに気づき、予防・対処するとともに、事業者はそれを支援すること）、②「ラインによるケア」（管理監督者が行うケア。日頃の職場環境の把握と改善、部下の相談対応を行うこ

となど)、③「事業場内産業保健スタッフ等によるケア」(企業の産業医、保健師や人事労務管理スタッフが行うケア。労働者や管理監督者等の支援や、具体的なメンタルヘルス対策の企画立案を行うことなど)、④「事業場外資源によるケア」(会社以外の専門的な機関や専門家を活用し、その支援を受けること)に分類されています。

そして、この4分類の中で、使用者の安全配慮義務遂行といった観点やメンタルヘルス問題の早期発見・早期ケアといった観点からは、労働者の労働環境や状態等を日常的に把握できる管理監督者、すなわち、ラインによるケアが最も重要となってきます。

## 2 ラインによるケア

ラインによるケアを充実させるためには、管理職が日頃から部下の労働時間、業務内容、労働環境や状況等を把握しておく必要があります。これが出来ていれば、部下がメンタル不調に陥ったときに、そのSOSサイン(兆候)に気づきやすくなるからです。

そして、一般的なSOSサイン(兆候)としては、
・今までなかったような欠勤・遅刻・早退(特に休み明け)をする。
・業務上の些細なミスが発生する。
・業績が下がる。
・自信を失い弱気な発言が目立つ。
・倦怠感が見られ、業務中に居眠りをしていることがある。
・突然怒り出す。
・いつも表情が乏しい。
・突然辞めたいなどの発言をする。
・退勤時間近くになると元気になる。
などといったことがあげられます。

このようなSOSサイン(兆候)が出ている部下がいた場合、管理職は積極的に声をかけ、部下が抱えている不安等について相談に乗るなどし、部下

の状態を把握するように努めるべきです。デリケートな問題ではありますが、見て見ぬふりをしていても何の解決にもなりません。もっとも、管理職は、部下にメンタル不調の兆候が出ているからといって、その部下のメンタルに問題があるなどと決めつけて話をしてはいけません。

　管理職は、部下が業務上で困っていることや睡眠・食欲の状況、体調等を確認するようにします。同時に、部下の時間外・深夜・休日労働等の実態を確認しておくべきです。そして、部下が業務上で困っていることについては、それを具体的に把握したうえで、その問題点を除去する方向でできる限りの対応を検討することとなるでしょう。他方、睡眠不足、体調不良、業務によるストレスを訴えているような場合には、業務量を減らしたり、残業時間をなくすように調整することが有用でしょう。また、年次有給休暇等の取得もすすめてみるべきです。

　以上のような対応をしても、部下の様子に改善がみられないようであれば、人事部等と協議を行い、産業医または会社が推薦するメンタルの専門医の診察（相談・カウンセリング）を部下にすすめるべきでしょう。会社が、部下の様子がおかしいことを認識していながら漫然と従前どおりの業務に従事させているとするならば、後々会社の安全配慮義務違反を問われかねませんし、何より、部下本人のためになりません。もっとも、部下自身が医師の診察を拒むような場合もあるかもしれませんが、その場合、会社としては、会社が指定する専門医の診察を受けるよう業務命令を下す必要が生じることもあるでしょう。なお、このような場合に備えて、就業規則にその旨の規定を設けておくことをおすすめします。

## 3　設問の検討

　まず、部下から業務上で困っていることや睡眠・食欲の状況、体調等について話を聞き、メンタルが不調であるのかどうかを確認すると同時に、業務上で困っている内容を改善できるのであれば、会社としてもできる限りの対応をすることになります。業務量の調整や残業時間がなくなるような配慮も

必要でしょうし、本人には年次有給休暇等の取得をすすめて休息をとらせるのもよいでしょう。

　もっとも、部下が自傷行為を繰り返しているというのが事実であった場合には、ラインによるケアでは不十分の可能性も大きいですから、人事部等とも協議を行い、部下に専門医等への相談をすすめるのが適切でしょう。

▶▶▷ One Point Advice

　メンタル不調者への対応は、早期発見および治療が大切です。この観点からもラインによるケアは重要であるといえます。ただ、ラインによるケアはあくまでも管理監督者によるものですから、メンタル不調の状態によっては、すぐに産業医や会社指定の専門医に相談するようすすめることが、人事労務管理の観点から必要となる場合もあるでしょう。

（吉村　実）

I 社内のトラブル

## Question 3　精神疾患を理由に仕事をしない部下への対処法

　私の部下にメンタルの不調を理由として仕事をしない者がいます。しかし、見た目には元気そうですし、このままにしておいたら周りの社員の士気にも悪影響を及ぼしそうです。何か打つ手はないでしょうか。

☞ Check
・専門医に診てもらい、素人判断は避けるべきである。
・会社は、原則として、専門医の診断結果に従うべきである。
・必要に応じて、当該部下の主治医とも連携をとりつつ、慎重に対策を検討すべきである。

## Answer

### 1　専門医の見解を求める

　メンタル不調の問題は、怪我などの場合と異なり、外部から直接見えるものではありません。そして、本人の調子がよいときには、周りの人の目には何ら問題がないように（元気そうに）映ることもあるでしょう。そのため、病気に対する専門的な知識のない人には、本人がメンタルの不調を理由として、ただ怠けているだけのように見えてしまうこともあるのではないでしょうか。とりわけ、近時注目されている「新型うつ病」のようなケースでは、本人は自分の好きな仕事や活動のときには元気になるとのことですから、周りの人からすると、ただ怠けているだけだと考えがちになることも否定できません。もちろん、本当に仮病のケースもあるかもしれませんが、医学的知

276

識のない人にとっては、本当に調子が悪いのか、ただ怠けているだけ（仮病）なのかの判断はとても難しいのですから、素人判断に頼らずに専門医の判断に委ねるべきでしょう。

## 2　本人が診断書をもってきた場合

　本人が主治医の作成した診断書をもってきた場合、管理職の素人的判断でその診断書の内容を信用できないと決めつけることは適当ではありませんが、他方、本人が怠け癖から、診断書ほしさに主治医の前で自分が病気であるかのような演技をして診断書を取得した可能性も、もしかしたらあるかもしれません。

　そこで、診断書の正確性を担保するためにも、他の専門医にセカンドオピニオンを求めることが有用です。自社内に精神科の専門医がいれば好ましいですが、産業医の専門が精神科でない場合には、産業医に精神科の専門医を紹介してもらうということでもよいでしょう。

## 3　設問の検討

　部下はメンタルの不調を理由として仕事をしないとのことですが、部下がまだ専門医の診察を受けていない場合には、産業医（精神科）や産業医に紹介された精神科の専門医の診察を受けるようすすめるべきでしょう。もっとも、部下が専門医の診察を拒むことも考えられます。その場合には、業務命令として受診を命じることも考えなければなりません。部下がこれに従わない場合、服務命令違反として懲戒の対象となることもあり得ますので（最判昭和61・3・13〔電電公社帯広局事件〕）、部下にはこの点を理解してもらい、協力してもらうようにしましょう。

　部下がメンタルの不調を肯定する主治医の診断書を提出してきた場合、会社としては、産業医等にセカンドオピニオンを求めます。そして、会社側の専門医の診断結果も部下の主治医の診断結果と同じだった場合には、会社としても当該診断結果を十分に尊重する必要があります。素人の目には部下が

元気であり、怠けているようにみえる場合であっても、専門医にはそのようには見えていないということですから、周りがあたたかい目で見守ってあげる必要があるものと思われます。もっとも、部下が出勤をしても仕事をしない、あるいは、出勤したり、しなかったりという日が続くようであれば、本人の健康のためにも無理な出勤を続けさせるのではなく、休職を命じて、回復に専念させることが必要な場合もあるでしょう。また、場合によっては会社の利益のため、退職勧奨を行うことも必要かもしれません。どのようなタイミングでどのような対処法をとるべきか、会社側の専門医やときには部下の主治医からも意見を聞きながら、部下の処遇について検討していくべきです。

これに対して、会社側の専門医の診断結果が部下の主治医の診断結果と異なる場合には少々問題が複雑です。診断結果が異なるということは、情報不足が原因かもしれませんので、会社側の専門医から部下の主治医に連絡をとってもらい、医師同士で情報の共有を図ることも有意義でしょう。また、上司であるあなたや会社の総務・人事の担当者等から、部下の会社での普段の様子等について主治医に報告することも有用だと思われます。ただし、会社側の人間が部下の主治医と接触する場合には、事前に本人である部下の同意をとっておくべきです。

▶▶▷ One Point Advice

　本人が提出した主治医の診断書を軽視し、会社側専門医の診断結果だけを偏重して従業員を解雇した場合、不当解雇であるとして訴えられるリスクも大きくなります。後々の訴訟リスクを回避するためにも、複数の診断結果がある場合には、そのすべてを公平に検討したうえで、慎重に対策を練ることが重要です。

(吉村　実)

## 8　外国人労働者の取扱い

### Question 1　留学生をアルバイト雇用するときの管理上の注意点

当社は飲食店を全国展開しています。ある店舗で、日本に留学に来ている外国人をアルバイトとして採用しようとしているのですが、面接の際に履歴書しかチェックをしていないようです。もし問題があるとしたらどのようなものがあるのでしょうか。

また、外国人留学生ということで、何か業務の制限はあるのでしょうか。

☞ Check

・外国人留学生がアルバイトをするには「資格外活動許可」が必要。面接の際に、パスポートや在留カードなどを確認する。
・留学生の勤務時間は原則として週28時間以内。アルバイトをかけもちしている場合には、すべての店の勤務時間の合計時間で計算する。
・違反をした場合、会社も刑事罰の対象になる可能性がある。

### Answer

#### 1　資格外活動許可が必要

外国人留学生は、日本の大学などで教育を受けることを前提として、「留学」の在留資格で日本に在留することが許されています。そのため、留学生がこの在留資格に関係のない就労活動ばかり行うようなことがあっては、在

I　社内のトラブル

留資格を認めた意味がなくなってしまいます。

　そこで、出入国管理法は、留学など一定の在留資格で入国した外国人に対し、原則としてその在留資格に無関係な活動をすることを禁じることとし、例外的にこれをする場合には「資格外活動許可」を得なければならないこととしました（同法19条2項）。

　そのため、外国人留学生は、アルバイトをする前に資格外活動許可を得ていなければなりませんし、会社も、外国人留学生が資格外活動許可を得ているかを事前にチェックする必要があります。

　資格外活動許可を得たか否かは、在留カードやパスポート、資格外活動許可証を見ることで確認できます。外国人留学生を面接する際には、これらの書類を持参してもらいましょう。

## 2　活動時間・活動内容の制限

　留学生が資格外活動許可を得るための要件としては、①その活動時間が週28時間以内（教育機関の長期休業期間中は1日8時間以内）であることと、②活動の目的が学費などを補うものであること、③その活動内容に風俗営業などが含まれていないことが定められています。そのため、留学生に、これらの制限に反する勤務をさせてはいけません。

　なお、①活動時間の制限は、アルバイト先が複数ある場合、すべてのアルバイト先の勤務時間の合計で計算されます。たとえば、外国人留学生が、設問の会社でのアルバイトのほかに、工場などでもアルバイトをしているような場合には、飲食店での勤務時間とその工場での勤務時間の1週間の合計時間を、28時間以内としなければなりません。そのため、面接の際には、ほかにアルバイトをしていないか、また、そのアルバイトの勤務時間などを質問しましょう。

## 3　留学生に対する刑事罰・退去強制

　それでは、資格外活動許可を受けずに外国人留学生がアルバイトを行った

場合、この留学生は処罰されるのでしょうか。

　留学生は、資格外活動許可を受けずに「収入を伴う事業を運営する活動又は報酬を受ける活動」を行った場合、1年以下の懲役・禁錮、もしくは、200万円以下の罰金に処せられる可能性があります（出入国管理法73条）。さらに、長時間アルバイトをしていて学校に全く行かなくなったような場合など、資格外の就労活動を「専ら行つていると明らかに認められる」場合には、刑が重くなり、3年以下の懲役・禁錮、もしくは、300万円以下の罰金に処せられる可能性もあります（同法70条1項4号）。また、留学生が資格外の就労活動を「専ら行つているものと明らかに認められる者」に当たる場合には、強制的に日本から出国させられる可能性もあります（退去強制手続。同法24条4号イ）。

　裁判所は、この退去強制事由に当たるかどうかについて、①本邦における在留資格に係る活動の状況、②当該資格外活動を行うに至った経緯、③当該資格外活動の継続性、有償性等の内容、④当該資格外活動によって得た収入の使途等を総合考慮して、「当該外国人の活動が在留資格に係る活動から実質的に変更されたり、在留資格に係る活動が資格外活動を行う方便となったりしているか否かという観点から判断すべき」としています（広島地判平成20・3・28）。

## 4　会社に対する刑事罰

　会社が資格外活動許可を受けていない留学生を就労させた場合には、3年以下の懲役もしくは300万円以下の罰金に処される可能性があります（不法就労助長罪。出入国管理法73条の2第1項）。会社は、留学生が資格外活動許可を受けていないことについて知らなかった場合でも、過失がないといえない限りは、これを理由として処罰を免れることはできません（同条2項）。そのため、留学生をアルバイトに雇う場合には、資格外活動許可を受けているかについて十分確認をする必要があるといえます。

　　　　　　　　　　　　　　　　　　　　　　　　　　（渡邉　雅司）

I　社内のトラブル

# Question 2　外国人労働者がオーバーステイになったときの対処法

当社で勤務している外国人労働者の在留期間を調べたところ、オーバーステイだったことが発覚しました。

この外国人労働者はどうなるのでしょう。また、これからどうすべきでしょうか。

☞ Check

・オーバーステイの外国人は、原則として退去強制をさせられることとなる。
・出国命令制度や在留特別許可制度を利用できる場合があるため、速やかに入国管理局に出頭するよう促す。
・オーバーステイの外国人を勤務させ続けると、会社も罰せられる可能性がある。

# Answer

## 1　オーバーステイと退去強制手続

日本に入国した外国人が、指定された在留期間を経過したまま日本に残留することや、あるいは、在留資格の取消しを受けても日本に残留することを、オーバーステイ（不法残留）といいます。

オーバーステイとなった外国人は、日本に在留する資格がないため、原則として日本から強制的に出国させられることとなります（退去強制手続。出入国管理法24条4号ロ）。

オーバーステイが発覚した場合には、その事実を確認するために、入国警

備官による違反調査、特別審理官による口頭審理、法務大臣による裁決といった手続が行われます。これらの手続を行う間、外国人労働者は収容され、その身柄が拘束されるのが原則となっています（全件収容主義）。

　この身柄拘束は、仮放免によって解かれる場合があります。仮放免が認められるか否かは、被収容者の容疑事実や仮放免請求の理由、外国人労働者の性格、被収容者の家族状況、身元保証人の有無などの事情を考慮して判断され、保証金の納付を要することとなります（出入国管理法54条、仮放免取扱要領9条）。

## 2　出国命令制度と在留特別許可制度

　仮にオーバーステイとなった場合でも、外国人は、身柄が収容されずに簡易な手続で出国することができる可能性があります（出国命令制度。出入国管理及び難民認定法24条の3）。この場合、出国までの在留は、いったん合法化されることとなります。この出国命令制度を利用するには、①速やかに出国する意思をもって自ら入国管理官署に出頭したこと、②重大な退去強制事由に該当しないこと、③一定の犯罪により懲役または禁錮に処せられていないこと、④過去に退去強制または出国命令を受けて出国したことがないこと、⑤速やかに出国することが確実と見込まれること、というような要件を満たす必要があります。

　また、①永住許可を受けているとき、②かつて日本国民として日本に本籍を有したことがあるとき、③人身取引等により他人の支配下に置かれて日本に在留するものであるとき、④その他法務大臣が特別に在留を許可すべき事情があると認めるときなどには、法務大臣の裁量により、在留が許可されることがあります（在留特別許可制度。出入国管理法50条）。

　この在留特別許可の判断にあたっては、「個々の事案ごとに、在留を希望する理由、家族状況、素行、内外の諸情勢、人道的な配慮の必要性、更には我が国における不法滞在者に与える影響等、諸般の事情を総合的に勘案して行う」とされています（「在留特別許可に係るガイドライン」）。そして、これ

らの判断要素の一つとして、「当該外国人が、不法滞在者であることを申告するため、自ら地方入国管理官署に出頭したこと」があげられています（「在留特別許可に係るガイドライン」）。

このように、オーバーステイをした場合でも、入国管理官署に出頭申告をすることで、出国命令制度や在留特別許可制度を利用して、不利益な取扱いを一部回避することができる可能性があります。刑事手続の自首と同様の制度といえます。

そのため、設問の場合でも、会社は、外国人労働者に対して、入国管理官署に出頭をするよう促すことが考えられます。

## 3 会社の責任と対応

オーバーステイの状態で就労をすると「不法就労」となり、事業活動に関し外国人に不法就労活動をさせた者も、3年以下の懲役もしくは300万円以下の罰金に処せられます（出入国管理法73条の2）。この規定は、会社にも適用されます。そのため、会社は、外国人労働者をオーバーステイの状態のまま就労させることはできません。

オーバーステイが発覚した場合、会社は、入国管理官署への出頭を促す一方で、すぐにその外国人労働者の出勤をやめさせ（自宅待機扱いとすることが考えられます）、雇用関係を解消させる必要があります。

雇用関係を解消させるにあたっては、その外国人労働者とよく相談をして、合意での退職とするのがよいでしょう。外国人労働者が退去強制手続によって収容されていても、面会や差入れをすることで、退職のために必要な打合せや書類作成などをすることができます。

（渡邉　雅司）

## Question 3 外国人労働者を人事異動させる場合の対処法

当社で勤務している外国人労働者ですが、どうも現在の部署に合っていないようなので、別の部署に人事異動させようと考えています。

外国人労働者を異動させることは問題ないでしょうか。異動させる場合にはどのような手続が必要でしょうか。

☞ Check
・在留資格と無関係な部署に異動させることは、不法就労となり違法となる可能性がある。
・在留資格をチェックし、必要であれば在留資格の変更申請や就労資格証明書の交付申請を行う。

## Answer

### 1 在留資格による活動範囲の限定

日本に滞在する外国人は、入国の際などに与えられた在留資格によって、日本で行うことができる活動の範囲が限定されている場合があります（出入国管理法19条）。これに反して活動範囲外の活動をした場合には、外国人労働者と雇用主に刑事罰が適用される可能性もあります（同法70条・73条・73条の2）。

たとえば、「技術」（システムエンジニアや技師など）や、「人文知識・国際業務」（海外取引業務担当者や通訳など）、「企業内転勤」（外国の本店などから転勤してきた者など）、「技能」（コックなど）といった在留資格を有する者は、

Ⅰ　社内のトラブル

その在留資格に定められた範囲内の就労活動しかできません。

　これに対し、「永住者」や「日本人の配偶者等」、「永住者の配偶者等」、「定住者」などの在留資格をもつ者は、その就労活動の範囲に制限がありません。

　そのため、外国人労働者を異動させる場合には、その外国人労働者の在留カードなどで在留資格の内容を確認して、異動先の部署の具体的な業務内容と比較をし、それに応じて以下のような手続をする必要があります。

①　在留資格の就労活動範囲外の部署への異動……在留資格の変更許可申請

②　在留資格の就労活動範囲内の部署への異動……出入国管理法上の手続は不要

③　在留資格の就労活動範囲の判断に迷う場合……就労資格証明書の交付申請

## 2　在留資格の変更許可申請

　①在留資格の就労活動範囲外の部署への異動をする場合とは、たとえば、通訳業務を行うことを前提として「人文知識・国際業務」の在留資格で入国させた者を、「技術」の在留資格を要するシステムエンジニア業務を行う部署に異動させるような場合をいいます。

　このような場合、それまでの在留資格のまま異動をすることはできないので、在留資格自体を変更させる必要があります。そのような場合に行わなければならない手続が、在留資格の変更許可申請手続です（出入国管理法20条）。この申請手続を行う際には、申請書に当該外国人の履修証明書や履歴書などを添付して、新しい部署の職務内容に対応する在留資格を取得するだけの能力があることを説明しなければなりません。

　申請をしてから結果が出るまでの標準処理期間は2週間から1カ月程度とされていますので、異動を行う前に余裕をもってこの申請をしておく必要があります。

在留資格変更許可を得るための要件などについては、法務省が「在留資格の変更、在留期間の更新許可のガイドライン」を作成していますので、参考にしてください。

申請をしても在留資格の変更が不許可となった場合、異動先の業務を担当することができなくなりますので、この異動を行うことはできなくなります。そのため、人事異動に伴って新たに雇用契約書を作成する際には、この在留資格変更許可が取得できることを条件とするとよいでしょう。

### 3　就労資格証明書の交付申請

これに対し、②在留資格の就労活動範囲内の部署への異動をする場合には、職務内容の変更がありませんので、出入国管理法上の手続は特に必要ありません。たとえば、「人文知識・国際業務」の在留資格をもつ海外取引業務を行っていた外国人労働者を、課内の別のチームに所属を変更するだけで、同じ海外取引業務を担当する場合などが、これに当たります。

しかし、③在留資格の就労活動範囲内の異動なのか範囲外の異動なのか、その判断に迷う場合があると思います。そのような場合には、就労資格証明書を取得することが考えられます（出入国管理法19条の２）。

就労資格証明書とは、その外国人労働者が行うことのできる就労活動を証明する証明書で、法務大臣により交付されます。これを取得できれば、その外国人労働者が異動先の業務を担当できることが証明されますので、異動が出入国管理法上違法とならないことが確認できます。申請をしても就労資格証明書の交付が認められない場合には、①の在留資格の就労活動範囲外の部署への異動であることが確認されたこととなりますので、あらためて在留資格の変更許可申請をする必要があります。

就労資格証明書は、基本的に申請した当日に交付されることとなっていますが、勤務先を変えた場合などは、交付まで１カ月から３カ月を要するものとされています。そのため、余裕をもって申請手続をする必要があると考えられます。

（渡邉　雅司）

I 社内のトラブル

## Question 4 外国人派遣社員に労働災害があった場合の対処法

当社に派遣社員として勤務していた外国人労働者が、業務中に工場でけがを負ってしまいました。日本語をまだ勉強中のため、現場監督の指示が十分理解できなかったようです。

外国人の派遣社員には労災が適用されるのでしょうか。また、当社が損害賠償義務を負うことはあるのでしょうか。

☞ Check
・外国人にも日本の労災保険制度は適用される。派遣元が労災保険に加入しているかを確認する。
・安全配慮義務違反の内容として、工場内の標識の記載内容や日本語教育の内容などが問題となる。

## Answer

### 1 外国人の派遣社員にも労災保険制度が適用する

労災保険制度は、労災保険の適用事業の労働者である限り適用される強制保険ですので、国籍を問わずに外国人労働者にも適用されます。そして、派遣社員の労災保険は、直接の雇用契約を結んでいる派遣元（派遣会社）が適用手続を行うことになっています。

したがって、派遣先は、労働災害の現場の対応や死傷病報告等をする必要はありますが、それ以後の手続は、基本的に派遣元が行うこととなります。

これにより、外国人労働者も、療養給付や休業給付などの労災保険制度を利用することができるのです。

## 2　外国人の派遣社員に対する安全配慮義務

　使用者は、「労働契約に伴い、労働者がその生命、身体等の安全を確保しつつ労働することができるよう、必要な配慮をする」いわゆる安全配慮義務を負っています（労働契約法5条）。この安全配慮義務は、日本人労働者に対してのみ負うのではなく、外国人労働者に対しても負うとされています。

　そして、派遣社員と直接雇用契約を締結していない派遣先も、派遣社員に対して安全配慮義務を負うことがあるとされています。

　したがって、派遣先は、この義務違反が認められた場合、外国人派遣社員に対して、これによって生じた損害の賠償義務を負うこととなります。

## 3　安全配慮義務違反が認められる場合

　それでは、どのような場合に安全配慮義務違反が認められるのでしょうか。設問では、けがを負った外国人派遣社員の日本語能力が不十分であったことが事故の一因となったようですので、この点がどのように評価されるかが問題となります。

　一般に安全配慮義務違反は、①安全設備の整備や環境の整備などの物的条件の整備と、②適格者の配置や安全教育、組織上の整備などの人的条件の整備を内容とするといわれています（最判昭和59・4・10〔川義事件〕等）。

　これらの点については、厚生労働省が定める「外国人労働者の雇用管理の改善等に関して事業主が適切に対処するための指針」が参考になります。

　この指針では、①物的条件の整備として、「事業主は、事業場内における労働災害防止に関する標識、掲示等について、図解等の方法を用いる等、外国人労働者がその内容を理解できる方法により行うよう努めること」と規定し、②人的条件の整備として、「事業主は、外国人労働者が労働災害防止のための指示等を理解することができるようにするため、必要な日本語及び基本的な合図等を習得させるよう努めること」と規定しています。

　設問でも、安全配慮義務違反の有無を評価する際には、①物的条件の整備

I 社内のトラブル

として、工場内の標識や掲示の表記の方法や、②人的条件の整備として、日本語教育や工場内の合図などの教育内容を確認する必要があると考えられます。

## 4 損害賠償金額（逸失利益の算定方法）

　仮に安全配慮義務違反による事故によって労働者が後遺障害を負うこととなった場合、この外国人派遣社員から、この障害がなければ本来得られたはずの利益（逸失利益）が請求されることとなります。たとえば、足に障害が残ったことでそれまでと同じ業務につくことができなくなったために給料が減少した場合の、その減少した給料分などが逸失利益の例としてあげられます。

　逸失利益を算定するにあたっては、給料などの収入が基礎とされます。外国人労働者の場合、日本から母国に帰国をすることが考えられますので、逸失利益の算定の基礎を、日本での収入とするか母国での収入とするかが問題となります。

　これについて、判例では、①「予測される我が国での就労可能期間ないし滞在可能期間内は我が国での収入等を基礎とし」、②「その後は想定される出国先（多くは母国）での収入等を基礎として逸失利益を算定するのが合理的ということができる」と判示しています（最判平成9・1・28〔改進社事件〕）。そして、同判例は、①「我が国における就労可能期間」について、「来日目的、事故の時点における本人の意思、在留資格の有無、在留資格の内容、在留期間、在留期間更新の実績及び蓋然性、就労資格の有無、就労の態様等の事実的及び規範的な諸要素を考慮して、これを認定するのが相当である」と判示しました。

　そのため、逸失利益を算定する場合には、諸処の事情の認定の内容にもよりますが、基本的には、外国人派遣社員が、①日本に滞在すると考えられる期間分は日本での収入を基礎として算定し、②その後の期間分は、母国での収入を基礎として算定することとなるものと考えられます。　　　（渡邉　雅司）

## Question 5 外国人労働者との労働紛争への対処法

当社は、アメリカの会社を本社にもつ日本支社です。日本で働いているアメリカ人労働者から、日本の労働契約法違反を理由に裁判をするといわれました。

雇用契約書はアメリカ本社との間で締結されたのですが、この場合にも日本の労働法が適用されるのでしょうか。また、裁判は日本の裁判所で行われるのでしょうか。

☞ Check
・外国で雇用契約を締結した外国人労働者にも、日本の労働法が適用されることがある。
・平成23年に改正された民事訴訟法により、国際裁判管轄が立法化された。日本で勤務をしている以上、日本の裁判所で裁判が行われる可能性がある。

## Answer

### 1 準拠法

設問のアメリカ人労働者は、日本で勤務をしていますが、アメリカ本社と雇用契約を結んでいます。このような場合、会社と労働者に適用される法律（この法律を「準拠法」と呼びます）は、アメリカの労働法でしょうか、日本の労働法でしょうか。

法の適用に関する通則法では、労働契約の準拠法について、雇用契約書などで準拠法の選択がされていない場合には、この契約に「最も密接な関係がある地の法」（最密接関係地法）によるとしています（同法8条）。契約の締結

I 社内のトラブル

地などに限定していないことに、注意が必要です。そのうえで、法の適用に関する通則法は、「当該労働契約において労務を提供すべき地の法」をこの最密接関係地法と推定するものとしています（同法12条3項）。

そのため、設問では、アメリカ人労働者の勤務地が日本であることから、「当該労働契約において労務を提供すべき地」は日本となり、この労働者と会社の間では日本の労働契約法が適用されることとなると考えられます。

## 2 雇用契約書に準拠法の合意がある場合

それでは、雇用契約書に、「本契約は、アメリカ合衆国ニューヨーク州法に準拠する」などと、外国法を準拠法とする条項があった場合はどうなるのでしょうか。欧米の会社の雇用契約書には、このような条項が記載されていることが少なくありません。

法の適用に関する通則法は、このような場合についても規定をおいており、労働者が最密接関係地法のうちの一部の規定（たとえば解雇に関する日本の労働契約法16条など）の適用を主張した場合には、最密接関係地法を準拠法とすることができると定めています（法の適用に関する通則法12条）。

この規定は、企業の利益に比べて労働者の利益を保護するものと解されています。設問のアメリカ人労働者も、日本の労働契約法16条に基づいて解雇無効の違反を主張する場合には、最密接関係地法である日本の労働契約法を準拠法とすることができると考えられます。

## 3 国際裁判管轄

次に、このアメリカ人労働者が裁判を提起できる場所は、日本となるのでしょうか、アメリカとなるのでしょうか。

このような国際裁判管轄については、長らく法律の定めがなかったために裁判例などが判断基準とされてきましたが、平成23年に改正された民事訴訟法により、判断基準が立法化されました。

民事訴訟法は、労働者が企業に労働裁判を起こす場合、「労働契約におけ

る労務の提供の地が日本国内にあるときは、日本の裁判所に提起することができる」と規定しています（同法3条の4第2項）。

設問の労働者も、「労務の提供の地」が日本であることから、この規定により、日本の裁判所に裁判を提起することができると考えられます。

## 4　雇用契約書に国際裁判管轄の合意がある場合

では、雇用契約書に、「本契約の紛争の裁判管轄を、ニューヨーク州の裁判所とする」などの国際裁判管轄の合意がある場合はどうなるのでしょう。

民事訴訟法は、労働者を保護するために、このような国際裁判管轄の合意が有効となる場合を限定しています。

国際裁判管轄の合意が有効となるのは、①雇用契約が終了したときに日本の裁判所を国際裁判管轄とする合意をしたときや、②労働者が合意された裁判所に訴えを提起した場合、または、事業者から裁判を起こした場合で労働者がこの合意を援用した場合等に限定されています（民事訴訟法3条の7第6項）。

設問では、①②に当たる事情は認められませんから、日本で裁判が提起されることとなるものと考えられます。

## 5　紛争に対する対処法

外国人労働者との労働紛争は、言葉の壁や母国法の違いなどから、対応を誤ると紛争が長期化することがあります。

行政書士や弁護士、ハローワークなどを利用して、十分話し合いをすることで、早期の解決を図ることができる場合があります。ハローワークでは、外国人雇用管理アドバイザー制度を用意しており、外国人労働者の雇用管理の改善や紛争解決についてアドバイスをしてくれます。

また、労働紛争の解決手段として、話し合いによって迅速な解決を図る労働審判制度がありますが、日本人労働者だけでなく外国人労働者との労働紛争についても、この制度を利用することができます。　　　　　　（渡邉　雅司）

Ⅰ 社内のトラブル

## 9 その他のトラブル

### Question 1 社員の個人情報が入ったパソコンを紛失した社員への対処法

ある社員が、会社の社員の個人情報（氏名、住所、連絡先等）が入った管理用のパソコンを帰宅途中にカバンごとどこかに置き忘れてしまいました。その後捜索したのですが、結局、そのパソコンは見つかりませんでした。会社としてはこの社員にどのような対処がとれるでしょうか。

☞ Check
・会社としては、社員の個人情報の取扱いには十分注意するべきであり、就業規則等に、社内の電子情報の取扱方法に関して規定するべきである。
・会社としては、社員が決められた個人情報の取扱方法に反して、社員の個人情報を流出させた場合、事実確認を行ったうえで、懲戒処分を検討するべきである。

### Answer

#### 1 社員の個人情報

会社が取り扱う個人情報には、取引先や顧客の情報だけでなく、自社の株主、役員、社員に関する情報といった内部的な管理情報も含まれます。そして、この内部的な管理情報についても、個人情報保護法上は保護の対象となります（厚生労働省「雇用管理分野における個人情報保護に関するガイドライン」

(平成24年5月14日、厚生労働省告示第357号)等参照)。また、会社が保有する社員の個人情報には、雇用管理に必要な情報だけでなく、本人の健康状態や家族の状況等の情報も含まれていることがあり、それらは社員個人のプライバシーにかかわる情報です。

したがって、会社や社員としては、社員の個人情報の取扱いについて、十分注意する必要があります。

## 2　社員の個人情報の管理方法

上記のとおり、社員の個人情報の取扱いには十分に注意する必要があるため、会社としては、就業規則等において社内の電子情報の取扱方法に関して規定している場合は、当然、その対象として社員の個人情報も含めておくべきでしょう。

また、社内の電子情報の取扱方法に関して何の定めもおかない会社は、至急、通知書面を作成したり就業規則に条項を追加するなどしたうえで、社員に個人情報の取扱方法について周知徹底するべきでしょう。

最近は、設問のように、社員がパソコン本体を持ち歩くことが多いようですが、業務用パソコンをやむを得ず社外に持ち出す場合は、上司の許可を必要とし、かつ、紛失や破損がないよう取扱いに十分注意することについて、常日頃から社員に徹底的に指導しておかなくてはなりません。そして、万が一、社外に持ち出したパソコンが紛失した場合等に備え、当該パソコン内には多くの個人情報を保存しておくべきではありませんし、重要な個人情報には常に何らかのロックをかけて保護しておくべきでしょう。

## 3　パソコンの置き忘れ行為の問題点

設問では、社員が、故意的に社員の個人情報を流出させたわけではなく、(過失により)管理用のパソコンを置き忘れています。この点、社内において管理用パソコンの社外持ち出しが絶対的に禁止されていれば、設問の社員の行為は就業規則等に違反したことになります。そして、パソコンという会社

の重要な備品を紛失させていますので、会社に対し財産的な損害を与えたことになります。

　もっとも、パソコン自体を紛失したとしても、アクセスコード等によってパソコン内部の情報が保護されている場合には、通常はすぐには社員の個人情報の流出にはつながらないものと思われます。しかし、このような措置が全く講じられていない場合、パソコンを置き忘れた時点で、個人情報を流出させたものと評価されてもやむを得ません。そして、流出させた社員の個人情報の内容によっては、当該社員だけではなく、その社員の家族のプライバシー侵害にもつながる危険性があります。

## 4　設問の場合における会社としての対応

　会社としては、社員の個人情報が実際に外部に流出しているかどうか、流出した情報の悪用やプライバシーの侵害といった実害が発生していないかどうかなどの事実確認（調査）を行ったうえで、パソコンを置き忘れた社員に対する何らかの懲戒処分を検討すべきです。なお、懲戒処分をするにあたって、就業規則の規定の中に、設問の社員の行為を懲戒処分の対象とする条項がなければならないことはいうまでもありません。

　そして、懲戒処分の内容を決めるにあたっては、そもそも管理用パソコンの社外持ち出しは許可されていたのか、その管理用パソコン内に保存されていた社員の個人情報の内容や量、これが流出したことによりどの程度の実害が生じたのか（もしくは生じていないのか）などが重要な要素となります。

　つまり、管理用パソコンの社外持ち出しが社内では禁止されており、かつ多数の社員（およびその家族）の個人情報が悪用され、プライバシー侵害や財産的損害が多くの者に生じているような深刻な場合は、懲戒解雇を含む厳しい懲戒処分を検討することになります。逆に、管理用パソコンの社外持ち出しが許可されており、かつ個人情報流出による損害が誰にも生じていないような場合は、会社の財産的損害も弁償されているならば、特に重い懲戒処分を選択する必要はないものと思われます。

　　　　　　　　　　　　　　　　　　　　　　　　　　　（横山　聡）

## Question 2 個人的なセールスを社員や顧客に対して行う社員への対処法

社員が、会社に無断で、社内の社員や顧客に対し、業務に無関係な日用品等の販売およびそのセールスを行っています。職場では行わず、職場外、休日等に行うのですが、社員の中には上司に対し、「止めるように注意してほしい」と相談する者がいます。会社としてはどのような対処がとれるでしょうか。

☞ Check
・会社の社員が、兼職・兼業の禁止に違反した場合、懲戒処分の対象となる。
・問題となっている兼職・兼業の内容が、会社の職場秩序や会社に対する労務の提供に特段の影響がない態様のものである場合、兼職・兼業の禁止違反には当たらない。

## Answer

### 1 兼職・兼業の禁止（一般論）

多くの会社では、就業規則等において、社員に対し、会社の許可を得ることなく、他の会社に就職したり、あるいは業務とは無関係の営業行為を行ったりすることを禁止する規定を設けています（兼職・兼業の禁止（第3章Ⅱ2(3)（59頁）参照））。

これは、一般的に、会社の社員が無限定に兼職・兼業に走れば、疲労等により会社の本来の業務が疎かになるおそれがあること、また兼業している事業の利益や兼職している他の会社の利益を優先し、本来優先すべき会社の利

297

益をないがしろにするおそれが高いことといった理由から設けられています。

会社の社員が、上記の兼職・兼業の禁止に違反した場合は、懲戒処分の対象となります。もっとも、問題となっている兼職・兼業の内容が、会社の職場秩序や会社に対する労務の提供に特段の影響がない程度・態様のものである場合は、上記の兼職・兼業の禁止違反には当たらないといえます。これは、労働者は、就業時間外においてはその時間を自由に使えることが大原則であり、所得を補塡するために就業時間外にほかの職場で働いたりすること等もあり得るからです。

なお、兼職・兼業の内容が、会社の事業と競合するもの（同事業）である場合は、競業避止義務（労働者が会社と競業する別の会社に就職したり、会社と競業する事業を営まない義務）違反の問題にもなります。

## 2　設問の兼業行為

設問の場合、社員が会社業務に無関係な日用品の販売やセールスを行っているということからすれば、当該社員の行動は、基本的には兼業行為に該当します。

もっとも、上記のとおり、兼業は何から何まで禁止されるわけではなく、当該兼業の内容が、会社の職場秩序に影響せず、会社に対する労務の提供にも特段の影響がない程度・態様の場合には、会社としては懲戒処分等を行うことができません。この点、設問の社員が行っているのが単なる兼業行為ではなく、他の社員や会社の顧客を対象とした営業行為となりますし、他の社員から苦情が出ている状況等も鑑みれば、その行為の内容に執拗な点がみられます。そのため、設問の兼業行為は、社員に対する営業行為に関しては職場秩序に対して悪影響を及ぼすもので、会社の顧客に対する営業行為に関しては会社の業務や信用に悪影響及ぼすものといえそうです。

したがって、設問における社員の行為は、場合によっては、懲戒処分の対象となり得ます。

## 3　社員の兼業を認識した後の会社の対応

　会社としては、社員が兼業していることを認識した場合、兼業の態様に関する事実関係を調査・把握することが急務となります。そのため、他の社員、会社の顧客に対し、事実関係を確認していくことが重要となります。この点、会社からみた場合、他の社員に対しては、業務命令をもって事情聴取等の調査に協力させ、場合によっては報告書等を作成させることも可能ですから、社員へのセールス行為等はある程度容易に事実関係を把握できます。しかし、会社の顧客に対しては調査が難航することが多いです。顧客の立場からすれば、社員からしつこく個人セールス等につきまとわれていたことに加えて、さらにその点の調査として会社から連絡が入るというのは、不愉快な気持ちになるものではないでしょうか。仮に、調査において顧客の協力が得られなかった場合は、社員に対するセールス行為等の態様だけを理由として、それに見合う程度の懲戒処分を行うのが現実的な対応となるでしょう（この場合、顧客へのセールス行為等も確認できた場合に比べ、より軽度の懲戒処分を選択すべきことになります）。

（横山　聡）

I 社内のトラブル

## Question 3　社員が裁判員に選任された場合の対処法

部下の社員が裁判員に選任されました。しかし、会社は繁忙期にあり、社員数も少なく、この社員に仕事から抜けられると非常に困ります。そこで、会社としては、この社員に裁判員を辞退するようにすすめてみようと思っています。会社として、このような対処をすることに問題はないでしょうか。また、裁判員に選ばれた社員が会社を休むことになる場合は、これを無給休暇とすることに問題はないでしょうか。

☞ Check
・会社としては、裁判員として参加の意思をもっている社員に対して、辞退を強要することはできない。
・社員が裁判員等の仕事のためにとる休暇については、有給とするか、無給とするかは会社の判断に委ねられている。

## Answer

### 1　裁判員に選ばれた場合等に報告を義務づけること

裁判員制度とは、刑事裁判に、国民の中から無作為に選ばれた裁判員が参加する制度です。裁判員は、刑事裁判の審理に出席して、被告人が有罪か無罪か、有罪の場合には、さらにどのような刑罰を宣告するかを決めます。そのため、労働者が、裁判員に選任された場合、刑事裁判の審理期間中等は会社を休まざるを得ません。労働者が裁判員やその候補者に選ばれた場合には、裁判員の仕事に必要な休みをとることは法律で認められています（労働基準法7条）。

会社からすれば（特に社員数が少ない中小企業からすれば）、突然、社員が休むことになるというのは、業務上のスケジュールに支障が出てくるため、好ましいものではありません。会社としては、社員の勤務体制の変更等に迅速に対応できるように、社員が裁判員の候補者に選ばれた場合等は、早期にそのことを把握しておきたいと考えるのが通常です。

　この場合、会社の対応策としては、就業規則によって、裁判員候補者名簿記載通知を受けた場合、裁判員候補者として呼び出しを受けた場合、裁判員や補充裁判員に選任された場合等について、社員に報告を義務づけておくということが考えられます。

　この点、裁判員法101条1項では、「何人も、裁判員や裁判員候補者等の氏名、住所その他の個人を特定するに足りる情報を公にしてはならない」とされていますが、上記条項で定めている「公にする」とは、そのような情報を不特定または多人数の知り得る状態におくことをいうので、裁判員等に選ばれた社員が、休暇の取得等のために、会社の上司にそのことを話したとしても上記条項に違反するものではないと考えられます。そのため、上記のように、就業規則において、裁判員等に選ばれた場合の報告義務を定めても、社員が数日または一定期間不在となることに伴って社内において勤務体制の変更を行う必要があるなど、合理的な必要性に基づき、報告を義務づけるものであるときは、その義務づけ自体が上記条項に違反することはないものと考えられます。

## 2　裁判員を辞退するようにすすめることの是非

　裁判員は、単に仕事が忙しいという理由では辞退することはできませんが、当該社員が業務を処理しなければ事業に著しい損害が生じるおそれがある場合には、辞退を申し出ることが認められています（裁判員法16条8号）。

　設問の場合においても、裁判員に選ばれた社員が休むことで、会社に著しい損害が生じるおそれがあるということまでいえるのかが問題となります。

　また、労働基準法7条において、労働者が裁判員の職務を遂行するために

必要な時間を請求した場合には、使用者は拒んではならないとされています。これに違反すると、使用者は、6カ月以下の懲役または30万円以下の罰金に処せられる可能性があります（労働基準法119条1号）。

そのため、会社としては、裁判員として参加の意思をもっている社員に対して、辞退を強要することはできません。

設問の場合のように、会社から社員に対して裁判員の辞退をすすめるような場合も、社員からすれば辞退を強要されたと評価されてもやむを得ないことから、そのような対応は控えるべきでしょう。会社がとれる事前の対策としては、就業規則に、社員が裁判員候補者名簿記載通知を受け取った場合に、辞退の申出をするかどうか、および裁判員として参加することが困難な時期についてどのように回答するかについて、使用者と協議のうえ決定する旨の規定を入れておくことが考えられます。これをすることで、裁判員に選ばれる可能性のある社員が担当している（もしくは担当する予定の）業務内容を事前に把握し、業務上のスケジュール調整が可能かどうかなどについて具体的に検討する機会をつくることができます（当然、そのような協議の場で、会社が辞退を強要するような発言をすることは許されません）。

## 3 無給休暇とすること

前記のとおり、社員が裁判員等の仕事のために必要な休みをとることは法律上認められています。しかし、会社が、このために有給休暇制度を設けること等は義務づけられていません。したがって、その社員がとる休暇を有給とするか、無給とするかは会社の判断に委ねられます。そのため、設問のように、裁判員に選ばれた社員が会社を休む場合に、これを無給休暇とすることに問題はありません。もっとも、社員から事前に法定の年次有給休暇を申請されれば、有給休暇を与える必要があります。この場合、社員は、年次有給休暇による給与と、裁判所からの日当（裁判員には1日1万円以内、裁判員候補者には1日8000円以内の日当が支払われることになっています）の両方を受領することになります。この点で、社員は報酬の二重取りをしているかのよ

うに思えますが、日当は、裁判員としての職務等を遂行することによる損失を一定の限度内で弁償・補償するものなので、裁判員等として勤務することへの対価ではありません。したがって、社員が日当と給与の両方を受け取ることになっても、二重取りにはならず、問題はありません。

　なお、裁判員等で仕事を休んだことを理由に、社員に対し解雇等の不利益な扱いをすることは法律上禁止されている（裁判員法100条）ので、就業規則により、裁判員として受領した日当を給与から減額する扱いをしたり、有給休暇により支払われる1日の給与額より日当のほうが高額であるにもかかわらず、日当を使用者に全額納付するような扱いをとると、これに違反することになります（なお、裁判員用の特別の有給休暇として、1日分に相当する給与額と日当の差額を社員に支給するというような制度にすることは問題ないものと考えられています）。

（横山　聡）

# Ⅱ 社外のトラブル

## 1 顧客・消費者とのトラブル

### Question 1　クレームへの一般的な対処法

顧客から当社にクレームが寄せられましたが、どのように対応すべきでしょうか。クレーム対応にあたって注意すべき点を教えてください。

☞ Check

・クレームの内容を的確に把握し、会社内で当該クレームが事実であるかどうかについて、確認を行う。
・クレームの初期対応においては、顧客に対する反論をできる限り控え、顧客の言い分（顧客の主張する事実関係）を聴取することに努める。
・顧客との交渉経過は記録に残しておく。

### Answer

#### 1　事実関係の確認

近年、苦情やクレームに名を借りて会社や学校等に対して、不合理なことを述べ、自身に有利な解決や金品等の要求を行ういわゆる「クレーマー」が増加しています。管理職は、顧客からのクレームに対して、どのように対応すべきでしょうか。

まず行うべきは、クレームの対象となった事実関係の確認です。なぜなら、

クレーム内容が事実であるか、あるいは、全く事実無根であるかによって、会社のとるべき行動は変わるからです。

そのためには、顧客のクレーム内容を的確に聴取・把握することが重要となります。具体的に、企業のどの担当者が、いつ、どこで、どのような対応を行ったのかを顧客から聴取することが出発点となります。往々にして、クレームを述べる顧客は感情的になっているものです。顧客の言い分を聞きながらも、冷静にクレームの対象となった行為の主体（担当者）、日時、場所などを整理することに努めてください。その際、顧客に対し、企業として金品等の交付を行うなどの約束はしないようにしてください。具体的な対応方法を顧客に述べるのは、会社内で事実関係と対応方法の検討を完了してからにすべきです。

## 2 特に当初の対応の際には顧客に不満をすべて吐き出させることを意識する

当初の対応の際には、当該顧客やクレーム内容について先入観をもたずに、顧客の言い分と事実関係を聴取し、共感の態度を示すことを心がけてください。仮に、会社の担当者が何らかの思い込みに基づいて、反論をしてしまえば、顧客のさらなる反感を買うことにもなりかねません。また、担当者や会社が顧客の話をまともに聞かなければ、顧客が、第三者に会社の対応の拙さを吹聴したり、インターネット上で会社の信用を害する情報を流布したりするおそれもあります。

このような事態を防止するためにも、顧客には会社に対して不満をすべて吐き出してもらうことが重要です。適宜、あいづち（「はい」、「さようでございますか」等）や復唱・要約（顧客の言い分の確認）を通じて、共感の態度を示すようにします。

## 3 「まずお詫びする」という対応の是非

会社内で検討をする前（顧客への事実聴取の段階）で、お詫びをすべきでし

ょうか。この点については「自社の非を認めるべきではないから、社内での事実確認が完了するまでは、お詫びをすべきではない」という考え方もあるでしょう。しかし、重要なのは「どのようなことについてお詫びをするのか」ということのはずです。つまり、クレームの対象行為が実際にあったこと（真実であったこと）を認めてお詫びすることは、事実確認も経ずに自社の非を認めることになるので、控えるべきでしょう。

これに対して、たとえば、顧客に対して、時間をとらせたこと、不快な思いをさせたことに対しては、「申し訳なかった」という気持ちを伝えることはよいでしょう。このような対応によって、顧客は「誠実な対応を受けた」と考え、クレーム事案の円滑な解決が期待できる場合もあります。また、企業に問題行為があったこと自体を認めたことにはなりませんので、万が一、後に訴訟などに持ち込まれた場合であっても合理的な説明・弁解ができる余地があり、法的責任が直ちに認められることにはなりません。

## 4　顧客との交渉経過を記録に残す

　顧客との交渉経過は、必ず記録に残しましょう。

　交渉記録を精査した結果、顧客の主張する事実関係や要求内容に不合理な変遷がみられるようであれば、悪質なクレームである可能性が高いといえます。また、企業の法的責任を回避するうえで、交渉記録は重要な証拠になる可能性があります。

　さらに、クレーム対応の経過を残しておくことで、社内でノウハウを共有でき、同種事案の対応もスムーズになるはずです（クレーム対応のルール策定も管理職の重要な役割です）。

▶▶▷ One Point Advice

　クレーム対応は、極めてストレスのかかる業務です。そうであるだけに、管理職としては、クレーム対応担当者のモチベーション低下を招くような指示をしないよう注意したいものです。たとえば、管理職が一貫性を欠く指示

をしていては、顧客の不信感・不満を招き、クレーム事案の解決が遠のくばかりでなく、顧客の不満の矢面に立たされる担当者にも相当なストレスがかかります。

　また、クレーム担当者を孤立させることなく、相談しやすい雰囲気・体制づくり・気配りなども管理職に求められます。

（磯　孝幸）

Ⅱ 社外のトラブル

## Question 2 クレーム対応にあたって「管理職を出せ」等と言われたときの対処法

当社の従業員が顧客からのクレーム対応にあたっていますが、顧客からは「管理職を出せ」、「社長を出せ」などといわれています。管理職としてどのように対処すべきでしょうか。

☞ Check

- 管理職による直接の対応も検討し、組織として対策をとることが必要。
- 管理職が対応する場合には、以後、担当従業員が直接対応にあたる必要はない。
- 管理職が直接対応にあたることが難しい場合には、当該担当従業員が会社から権限を与えられていることを伝えるようにする。
- それでも対応が難しいようであれば、弁護士への相談等も検討する。

## Answer

### 1 管理職が直接対応にあたるタイミング

顧客が管理職を出すように求めている場合には、合理的理由を欠く悪質なクレームであることが明白である場合を除いて、できる限り、早期に管理職を直接対応することを検討すべきでしょう。

確かに、「クレームが合理的理由を欠き悪質である可能性のある段階で、管理職が表に出て対応にあたれば、悪質なクレーマーを調子に乗せることになるのでは」との疑問があるかもしれません。しかし、仮に、クレームが悪質なものであったとしても、管理職が早期に対応にあたることによって、顧客が「きちんと上司が出てきて、責任ある対応をとってくれた」と考え、顧

客の感情が収まる場合も少なくありません。むしろ、顧客がクレーム当初から「管理職を出せ」と要求しているのに、管理職が直接顧客の対応にあたるタイミングが遅くなっては、顧客は「自分のクレームは軽くみられていた。舐められていた」と考え、感情的になりかねません。また、管理職に対しては「これまでなぜ管理職が出てこなかったのか」との非難の言葉が浴びせられることも少なくありません。

加えて、管理職が責任をもって最後まで顧客への対応にあたることで、従業員のモチベーションを下げることも防止できます。管理職が顧客との関係で責任を認め、対応する姿がみえないとなると従業員の管理職に対する信頼関係にもヒビが入り、本業の遂行にも悪影響を及ぼしかねません。

以上のように、クレーム対応には、直接管理職が対応にあたること自体が不適切となるものではありません。会社は、管理職を含めた組織としてクレーム対応に臨むべきです。

## 2 管理職に引き継ぐという意味でも、記録を残しておくことは必要

管理職が直接対応にあたることを事前に想定して、顧客の言い分と会社内で確認をとった事実関係との相違、交渉経緯などをきちんと記録に残すように、日頃から指導しておくことも重要です。

管理職が全く事実関係を把握していないようであれば、顧客としても、再度同じ説明を行うことを強いられ、より感情的になりかねません。

## 3 管理職が出たら、以後、担当従業員が表に出る必要はない

管理職が対応に出た後には、担当者を顧客の前に連れて行くことはしないようにしましょう。顧客としては、自分のクレームが軽んじられていると捉えるおそれがあり、担当者に対する怒りも再燃しかねません。

## 4　管理職が対応にあたる場合にも複数人で対応する

　管理職は、自身がメインの役割を果たすとしても、もう1名、サブとなる従業員を選任し、複数人で顧客への対応にあたるようにします。

　複数人で対応することのメリットとしては、①悪質なクレーマーからの不当要求に応じないようにできる、②複数人で対応することによって、顧客が会社の対応に誠意を感じる可能性がある、③メインの役割を担う管理職が離席しているときなどに顧客が迅速に対応してもらえないことのストレスを防止できる、などがあげられます。

## 5　顧客の要求内容が過大であるとき

　もっとも、会社の規模、クレームの内容・件数などの事情から、管理職が直接顧客への対応にあたることが難しい場合も考えられます。また、管理職が顧客に対応した後に顧客の要求がさらに大きくなり「社長を出せ」などと言い始める場合もあり、必ずしも顧客の要求する者が対応にあたることが適切ではないケースもあり得ます。

　このような場合、顧客の対応をする担当者は、自分が会社から権限を与えられた者であり、自身が会社を代表して対応にあたっているということについて、顧客の理解を得られるように説明すべきです。

　それでもなお、顧客の執拗なクレームが収まらないようであれば、文書によって、以後の対応窓口を弁護士にする旨の文書を出し、顧問の弁護士に相談すべきと思われます。

▶▶▷ One Point Advice

　会社が対応に苦慮する典型的ケースの一つとしては、「誠意を示せ」というクレームがあります。

　当該顧客に対しては、「弊社において適切な対応を検討したいと思いますので、お客様のお話を具体的にお聞かせいただけますでしょうか」等と質問

し、「誠意」の内容を明らかにするよう求めます。「自分で考えろ」と突き返されることが多いかと思いますが、要求内容を粘り強く聴き取るようにします。それでも「誠意」の内容が明らかにならないのであれば、会社側から解決案を提示し、これが会社の「誠意」である旨を説明するほかありません。顧客の損害と関連性のない過大な解決案を提案すれば、以後、同種の要求がなされるおそれもありますので、注意が必要です。

(磯　孝幸)

## Question 3　合理的理由のあるクレームへの対処法

クレームの内容について、事実関係を社内で確認したところ、当該事実関係が現に存在し、社内の担当者の顧客対応にミスがあったことが判明しました。管理職として、顧客には、どのように対応すべきでしょうか。

☞ Check
・合理的な理由のあるクレームは、ビジネスチャンスであり、誠実な対応が求められるという認識を共有・教育すべき。
・謝罪の席には、管理職も同席し、顧客の不満を聞くことが重要。
・会社に非があったとしても、財産的な損害を賠償してもなお高額な慰謝料を要求してくる場合には、顧問弁護士に相談する。

## Answer

### 1　「合理的なクレームこそビジネスチャンス」という認識を共有する

ビジネスの世界には「サイレントクレーマー」あるいは「サイレントクレーム」と呼ばれるケースがあります。

これは、顧客が会社や店舗のサービスなどに不満を感じたにもかかわらず、不満を述べることなく、以後、当該会社や店舗のサービス・商品を利用しなくなるケースをいいます。サイレントクレーマーのケースでは、顧客の不満は顕在化しないため、当該会社はサービス・商品の改善の機会と当該顧客を同時に失ってしまいます。

裏を返せば、合理的なクレームを寄せてくれた顧客はサービス・商品の改

善と、会社の付き合いを継続する機会を与えてくれている、とみることができます。このような顧客に対しては、誠実なクレーム対応により、信頼関係を構築できる可能性もあります。したがって、管理職としては、合理的理由のあるクレームへの対応がビジネスチャンスになることを自覚するとともに、クレーム対応の重要性を社員に教育すべきといえます。

## 2　謝　罪

　事実確認の結果、クレームが合理的理由のあるものであった場合には、当然、謝罪が必要となります。

　担当者だけではなく、上司（管理職）も伴って複数人で謝罪の席に臨むべきでしょう。なぜなら、謝罪を受ける顧客が、上司を呼び出すに至ったという優越感や恩義を感じる場合が少なくないからです。また、上司がいっしょに謝罪に行くということは、謝罪する側の誠意を示すことにもなります。

　謝罪の際には、顧客の話をしっかりと聞くことが重要です。顧客は「ひどい仕打ちを受けた」という気持ちを十分に理解してほしいと思っているからです。顧客から貴重な意見を得たことについて、感謝の気持ちも伝えるとよいでしょう。

　なお、管理職としては、担当者や顧客のせいにしてはなりませんので、この点は注意が必要です。

## 3　財産的損害の回復措置

　民法では「故意又は過失によって他人の権利又は法律上保護される利益を侵害した者は、これによって生じた損害を賠償する責任を負う」とされ（同法709条）、不法行為に基づく損害賠償は、原則として、金銭を支払う方法によって行うこととされています（同法722条1項）。

　したがって、クレームの対象となった行為が、不法行為を構成する場合には、金銭の支払いも必要になります。もっとも、会社側が、顧客との交渉を経て、金銭の支払い以外の方法によって解決することとなった場合には、顧

客の経済的損失を塡補の手段として、代金の減額、代替品の提供、修理等の対応も考えられます。

そして、顧客との合意によって、上記のうち、金銭の支払い以外によって対応した場合には、顧客が別途の損害賠償を請求してきたとしても、同請求は認められにくくなるでしょう。なぜなら、「顧客の損害の一部または全部が回復しており、塡補すべき損害そのものがない」あるいは、「顧客が損害賠償請求権の一部または全部を放棄した」と認定される可能性があるからです。

### 4　慰謝料

民法では、財産的損害のみではなく、精神的苦痛に対する賠償も予定されています（民法710条）。

もっとも、一般的に、財産権を侵害する不法行為のケースでは、財産的損害に対する金銭賠償がなされたことによって「精神的苦痛も回復した」と認定されるケースが多く、慰謝料の請求まで認められることは少ないのが実情です。仮に、慰謝料の請求が認められる場合であっても、事案による差こそあるものの、数万～数十万円レベルの賠償にとどまることが多くなっています。

よって、クレームの原因となった行為（会社担当者のミス等）があったとしても、裁判実務に照らしてあまりにも高額な慰謝料の支払いを執拗に要求されるのであれば、もはや合理的なクレームとはいえません。このような場合には、顧問弁護士への相談などによって対応を検討すべきでしょう。

### 5　同種のクレームが寄せられる可能性があるとき

仮に、会社の供給した製品の欠陥が重大なものであり、ほかの顧客との関係でも同種のクレームが寄せられる可能性があるようなケースであれば、営業の停止、製品の回収といった大規模な対応も検討しなければなりません。

▶▶▷ One Point Advice

　会社でクレーム内容の事実確認や具体的対応を検討するまでは、安易な回答や約束をすべきではありません。一貫性のない対応をしていては、顧客の期待を裏切ることで感情的な溝をいっそう深めたり、あるいは、悪質なクレーマーに攻撃材料を与えたりするおそれがあるためです。

　仮に、悪質なクレーマーとの間で、担当従業員が実現し得ないような約束をしてしまった場合には、顧問弁護士などと相談のうえで、クレーマーに対して速やかに「会社として応じることができない」旨を伝え、これを伝えたことを証拠（たとえば、内容証明郵便による文書送付など）に残しておくべきです。

（磯　孝幸）

Ⅱ　社外のトラブル

## Question 4　合理的理由のないクレームへの対処法

クレームに合理的理由があるか否かについては、どのような点に注目して判断すべきでしょうか。

また、合理的理由のないクレームには、どのように対処すべきでしょうか。

☞ Check
- クレーム内容の把握、事実確認、交渉記録の精査などにより、合理的理由のないクレームか否かを判別する。
- 顧客の理解を得られるよう説明を尽くすべきであるが、合理的理由のないクレームが執拗に繰り返される場合には、交渉を打ち切ってもよい。
- 悪質なクレーマーには、警察への通報、弁護士への相談・委任などによって対応する。

## Answer

### 1　合理的理由のないクレームとは

クレーム対応の初期段階において重要なのは、クレーム内容を把握し、社内で事実関係を調査し、交渉経過を記録・精査することです。

会社内で事実確認を行った結果、クレーム内容が事実とは全く異なるものであれば、合理的理由のないクレーム、ということになります。

また、①クレームの内容や顧客の主張する事実関係が次々に変遷するケース、②顧客が事実関係を具体的に述べないケース、③顧客が過大な要求を継続するケースなどにおいては、合理的理由のないクレームと判断し、しかる

べき対処をとらねばなりません。

では、合理的理由のないクレームには、どのように対応すべきでしょうか。

## 2　説明と交渉打ち切りのタイミング

まず、会社から顧客に対し、クレームに応じることができない旨を説明します。たとえば、「会社として事実であることの確認がとれなかったこと」や「それがクレームないし苦情に該当しないこと」等です。

特に、クレームの内容がそもそも商品の欠陥等に当たらない場合（商品の仕様である場合など）には、十分な説明を行い、理解をしてもらえるよう努めます。このような説明を通じて、合理的理由のないクレームに対しては、応じることができない旨を伝えます。

それでも合理的理由のないクレームが執拗に繰り返されるのであれば、会社としてそれ以上の対応をする必要はありません。交渉を打ち切る旨の文書を当該顧客に出しましょう。以後もクレームが続くようであれば、警察への通報や、弁護士への相談・委任を検討します。

## 3　警察への通報

クレームが執拗かつ悪質な態様で継続される場合には、他の顧客や従業員に危害が及ぶおそれもあります。そのような事態が十分に予見できたにもかかわらず、早期に警察への通報を行わなかった場合には、管理職ないし会社の責任が問われかねません。

そこで、悪質なケースにおいては、警察への通報や刑事告訴も検討すべきです。具体的には、①業務妨害罪（意思を制圧して業務を妨害する場合。刑法233条）、②信用毀損罪（被害者である会社の商品や支払能力などの信用を害する発言等をした場合。同条）、③不退去罪（店内などから正当な理由なく退出しない場合、同法130条）、④詐欺罪（虚偽の事実を告げて財物を取得しようとする場合。同法246条）、⑤恐喝罪（畏怖させて財物を取得しようとする場合。同法249条）、⑥脅迫罪（害悪を告知する場合。同法222条）などの検討が考えられます。

Ⅱ　社外のトラブル

警察への通報については、日頃から悪質なクレームによる被害実態を詳細に伝え、相談しておくことによって、警察が迅速に動いてくれやすくなります。警察が一言注意をしてくれるだけで収まるクレームも少なくありません。

## 4　弁護士への相談

文書で交渉を打ち切る旨を通知してもなおクレームが続くようであれば、弁護士に相談するなどして、対応を弁護士に委ねてしまうのも有効です。

弁護士を交渉窓口にすることによって、会社は、本業に専念することができますし、弁護士名義で内容証明郵便を発送するだけで収まるクレームもあります。

また、弁護士に委任することにより、法的措置として、民事上の仮処分命令の申立てや、刑事告訴の手続をスムーズにとることも可能となります。このように、クレーム事案を法的手続に乗せることにより、クレーマーが不穏な動きをとりづらくなるという事実上の効果もあります（仮に、訴訟等の手続外で不適切な行動をとれば、裁判所に不利な心証を抱かれるおそれがあるためです）。

なお、クレームの内容、交渉経過などを記録しておくと、弁護士としても素早く対応しやすくなります。

▶▶▷ One Point Advice

「穏便に済ませるために、今回だけは要求に応じておこう」という態度は、特に反社会的勢力に対しては禁物です。反社会的勢力は「会社が不当要求に応じた」という、会社にとっての秘密を一種の攻撃材料として、以後もさまざまな要求をしてくる可能性があるためです。

また、会社が不当要求に応じた事実が公になってしまえば、社会的には「あの会社は反社会性的勢力と関係をもったのだ、そのような付き合いのある会社なのだ」との評価を受け、社会的信用の喪失にもつながりかねません。

（磯　孝幸）

## Question 5　自社の製品に問題があったときの対処法

当社（製造業）の製品Aを小売店で購入した顧客から、損害賠償請求を受けています。製品Aの製造にあたって過失はないはずですが、当社に法的責任は生じるでしょうか。

☞ Check
・製造物責任法においては、製造業者の「過失」は要件とならない。
・製造物が「通常有すべき安全性」を備えているか等の調査が必要。
・開発危険の抗弁、部品・原材料製造業者の抗弁等によって、製造物責任を免責されないか検討する。

## Answer

### 1　責任原因の根拠規定についての検討

製品を製造したメーカーと製品の購入者との間には、問屋や小売店が介在しているのが通常です。この場合には、購入者とメーカーとの間には、売買契約は存在しません。よって、メーカーが購入者に対して、債務不履行責任（民法415条）や瑕疵担保責任（同法570条）を負うことは、通常ありません。

また消費者契約法は、契約関係の存在を前提とする法律ですので（消費者契約法2条3項）、契約関係が存在しないメーカーと購入者との間には、同法は適用されないのが通常です。

そこで、メーカーの法的責任が発生するかどうかについては、製造物責任法や、民法709条（不法行為）の適用を検討することになります。なお、製造物責任法が適用されるからといって、民法709条の不法行為の適用が排除されるものではありません（製造物責任法6条）。これらは両立しうるもので

すが、以下では、製造物責任法上の責任について説明します。

## 2 製造物責任法の意義

民法709条の不法行為は、加害者の故意または過失等を要件としています。これに対して、製造物責任法は、①加害者が「製造業者等」であること、②製造業者等が引き渡した製造物に「欠陥」が存在したこと、③欠陥により生命、身体、または財産が侵害されたこと、④損害が発生したこと、⑤欠陥と損害との間に因果関係が存在することを要件としています（製造物責任法3条）。

このように、製造物の「欠陥」を要件としている一方で、「過失」を要件としない点に、製造物責任法の意義があるといわれています（無過失責任）。

## 3 責任発生の要件

製造物責任法により損害賠償責任を負う業種は、製造業、加工業、輸入業です。また、当該製造物に製造業者として自己の氏名等を表示した者も責任主体となります（製造物責任法3条）。

製造物の「欠陥」とは、当該製造物の特性、その通常予見される使用形態、その製造業者等が当該製造物を引き渡した時期、その他の当該製造物にかかる事情を考慮して、当該製造物が通常有すべき安全性を欠いていることをいいます（製造物責任法2条2項）。欠陥は、引渡しの時点（出荷した時点、または流通においた時点）で存在していなければなりません。

## 4 損害の範囲

製造物責任法は、いわゆる拡大損害のみを対象としており、当該製造物自体について生じた損害は対象となっていません（製造物責任法3条ただし書）。

また、「他人の生命、身体又は財産を侵害したとき」（製造物責任法3条）と規定されていることから、慰謝料（精神的損害）のみの賠償は認められないと解されています。

## 5　主要な免責事由

製造物の引渡し時点における科学または技術に関する知見によっても欠陥を認識し得なかった場合（開発危険の抗弁。製造物責任法4条1号）、製造物が他の製造物の部品または原材料として使用され、その欠陥がもっぱら他の製造業者が行った設計に関する指示に従ったことにより生じたもので、かつ、その欠陥が生じたことにつき過失がない場合（部品・原材料製造業者の抗弁、同条2号）には、製造業者等は、免責されます。

## 6　時効、除斥期間

製造物責任法上の損害賠償請求権は、被害者が損害および賠償義務者を知った時から3年間行使しないときは、時効によって消滅します。また、製造業者等が製造物を引き渡したときから10年を経過したときも、除斥期間経過により、同請求権は行使できなくなります（同法5条1項）。

ただし、この除斥期間は、①有害物質が身体に蓄積することにより健康を害する場合や、②一定の潜伏期間が経過した後に症状が現れる場合には、「損害が生じた時から」起算するものとされています（製造物責任法5条2項）。

## 7　調査すべき事項

以上より、管理職は、特に当該製造物に「欠陥」があったのかどうか（前記3）、他人の生命・身体・財産を侵害したのかどうか、損害賠償請求が当該製造物自体を対象とするものではないか（前記4）、開発危険の抗弁、および、部品・原材料製造業者の抗弁を主張し得ないか（前記5）、並びに、時効、除斥期間を援用し得ないか（前記6）等について、資料・事情を収集する必要があります。

Ⅱ　社外のトラブル

▶▶▷ One Point Advice

　製造物責任法では、「製造物」は「製造又は加工された動産」と定義されています（製造物責任法2条1項）。

　一般的には、製造物責任法の適用されるケースとしては、家電製品による事故（エアコンの発火等）などを想起されるかも知れません。しかし、裁判例上、「製造物」の意義は広く捉えられており、たとえば、飲食店等においても、製造物責任は発生し得ます。

　具体的には、①ファースト・フード店で購入したジュースに混入していた異物によって咽頭部を負傷したケース（名古屋地判平成11・6・30〔異物混入ジュース事件〕）、および、②割烹料亭において提供されたイシガキダイによって食中毒が生じたケース（東京地判平成14・12・13〔イシガキダイ食中毒事件〕）において、いずれも店舗側が製造物責任を負うものと判示されています。

（磯　孝幸）

## 2 取引先とのトラブル

### Question 1 支払いを遅滞させる取引先への対処法

最近、ある取引先が支払いを遅らせるようになり先日も「支払いを2カ月延期してほしい」と主張してきました。噂では、この取引先は非常に資金繰りが苦しいそうです。どのように対処すべきでしょうか。

☞ Check
・取引先の信用調査等を経て、取引の継続あるいは停止を決定する。
・取引を継続する場合には、現金決済、担保の設定等を検討する。
・取引を停止する場合には、代物弁済、相殺、債務名義を得たうえでの強制執行等による売掛金回収も検討する。

### Answer

#### 1 取引の継続・停止の判断にあたり検討すべき事項

　取引先との取引を継続するか、または、停止するかを決定する必要があります。その決定にあたっては、取引先の支払能力の有無が重要な基準になるでしょう。取引先が非上場企業であり、財務内容を開示していない場合などには、取引先の支払能力を把握することは容易ではありません。

　このような場合には、取引先の所有する土地建物の登記事項証明書を法務局で取得すれば、担保設定の有無、主な借入れの概要（抵当権者の数、被担保債権額など）、差押えの有無などの情報を得ることはできます。その他、取引先以外の関係者への聴取りなども行ったうえで、取引先の支払能力に関す

る情報を収集し、取引の継続・停止の判断をします。

仮に、取引を継続する場合には、以後の売掛金が回収不能になるリスクがありますが、他方、取引を一方的に打ち切った場合には、取引先から損害賠償などを請求されるリスクがあります。

## 2 取引継続の場合——以後の代金債権の回収

代金債権回収の確実性を高めるためには、①納入と同時に現金での決済とする方法、②物的担保の設定（抵当権、譲渡担保等）、③人的担保の確保（取引先役員を連帯保証人とする等）などが考えられます。

特に、物的担保および人的担保によって対応する場合には、根抵当権や根保証とすることが有効です。これらは、将来発生する被担保債権についても担保の効力を及ぼすものです。ただ、被担保債権の範囲などは明確に定める必要があります。

## 3 取引停止の場合——取引の終了措置、売掛金の回収

### (1) 取引の終了措置

取引基本契約書などを作成している場合には、約定解除の規定の有無、その要件を確認します。このような規定や契約書がない場合には、法定解除ができないかを検討します（民法541条、商法525条等）。

約定解除や法定解除の要件を充足していない場合であっても、取引先の支払能力に問題があり、現実に代金支払いが遅滞しているケースでは、いわゆる「不安の抗弁」に基づいて、次の商品供給を停止することができる可能性があります。

なお、継続的取引関係においては、当事者間の信頼関係から成り立っていることに鑑み、一方当事者が相手方当事者の軽微な債務不履行によって取引を打ち切ることは、債務不履行ないし不法行為を構成し、損害賠償債務が発生することがあります。

取引関係の打ち切りが債務不履行ないし不法行為を構成するかどうかは、

継続的取引の行われた期間、相手方取引先の債務不履行の程度および回数等の事情を総合して判断されます。

### (2) 売掛金の回収

取引先に現金が不足している場合には、代物弁済（民法482条）、相殺（同法505条以下）によって回収する方法もあり得ます。

ただし、代物弁済は、本来の給付（金銭の支払い）に代えて、他の物を給付することによって成立するものですので、取引先との合意が必要となります。

また、代物弁済は、金銭支払いを受ける場合よりも、詐害行為（民法424条）に該当する旨主張される可能性が高いと解されています。

その他、債務名義を得て強制執行をすることが考えられます。

債務名義は、訴訟による確定判決ばかりではなく、仮執行宣言付きの支払督促や、執行証書（訴訟を経ずに強制執行に服する旨の文言付きの公正証書）なども含まれます（民事執行法22条）。

支払督促は、通常訴訟よりも早期に債務名義を得ることができる手段ですが、相手方が異議を申し立てた場合には、通常訴訟に移行してしまう手続です。異議が申し立てられた場合には、最初から通常訴訟を提起するよりも時間がかかってしまいがちです。ですので、支払督促の申立ては、取引先が支払義務の存在を認める可能性が高い場合に利用するにとどめたほうがよいでしょう。

さらに、訴訟係属中に、売掛債権の引き当てとなる取引先の会社財産が散逸する可能性がある場合には、裁判所への仮差押命令申立てにより、会社財産を確保しておく必要があります（民事保全法20条等）。

▶▶▷ One Point Advice

一般に、法的手続によらずに、私的な実力行使によって自己の権利実現を図ること（自力救済）は原則として禁止されています（最判昭和40・12・7）。したがって、売掛金の回収については、取引先の任意の履行、または、法的

措置によるべきです。

　取引先に信用上の問題が生じた場合に、取引先から商品を強制的に引き上げようとすることは、窃盗罪（刑法235条）等を構成する可能性がありますので、控えるようにしてください。

　仮に、所有権留保の付された納入済みの自社商品を引き上げる場合であっても、必ず取引先の承諾を得るようにしましょう（書面作成により証拠を残したほうがよいでしょう）。

（磯　孝幸）

## Question 2　下請代金を支払おうとしない元請業者への対処法

当社はA社から製造業務を受託してすでに納品をしましたが、A社からは下請代金の支払時期すら決めてもらえません。このような行為は、元請業者という立場を利用する点で、法的に問題にならないでしょうか。

☞ Check
・下請法の適用の有無は、取引形態、および資本金等によって判断される。
・親事業者は、下請事業者に対する支払代金期日を決定する債務、および確定利息を支払う債務等を負う場合がある。
・公正取引委員会への通報、公益財団法人全国中小企業取引振興協会の「下請かけこみ寺」の利用、および弁護士への相談などを検討する。

## Answer

### 1　下請法の適用対象

　大企業が取引上の優越的地位を濫用する行為は、独占禁止法において禁止されていますが、同法の規定は抽象的なものであり、適用対象となるケースは必ずしも明確ではありません。

　そこで、下請法は、下請事業者保護の観点から、親事業者と下請事業者間の取引関係を具体化し、「製造委託」、「修理委託」、「情報成果物の作成委託」、「役務の提供委託」の4類型について規定しています（同法1条・2条）。

　設問では、「製造委託」の規定が適用される可能性がありますので、下請

327

法上の「親事業者」および「下請事業者」の該当性を検討することになります。

下請法では、製造委託・修理委託における「親事業者」と「下請事業者」の定義について、①資本金3億円超の法人（親事業者）が資本金3億円以下の法人（下請事業者）に製造を委託する場合、および、②資本金1000万円超の法人（親事業者）が資本金1000万円以下の法人（下請事業者）に製造を委託する場合等を規定しています（同法2条7項・8項）。

このように、下請法の適用の有無については、4類型の取引に当たるか、および資本金の要件を充足するか、などを検討する必要があります。

以下では、本件に下請法の規定が適用される場合、親事業者・下請事業者がどのような権利義務を負うか、説明します。

## 2　支払期日決定・確定利息支払いの義務

下請代金の支払期日は、親事業者が下請事業者の給付を受領した日から起算して60日以内に、かつ、できる限り短い期間内において定められなければなりません（下請法2条の2）。

また、下請代金の支払いが遅延した場合には、親事業者は、下請事業者に対し、下請事業者の給付受領後60日を経過した日から支払日まで年14.6％の遅延利息を支払わなければなりません（下請法4条の2等）。

なお、親事業者が、下請事業者の責めに帰すべき理由がない場合に、下請事業者による給付の受領を拒絶することは禁止されています（下請法4条1項4号）。

## 3　親事業者の負うその他の義務

その他、親事業者は、①下請事業者の給付の内容、下請代金の額、支払期日および支払方法その他の事項を記載した書面を下請事業者に交付する義務（下請法3条）、および、②下請事業者の給付、給付の受領、下請代金の支払いその他の事項について記録した書面または電磁的記録を作成・保存する義

務（同法5条）を負います。

また、下請法には、親事業者の禁止行為として、①下請代金をその支払期日の経過後なお支払わないこと、②下請事業者の責めに帰すべき理由がないのに下請代金の額を減少させること、③下請事業者の責めに帰すべき理由がないのに、下請事業者の給付を受領した後、下請事業者に給付物を引き取らせること、④下請事業者の給付の内容と同種または類似の内容の給付に対し通常支払われる対価に比して著しく低い下請代金の額を不当に定めること等が明記されています（同法4条）。

### 4　違反行為への対応

親事業者に下請法違反が認められる場合、公正取引委員会は、①下請事業者の給付を受領すべきこと、②下請代金および遅延利息を支払うべきこと、③その他必要な措置をとるべきこと等を勧告します（同法7条）。下請業者のための通報・相談窓口は、公正取引委員会の本局だけではなく、各事務所にも設けられています（北海道事務所、東北事務所、中部事務所等）。

また、公益財団法人全国中小企業取引振興協会は、中小企業庁の委託事業として、「下請かけこみ寺」という相談・紛争解決窓口を全都道府県に設置しています。「下請かけこみ寺」では、弁護士への無料相談や、調停（ADR）による紛争解決等が実施されています。

さらに、中小企業庁長官は、親事業者の下請法違反の有無等を調査し、違反の事実を認めたときは、公正取引委員会に対し、適当な措置をとるべきことを求めることができるとされています（下請法6条）。

管理職としては、以上のような機関への通報・相談等も検討すべきといえます。

▶▶▷ One Point Advice

ADR（Alternative Dispute Resolution）とは、裁判に代わる紛争解決手段一般をいいます。「下請かけこみ寺」における調停もADRの一種であり、通

Ⅱ　社外のトラブル

常の訴訟とは異なり、非公開で行われ、無料で簡易迅速な解決を行えるというメリットがあります（約3カ月程度で終了するケースが多いといわれています）。

　もっとも、調停人が当事者双方に和解成立の見込みがないと判断すれば、「調停不成立」とされ、調停手続は終了します。この場合には、公正取引委員会への通報や、弁護士を通じた民事訴訟の提起など、別途の措置を検討することになります。

（磯　孝幸）

## Question 3 取引先社員との恋愛やセクハラトラブルへの対処法

私はA社に勤めていますが、取引相手であるB社からクレームがありました。私の部下である当社男性社員が、当社によく出入りをしているB社女性社員に対し、恋愛感情が高じてセクハラまがいのことをしているとのことです。当社とB社は、どのような対処すべきでしょうか。

☞ Check
・社員が社外で業務を行っている際にセクハラを受けた場合でも、会社が措置を講ずべき場合がある。
・直接の雇用関係にない労働者に対しても、安全配慮義務を負う場合がある。
・男性社員に指導や処分を行うに際しては、当事者などから事情を聞いて、セクハラに当たるのか、恋愛感情からただ声をかけるなどの行為にとどまるのかについて、十分調査する必要がある。

## Answer

### 1 社外業務の際に受けたセクハラ

設問では、B社は、B社女性社員を直接雇用していることから、この女性社員に対して安全配慮義務を負っており、職場におけるセクハラに対し必要な措置を講ずべき義務を負っています（男女雇用機会均等法11条）。

このような措置を講ずる義務の発生する「職場」については、「事業主が雇用する労働者が業務を遂行する場所を指し、当該労働者が通常就業してい

る場所以外の場所であっても、当該労働者が業務を遂行する場所については、『職場』に含まれる」とされ、「取引先の事務所」もこれに該当するとされています（厚生労働省「事業主が職場における性的な言動に起因する問題に関して雇用管理上講ずべき措置についての指針」）。

この指針によれば、B社は、B社女性社員に対して、自社のオフィス内だけでなく、取引先のA社オフィスにおいても、セクハラの被害を受けないよう必要な措置を講ずべき義務があると考えられます。

今回、B社はA社にクレームを言っていますが、このクレームは、B社がセクハラに対して講じた措置と評価できます。

## 2　取引先社員に対する安全配慮義務

安全配慮義務は基本的に雇用関係に付随して発生するものですので、B社社員と直接雇用関係に立っていないA社は、原則としてB社社員に対して安全配慮義務を負いません。

しかし、その社会的関係が密接といえる場合、A社は、B社社員に対する安全配慮義務を負うことがあります。たとえば、B社が派遣会社（派遣元会社）であり、A社が派遣先会社だった場合、労働者派遣法により、A社は、B社から派遣された社員に対して、男女雇用機会均等法上のセクハラ対策を講ずべき義務を負うこととなります（労働者派遣法47条の2）。元請会社が下請会社の社員に対して、安全配慮義務を負うことを認めたケースもあります（最判平成3・4・11〔三菱重工業事件〕参照）。

また、仮にこのような安全配慮義務が認められない場合でも、A社が、セクハラに対して適切な措置を講じなかった場合、A社社員の使用者として、B社社員に対して不法行為責任（使用者責任）を負うこととなる場合もあります（民法709条・715条）。

このように、A社も、B社社員のためにセクハラ対策として必要な措置を講ずべき義務が認められる場合があるのです。

## 3　セクハラの事実の調査と対処

　このようなセクハラ対策として、A社とB社は、それぞれ情報共有をしたうえで、協力して対応を考えるべきです。

　まず、A社とB社は、B社女性社員とA社男性社員の双方から話を聞き、事実関係を正確に確認することが必要です。双方の言い分が食い違っていて、当事者からの聴取だけでは事実確認が十分にできない場合には、第三者から事情を聴取する等の措置をとる必要があります（「事業主が職場における性的な言動に起因する問題に関して雇用管理上講ずべき指針」3(3)イ）。

　そして、セクハラの事実が確認できた場合には、A社男性社員に対して、適切な指導や懲戒等の処分をすることとなります（同指針3(3)ロ）。たとえば、このA社男性社員が取引先社員としての地位を利用してB社女性社員に対して悪質な性的嫌がらせをしていた事実が確認できたような場合には、A社は、男性社員に対して厳格な処分をするべきです（ただし、解雇処分まで行うべきかについては、慎重な検討が必要となります）。これに対して、A社男性社員が恋愛感情から女性社員をお茶に誘うなどにとどまっていたような場合には、その誘っていた態度などにもよりますが、男性社員に対して、過度に厳格な処分をするべきではありません。女性社員から相談を受けていることやクレームが生じていることなどを男性社員に伝えて指導するだけで、解決する可能性があります。B社から厳格な処分が求められ、取引関係を考えて拒否しづらいなどの場合もあると思いますが、A社がこのような場合にまで過度に厳格な処分を行うと、後にその男性社員との間で労働紛争が生じることも考えられます。

　女性社員の被害が大きく、ケアを必要とすると判断した場合には、精神科への相談や、各地に設置されている性犯罪・性暴力被害者のためのワンストップ支援センターの利用などを検討しましょう。

（渡邉　雅司）

## Question 4　部下が取引先から「出入り禁止」を受けたときの対処法

　先日、当社の営業職の従業員が、取引先への納品数を誤り、その取引先から「出入り禁止」を言い渡されてしまいました。どうやら、その従業員が自分のミスを認めず、失礼な態度をとった結果、取引先部長の怒りを買ったことが原因のようです。先方は、当社がこの従業員を解雇しない限り、当社との取引を打ち切るようなことも言っています。いったいどのように対処したらよいでしょうか。

☞ Check

・問題解決を部下任せきりにせず、上司としての管理職が直接解決にあたることが重要。

・早期の謝罪と事前準備を心がけ、訪問当初は先方の主張をじっくり聞くことが重要。できないことは安請け合いしない。

・設問のケースでは、必ずしも部下を解雇したり懲戒処分できるわけではない。

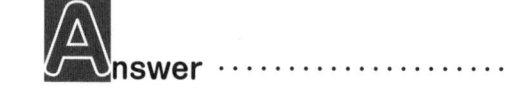

## Answer

### 1　誰が問題解決にあたるべきか

　ビジネスには人と人とのかかわりが不可欠である以上、双方の行き違いによるトラブルを100％回避することは、現実的には不可能であるといってよいでしょう。そこで重要なのは、そのように発生してしまったトラブルを、いかに早く、上手く解決するかという点です。

では、設問のように、部下が取引先から「出入り禁止」になった場合、その上司である管理職としては、どのような対応をすべきでしょうか。

この点に関しては、まず、具体的な対応の内容以前に確認しておくべき重要なことがあります。それは、設問のような取引先との重大なトラブルについては、その解決を部下に任せきりにせず、必ず管理職が自ら直接解決にあたるべきということです。

もちろん、通常の取引における問題であれば、部下の成長のためにその解決を部下に任せてしまうということもあり得るところでしょう。しかし、設問のような局面は明らかな異常事態であり、これを適切に解決できなければ今後の会社の売上にも直接影響することが予想される状況です。また、問題解決を部下任せにしていること自体が、取引先の怒りを増大させるという場合もあります。

トラブルの矢面に立つのは誰にとっても面倒なことに違いありませんが、取引先の信頼を回復するための近道だと考え、管理職自らが率先して解決にあたるようにしましょう。

## 2　取引先への謝罪

### (1)　謝罪の時期と事前の準備

取引先への謝罪ですが、これはできる限り早期に実施するに越したことはありません。管理職自ら、可能であれば問題が発生した当日中に謝罪に出向くとよいでしょう。もし当日中の訪問が難しいようであれば、後日の訪問に備え、まずは電話だけでもしておくべきです。

また、謝罪の前提として、従業員が起こした問題について、事前に基本的な事実を把握しておくことも重要です。設問のケースであれば、少なくとも当該従業員からのヒアリングにより、納品不足に至った原因や、不足が判明したあとに当該従業員が具体的にどのような発言をしたのかなどを聞き取っておくべきことになるでしょう。

このような基本的な事実も押さえずに謝罪に行くと、謝罪すべきポイント

が的外れになりかねませんし、その結果、取引先の怒りをかえって煽ってしまうことになるおそれもありますので注意が必要です（ただし、こうした内部の調査をするためだけに、初回の訪問の時期を何日も遅らせてしまっては、先方に不誠実な印象を抱かせることにもなりかねません。初回の訪問前には、あくまで可能な限りで基本的な調査を済ませておく程度でも足りると考えるべきでしょう）。

　(2)　具体的な謝罪の流れ

　では、次に、取引先を訪問した段階では、具体的にどのように謝罪を進めるとよいでしょうか。

　この点、謝罪のための訪問をした最初の段階では、できる限り相手の話には口を挟まず、まずは先方の主張をひたすら聞き続けることがポイントとなります。そのような対応をすることによって、謝罪の相手方は自身が抱えている負の感情をある程度はき出すことができ、その後の当方の話に耳を傾けてくれやすくなるからです。

　そのような「ガス抜き」を行った後で、もし先方に重要かつ明らかな思い違いなどがある場合には、その点についての事情説明を加えるとよいでしょう。また、これと同時に、当方に非がある点については、余計な弁解をせず、正面から間違いを認めるべきことは当然です。

　そして、ここで、問題の解決策として当方から提案できることがある場合には、その提案をするという流れがよいでしょう。設問であれば、担当者の交代や納品数不足によって取引先に生じた損失の補償などが考えられると思われます。問題の解決を急ぐあまり、取引先の言い分を十分に聞くこともなく、解決策の提案ばかりを先行させてしまうと、余計に相手の反感を買うこともありますので注意してください。また、その場をしのぐためだけに、できもしない提案をしたり、不当な相手の要求を安請け合いするようなことは、トラブルの最終的な解決を困難にするだけですので、避けるべきことはいうまでもありません。

　このような謝罪を適切に行えば、取引先の許しを得られるだけでなく、誠

実な対応をする会社という印象を与え、むしろそれまでの信頼関係がより強固になることも少なくありません。「ピンチはチャンス」と理解し、誠意をもって問題の解決にあたってください。

## 3　従業員への対応

　次に、設問のような問題を起こしてしまった従業員に対してはどのような対応をすべきでしょうか。まず、設問で取引先から求められているような、当該従業員の解雇は可能かが問題となります。

　この点、個別の具体的な事情にもよりますが、一般的には、従業員が納品ミス後の対応を誤り、取引先の怒りを買って1回出入り禁止を受けたという程度では、そのことのみを理由に解雇するのは困難である場合が多いと考えられます。もっとも、同様のミスを何度も繰り返し改善の余地が見込めないと認められる場合や、1回限りであっても取引先に暴力をふるってしまったような悪質なケースなどについては、解雇や懲戒処分も検討すべきでしょう。

　また、設問のような問題を起こす従業員の中には、反感を買いやすい受け答えしかできないなど、基本的なコミュニケーション能力に問題がある者がいることも少なくありません。このような従業員に対しては、たとえば営業職の場合であれば、しばらくの間は別の先輩従業員に同行させるなどして、トラブル再発防止のための指導を行うことが重要です。また、そのような指導をしても改善がみられないという場合には、他部署への配転をすることも検討すべきです。

（宮嶋　太郎）

## あ と が き

　本書を出版するに際しては、日々変化し新たな問題が勃発する労働の現場において、管理職が必要な法律上の知識を知り、適切に問題に対処する能力を身につけられるようなものにしたいという執筆者全員の思いがありました。
　そのため、日頃から企業の管理職から実際に労働現場で起きている問題の相談を受けている弁護士たちが、さまざまな相談事例に答えるという形で現場の労働問題に対する対処法を解説しております。どのような問題を本書に掲載するかの会議において掲載する相談事例を絞りこみましたが、それでも相談事例は大部にわたるものとなっております。読者である管理職の皆様にとっては、「本当にこんな問題が起こるのか？」とも思える事例や、「うちではこんなことは起きない」、と思うような事例もあるかもしれません。しかし、本書はすべて実際に起こった、もしくは同種の事例として実際に起こりうる事例が取り上げられており、管理職として仕事をしていくうえで無駄な知識は一つもありません。
　むしろ法律相談の事例集として、実際の労働現場で起きうることをここまで網羅的に掲載した本は類書には見当たらないと自負しております。問題が起きたときに辞書的に同種の事例を読むという使い方ももちろんよいのですが、一度でも通読しておけば管理職として必要な労務上の問題解決労力は飛躍的に高まることでしょう。
　また、本書には、管理職として知っておくべき一般的な法律上の知識も紹介しています。多くの管理職が実践していることも含まれておりますが、本書のように体系的に管理職として必要な法律知識を身につける機会はなかなかありません。本書は、労働現場において問題が起きたときの対処に利用する場合のほか、管理職になりたての人や管理職としてさらにスキルアップしたい人への研修テキストとして利用されることも想定においています。前半部分の管理職一般の法律知識で基礎をつくり、相談事例集で個別具体的な問題への対処法を応用として学ぶ。この二つの過程を経れば、必ずや管理職と

しての能力は向上するでしょう。本書がすべての管理職の方々にとって、お役に立つことを確信しております。

　最後に、本書の出版にあたってご尽力いただいた民事法研究会の田口信義社長、編集部の南伸太郎さん、編集担当であり丁寧な編集作業を行っていただいた池田優さんをはじめ、本書の編集に携わっていただきました関係者すべての皆様に厚く御礼を申し上げます。

　平成26年9月吉日

　　　　　　　　　　　　　　　　　　編集代表　弁護士　間川　　清

### ●編著者●

**三上　安雄**（みかみ　やすお）

ひかり協同法律事務所

〒105-0001　東京都港区虎ノ門5-11-2　オランダヒルズ森タワー16階

TEL　03-5733-2800　FAX　03-3433-2818

〔主な著書〕『これで安心！　地域ユニオン（合同労組）への対処法』、『現代型問題社員対策の手引〔第4版〕』（いずれも民事法研究会・共著）ほか多数

**間川　清**（まがわ　きよし）

セントラル法律事務所

〔主な著書〕『ダマされない技術』（法研）、『店長とスタッフのためのクレーム対応　基本と実践』（同文舘出版）ほか多数

### ●執筆者●　　　　　　　　　　　　　　　　（50音順）

**磯　孝幸**（いそ　たかゆき）

弁護士法人ポート法律事務所

〒110-0015　東京都台東区東上野3-35-9　本池田ビル9階

TEL　03-5818-3095　FAX　03-5818-3085

**内田　靖人**（うちだ　やすひと）

虎ノ門南法律事務所

〒105-0001　東京都港区虎ノ門1-15-12　日本ガス協会ビル5階

TEL　03-3502-6294　FAX　03-3580-2348

**大山　圭介**（おおやま　けいすけ）

大山圭介法律事務所

〒192-0046　東京都八王子市明神町4-7-15　落合ビル3階

TEL　042-649-1842　FAX　042-649-1872

**根本　義尚**（ねもと　よしひさ）

根本法律事務所

〒101-0052　東京都千代田区神田小川町1-6-4　新福神ビル3階

TEL　03-3251-6600　FAX　03-3251-6655

編著者・執筆者

藤田　進太郎（ふじた　しんたろう）
　弁護士法人四谷麹町法律事務所
　〒102-0083　東京都千代田区麹町5-2　K-WINGビル7階
　TEL　03-3221-7137　FAX　03-3221-7138

宮嶋　太郎（みやじま　たろう）
　弁護士法人ポート法律事務所
　（前掲）

横山　聡（よこやま　さとし）
　弁護士法人ポート法律事務所
　（前掲）

吉村　実（よしむら　まこと）
　弁護士法人ポート川越中央法律事務所
　〒350-0044　埼玉県川越市通町5-4　第一山田ビル502
　TEL　049-223-4422　FAX　049-223-4412

渡邉　雅司（わたなべ　まさし）
　沙門外国法事務弁護士事務所
　〒105-0003　東京都港区西新橋2-17-2　HF虎ノ門ビルディング5階
　TEL　03-6435-8911　FAX　03-3436-5465

## めざせ！　最強の管理職
──弁護士が教える賢い労働管理・トラブル対応──

平成26年10月20日　第1刷発行

定価　本体2,700円＋税

| 編著者 | 三上安雄・間川　清 |
|---|---|
| 発　行 | 株式会社　民事法研究会 |
| 印　刷 | 株式会社　太平印刷社 |

発行所　株式会社　民事法研究会
　〒150-0013 東京都渋谷区恵比寿3-7-16
　　　〔営業〕TEL03(5798)7257　FAX03(5798)7258
　　　〔編集〕TEL03(5798)7277　FAX03(5798)7278
　　　　http://www.minjiho.com/　info@minjiho.com

落丁・乱丁はおとりかえします。　ISBN978-4-89628-964-0 C2032 ￥2700E
カバーデザイン：鈴木　弘

■対応のノウハウをＱ＆Ａ形式でわかりやすく解説！■

# これで安心！
# 地域ユニオン（合同労組）への対処法
―団交準備・交渉・妥結・団交外活動への対応―

廣上精一・三上安雄・大山圭介・根本義尚 著

Ａ５判・234頁・定価 本体2,200円＋税

## 本書の特色と狙い

▶労使の対立が先鋭化しがちな地域ユニオン（合同労組）との交渉を企業側代理人としての経験豊富な弁護士が、あるべき対応のノウハウをＱ＆Ａ形式でわかりやすく解説！

▶団体交渉を申し入れられた場合の対処法、団体交渉の準備・注意点、団体交渉以外の活動への対処法を実践的に解説！

▶「大きな声に驚かない」、「繰り返しや沈黙を恐れない」、「議事録への署名をユニオンから求められた場合どうするか？」などの実践的アドバイスを掲載しているため、はじめての団体交渉にも安心して臨むことができる！

## 本書の主要内容

第１部　総論
- Ⅰ　地域ユニオン（合同労組）とは何か
- Ⅱ　地域ユニオンの問題点
- Ⅲ　地域ユニオンから団体交渉を申し入れられた場合の対処法
- Ⅳ　地域ユニオンとの団体交渉での注意点
- Ⅴ　地域ユニオンとの団体交渉を終えるときの注意点
- Ⅵ　地域ユニオンの団体交渉以外の活動に対する対応

第２部　各論（Ｑ＆Ａ）
会社と労働組合／労働組合か否か不明な場合／地域ユニオンの介入を予防する方法／ユニオン・ショップ協定と地域ユニオン／派遣社員が加入した場合／団体交渉を拒否するとどうなるか／退職後、長期間経過した後の団体交渉申入れ／開催日時・開催場所等／団体交渉の出席人数／地域ユニオンの要求や主張が不明な場合／他の社員の配転要求／整理解雇／懲戒解雇／普通解雇／雇止め／未払い残業代の請求／団体交渉における注意点／団体交渉での写真撮影／団体交渉の録音／団体交渉の打切り／地域ユニオンとの協定書の効力／地域ユニオンからの大量のＦＡＸ／ビラ配布／取引先への組合活動 ほか

発行　民事法研究会

〒150-0013　東京都渋谷区恵比寿3-7-16
（営業）TEL. 03-5798-7257　FAX. 03-5798-7258
http://www.minjiho.com/　info@minjiho.com

■労務トラブルでの交渉のノウハウを開示した実務の手引！■

# ケース学ぶ
# 労務トラブル解決交渉術

髙井・岡芹法律事務所　弁護士　安倍嘉一　著

Ａ５判・283頁・定価　本体 2,500円＋税

▷▷▷▷▷▷▷▷▷▷▷▷▷▷ 本書の特色と狙い ◁◁◁◁◁◁◁◁◁◁◁◁◁◁

▶企業と労働者のトラブルをいかに解決し企業の損失を最小限に抑えるか、それには交渉による解決が最良！　企業の労務問題を専門に扱う弁護士である著者が、労務トラブルでの交渉のノウハウを開示した実務の手引！

▶解雇や残業代請求、合同労組との交渉・対応などさまざまな場面ごとに、会話形式のケーススタディとＱ＆Ａで弁護士の具体的なアドバイスの方法や会社側の対応方法がリアルに理解できる！

▶企業の人事・労務担当者はもちろん、企業の労務問題を扱う弁護士に労務トラブル解決の道標となる１冊！

❖❖❖❖❖❖❖❖❖❖❖❖❖ 本書の主要内容 ❖❖❖❖❖❖❖❖❖❖❖❖❖

第１章　労務交渉へのガイダンス
　　１　企業労務としての労務トラブル対応
　　２　企業労務の登場人物
　　３　企業側弁護士の企業労務対応術
第２章　〈労務交渉〉ケース１〜解雇をめぐる交渉〜
第３章　〈労務交渉〉ケース２〜残業代請求をめぐる交渉〜
第４章　〈労務交渉〉ケース３〜うつ病による休職事案（労災含む）での交渉〜
第５章　〈労務交渉〉ケース４〜人員削減事案における交渉〜
第６章　〈労務交渉〉ケース５〜労働組合との交渉〜

発行　民事法研究会
〒150-0013　東京都渋谷区恵比寿3-7-16
（営業）TEL. 03-5798-7257　FAX. 03-5798-7258
http://www.minjiho.com/　　info@minjiho.com